UNIVERSITÉ DE FRANCE — FACULTÉ DE DROIT DE DIJON

DROIT ROMAIN

DU CONTRARIUS CONSENSUS
CONSIDÉRÉ COMME MODE D'EXTINCTION
DES OBLIGATIONS

DROIT FRANÇAIS

DES OBLIGATIONS ÉMISES
PAR LES SOCIÉTÉS, L'ÉTAT, LES DÉPARTEMENTS
ET LES COMMUNES

THÈSE POUR LE DOCTORAT

SOUTENUE LE SAMEDI 25 JUILLET 1891

PAR

Georges AUBRY

Avocat à la Cour d'appel, Lauréat de la Faculté de Droit,

Sous la présidence de M. BAILLY, doyen

SUFFRAGANTS :
{ MM. MOUCHET, professeur.
DESSERTEAUX, id.
LOUIS-LUCAS, agrégé.

DIJON

IMPRIMERIE DARANTIERE
65, Rue Chabot-Charny, 65

1891

THÈSE
POUR LE DOCTORAT

DIJON, IMPRIMERIE DARANTIERE

Rue Chabot-Charny, 65.

UNIVERSITÉ DE FRANCE — FACULTÉ DE DROIT DE DIJON

DROIT ROMAIN

DU CONTRARIUS CONSENSUS
CONSIDÉRÉ COMME MODE D'EXTINCTION
DES OBLIGATIONS

DROIT FRANÇAIS

DES OBLIGATIONS ÉMISES
PAR LES SOCIÉTÉS, L'ÉTAT, LES DÉPARTEMENTS
ET LES COMMUNES

THÈSE POUR LE DOCTORAT

SOUTENUE LE SAMEDI 25 JUILLET 1891

PAR

GEORGES **AUBRY**

Avocat à la Cour d'appel, Lauréat de la Faculté de Droit,

SOUS LA PRÉSIDENCE DE M. BAILLY, DOYEN

SUFFRAGANTS : { MM. MOUCHET, professeur.
DESSERTEAUX, id.
LOUIS-LUCAS, agrégé.

DIJON

IMPRIMERIE DARANTIERE

65, Rue Chabot-Charny, 65

—

1891

A

LA MÉMOIRE DE MON PÈRE

A

MA MÈRE

A

MES MAITRES ET A MES AMIS

DROIT ROMAIN

DU

CONTRARIUS CONSENSUS
CONSIDÉRÉ COMME MODE D'EXTINCTION
DES OBLIGATIONS

1

CONTRARIUS CONSENSUS

CONSIDÉRÉ COMME MODE D'EXTINCTION

DES OBLIGATIONS

INTRODUCTION

1. — Ulpien, dans la loi 35 D., *de regul. juris*, L. 17, nous dit que rien n'est plus naturel qu'une obligation se dissolve par un procédé analogue à celui qui a servi à la former : « *Nihil tam natu-* « *rale est, quam eo genere quidquid dissolvere,* « *quo colligatum est.* » Cette règle, qui est posée comme un axiome juridique, puisqu'elle figure au dernier titre du Digeste, intitulé *De diversis regu- lis juris antiqui*, ne doit pas être prise absolument à la lettre, ou plutôt, pour que le principe qu'elle établit soit conforme à la réalité des faits, nous devons ajouter à la traduction un mot qui la rendra plus claire. En effet, si voulant libérer *Primus* d'une première stipulation, je stipule à nouveau de lui, je n'aurai réussi qu'à le rendre doublement tenu envers moi. C'est pourquoi traduirons-nous ainsi la loi 35 : « Rien n'est plus naturel qu'une « obligation se dissolve par un procédé *inversement* « analogue à celui qui a servi à la former. »

D'ailleurs trois autres textes, dont deux figurent encore au livre L. titre 17 du Digeste, énoncent la même idée sous une forme plus précise, qui ne peut laisser aucun doute sur le sens à donner à la loi 35. Ce sont les lois 100 et 135, L, 17, et la loi 80, *de solut. et liberat.* XLVI, 3. Gaius, dans la loi 100 écrit : « *Omnia, quæ jure contrahuntur,* CONTRARIO *jure pereunt.* »

2. — Cette règle n'était pas spéciale aux obligations. Les termes employés par les jurisconsultes sont, du reste, aussi larges que possible — *quidquid,* dit Ulpien ; *omnia,* dit Gaius, — et nous pouvons facilement montrer qu'elle rayonnait dans toute l'étendue du droit romain. Les exemples abondent, prenons les plus frappants.

Les Romains admettent que l'étranger, fait prisonnier dans un *bellum justum,* devient légalement esclave. A ce mode de tomber en esclavage correspond un mode, semblable en la forme quoique inverse au fond, de cesser d'être esclave. Que le *servus* prenne la fuite et rentre à Rome, il redevient libre (1).

Dans l'ancienne Rome, il existait un mode d'affranchissement *censu,* c'est-à-dire que l'inscription d'un esclave sur les registres du cens le faisait passer de la condition servile à celle des affranchis (Ulp. *Reg.* I, § 8). Or nous trouvons un mode inversement identique pour cesser d'être libre. Le citoyen

(1) C'est la théorie du *Postliminium.*

romain qui négligeait de se faire inscrire sur ces mêmes registres du cens tombait en esclavage.

Le mariage résultait du consentement des parties et de la mise de la femme à la disposition du mari. Ce mariage se dissolvait par le divorce *bona gratia*, pour lequel il fallait le consentement des parties et la séparation de fait.

Le mari acquérait la *manus* sur sa femme par différents procédés, notamment par la *confarreatio*. Dans ce cas, lorsque le divorce avait lieu, le mari était tenu de dissoudre la *manus :* (Gaius, *Com.* I, § 137). Il arrivait à ce résultat au moyen d'une cérémonie religieuse inverse de la *confarreatio*, et appelée *diffarreatio* (1).

Passant à la théorie des droits réels, nous y trouvons une foule d'applications de notre règle.

Si nous prenons la chose sacrée, telle que la définit Justinien (*Inst.* II, § 8), il est plus que probable qu'une *res sacra* ne redevenait profane que par l'accomplissement des mêmes formalités qui avaient servi à la consacrer. Les immeubles, en effet, ne pouvaient devenir *res sacræ* qu'après une autorisation publique donnée de la façon suivante. En vertu d'une *lex Papiria*, aucun terrain, aucun édifice, aucun autel ne pouvait être consacré *injussu plebis* (Cicéron, *Pro domo*, 49 et 50). Du temps de Gaius cette autorisation était donnée par une loi, un sénatus-consulte ou une constitution impériale (L. 9 § 1, D. *De divisione rerum*, I, 8 ; — L. 15 D. *Ut in possess.* XXXVI, 4). Indépendamment de l'autorisa-

(1) On a trouvé récemment à Rome une très ancienne inscription, car elle est chiffrée ; cette inscription parle d'un *sacerdos confarreationum et diffareationum.*

tion, il fallait une *consecratio*, dont Cicéron (*op.cit.* 46) nous livre les paroles solennelles ; en outre il y avait certainement la prise des auspices, qui était le préliminaire de tous les actes de la vie privée. Lorsqu'on voulait rendre à l'immeuble sacré son caractère profane, il fallait procéder à une solennité religieuse inverse appelée *exauguratio*. Cette *exauguratio* comportait des paroles solennelles et la prise des auspices au moyen des augures ; elle devait également être autorisée par un acte législatif : ce qui le démontre, c'est que nous voyons une loi et un sénatus-consulte nécessaires pour « déconsacrer » la maison de Cicéron, laquelle, pendant son absence, avait été consacrée à la déesse *Libertas* (1).

Les modes d'acquérir la propriété se divisent en mode originaire et en modes dérivés.

Le même mode qui servira à transférer la propriété à l'uné des parties servira à dépouiller l'autre partie, du moins en ce qui concerne les modes dérivés. Mais, même pour le mode originaire, pour l'occupation, la règle de la loi 35 *de regul. juris* trouve son application. En effet, l'occupation est la préhension matérielle *animo domini* d'une chose sans maître. L'occupation comprend donc deux éléments, la prise de possession physique, et la volonté d'occuper. Inversement toute propriété peut cesser par la *derelictio*. *Delinquere rem*, c'est abdiquer sur une chose *l'animus domini*, et s'en dessaisir matériellement,

---

(1) Aulu-Gelle nous rapporte qu'il y avait aussi une *exauguratio* particulière pour les Vestales, lorsqu'après avoir dépassé l'âge de quarante ans, elles désiraient renoncer au célibat et rentrer dans la vie de famille.

(Just., *Inst.*, II, 1, §§ 12 à 14; — L. 1 D. *pro derelic.* XLI, 7).

Enfin transportons-nous dans la théorie des testaments et des legs.

Supposons qu'un individu ait fait son testament et veuille le révoquer, le procédé régulier pour arriver à ce but est de faire un autre testament.

En ce qui concerne les legs, Justinien (*Inst.*, II, 21, *princ.*), pose le principe. A l'origine le testateur qui voulait révoquer un legs ne pouvait le faire que par des *verba contraria*. S'il avait employé la formule du legs *per vindicationem*, il devait, pour anéantir la libéralité, se servir d'une formule analogue, mais contraire.

Voilà tout un ensemble de décisions prises dans le droit le moins controversé, et démontrant l'exactitude, même en dehors de la matière des obligations, de la règle posée par Ulpien (1). D'une manière générale c'est donc un principe qu'il y a corrélation entre la façon dont nos droits s'établissent et la façon dont ils s'évanouissent. On peut dire aussi que partout où un acte solennel est nécessaire pour donner effet à la volonté de l'homme, la révocation de cet acte implique régulièrement l'emploi des mêmes solennités.

3. — Toutefois ce principe, ramené aux obligations, suppose essentiellement qu'il s'agit d'une obligation *contractuelle* et de son extinction *volontaire*. Qu'une personne commette un vol, ce vol engendre à sa charge une obligation qui ne saurait être dé-

---

(1) Voy. Accarias, *Précis de droit romain*, 3me édit., tome II, n° 700, page 725, note 2.

truite par un nouveau vol. Aussi toute obligation
délictuelle se trouve-t-elle en dehors de notre théorie.
Cela résulte des textes que nous avons cités au début
même de cette étude et qui emploient les expressions
de *colligari* et de *contrahere*, qui ne se compren-
nent que des obligations. En dernier lieu, nous disons
que notre règle suppose l'extinction volontaire de
l'obligation. Est-il certain, en effet, que l'obligation
prendra toujours fin par l'emploi d'un mode analogue à celui qui a servi à la former? Oui, si l'extinction est volontaire; non dans le cas contraire, si, par
exemple, le corps certain objet de cette obligation
vient à périr fortuitement.

4. — En matière d'obligations contractuelles, les
applications du principe que nous venons d'établir
sont, à l'époque classique, au nombre de deux : *l'acceptilatio* et le *contrarius consensus* : ce sont celles
que cite Ulpien dans la même loi 35 : « ... *ideo ver-
« borum obligatio, verbis tollitur ; nudi consensus
« obligatio, contrario consensu dissolvitur.* »

Notre étude ne portera que sur la dernière, sur le
contrarius consensus envisagé comme mode d'extinction des obligations.

5. — Nous aurons à nous demander d'abord ce
qu'il faut entendre par *contrarius consensus ;* puis
à quelles obligations ce mode d'extinction s'applique ; quelles sont ses conditions d'exercice ; quels
sont ses effets, tant à l'égard d'un obligé unique que
dans les rapports de plusieurs coobligés ; nous devrons rechercher s'il peut être affecté de modalités.
Enfin nous examinerons ses effets lorsqu'il a pour
but, non plus d'éteindre entièrement l'obligation,
mais de la diminuer ou d'en modifier l'objet.

TITRE Ier

CHAPITRE PREMIER

DÉFINITION

6. — Nous trouvons dans les textes trois expressions pour désigner le *contrarius consensus*. Les Institutes de Justinien nous apprennent (III, 29, § 4) que les contrats qui se forment *consensu* sont dissous *contraria voluntate*. Ulpien écrit dans la loi 35 *de regul. juris* que les contrats consensuels périssent *contrario consensu*. Enfin, une troisième locution, qui constitue un véritable pléonasme, se rencontre dans la loi 80 D. XLVI, 3, de Pomponius ; c'est l'expression de *contrarius dissensus*. Les commentateurs ont parfois donné au *contrarius consensus* le nom de *mutuel dissentiment*. Nous préférons employer la terminologie, qui tend à se généraliser, de *contrarius consensus*.

7. — Nous avons déjà dit que le *contrarius consensus* n'était que l'application de la règle inscrite dans la loi 35 D. L. 17. Il y aura donc *contrarius consensus* lorsque deux ou plusieurs parties qui avaient convenu de faire naître une obligation conviendront après coup que cette obligation sera éteinte. On voit par là que, en analysant cette nouvelle convention, on se trouve en présence d'un pacte joint *ex intervallo* à un contrat. Toutefois nous verrons plus loin que l'on pourrait comprendre que le *contrarius consensus* fût manifesté en même temps que le contrat, mais que son effet en fût reculé à une époque postérieure, ou encore qu'il revêtît une forme conditionnelle, comme dans l'hypothèse où les parties auraient joint *in continenti* au contrat un pacte décidant que la convention sera non avenue si tel ou tel événement arrive.

CHAPITRE DEUXIÈME

ETENDUE D'APPLICATION DU « CONTRARIUS CONSENSUS »

8. — Quelles sont, maintenant, les obligations qui s'éteindront *contrario consensu* ?

Si nous ouvrons les textes de l'époque classique ou les Instituts de Justinien, nous trouvons qu'à Rome il y avait quatre classes de contrats, donnant naissance chacune à une catégorie spéciale d'obligations, les contrats *verbis*, les contrats *litteris*, les contrats *re*, et les contrats *consensu*, et que le *contrarius consensus* éteignait seulement les obligations qui s'étaient formées *solo consensu* : « *Hoc amplius, eæ obligationes quæ consensu contrahuntur, contraria voluntate dissolvuntur.* » (Just., *Inst.*, III, 29, § 4.) Qu'est-ce à dire ?

9. L'obligation, une fois née, est perpétuelle, en ce sens que le simple écoulement du temps ne suffit pas à la faire disparaître, car le laps de temps est impuissant à modifier la relation établie entre deux personnes. Il est vrai qu'on a soutenu que cette règle n'était pas applicable aux obligations nées d'un contrat de *bonne foi*, comme la société ou le mandat,

en s'appuyant sur ce que ces contrats s'éteignaient
par la mort des parties. Il y a là, pensons-nous, une
confusion. C'est le contrat c'est-à-dire la source de
l'obligation, et non l'obligation elle-même, qui prend
fin dans ce cas ; mais les rapports existant, les obligations déjà nées du contrat continuent à subsister.
C'est ce que Paul explique très bien, à propos du
mandat, dans la loi 58 *pr*. D. *Mandati vel contra*,
XVII, 1: « *Si præcedente mandato Titium defende-*
« *ras, quamvis mortuo eo, cum hoc ignorare : ego*
« *puto mandati actionem adversus heredem Titii*
« *competere quia* MANDATUM MORTE MANDATORIS,
NON ETIAM MANDATI ACTIO SOLVITUR » (1).

Toutefois, si l'obligation est perpétuelle dans le
sens que nous venons d'indiquer, elle est cependant
destinée à s'éteindre un jour ou l'autre ; c'est même
alors seulement que, le plus souvent, elle produira
son effet, car, à part quelques causes d'extinction
particulières, comme la perte de la chose due (si
l'objet de la dette est un corps certain), il faut qu'une
obligation s'éteigne pour que le créancier en réalise
tous les avantages.

Cela posé, les modes d'extinction opéraient de
deux manières différentes. Tantôt l'obligation était
éteinte *ipso jure*, de telle sorte que l'on refusait au
créancier toute action pour en poursuivre l'exécution ; tantôt elle n'était éteinte que *per exceptionem*
ou *exceptionis ope*, c'est-à-dire que le créancier
conservait son action pour demander l'exécution à
son débiteur, mais que l'on donnait à ce dernier une

(1) V. également L. 59, § 5 *eod titul.*

exception pour la repousser et en paralyser l'effet. En réalité, il n'y avait qu'un mode véritable d'extinction des obligations, c'était le mode, quel qu'il soit, opérant *ipso jure*. Tous les autres modes, dont l'effet était réduit à l'exception, n'ont été introduits que plus tard par le préteur, dans un but d'équité. Or à chaque classe d'obligations correspondait un mode particulier d'extinction *ipso jure* de ces obligations. Les obligations *verbis* s'éteignaient *verbis* par l'acceptilation ; les obligations *re* s'éteignaient *re* par le paiement, les obligations *litteris* prenaient fin *litteris* par des écritures contraires, enfin les obligations *consensuelles* s'éteignaient *consensu* par le *contrarius consensus*. Lors donc que nous lisons dans les textes que le *contrarius consensus* est un mode d'extinction des obligations consensuelles, cela signifie que ce mode opère *ipso jure* vis-à-vis d'elles. Nous verrons, en effet, que l'on peut concevoir le *contrarius consensus* appliqué à n'importe quelle obligation, et les pactes, qu'ils aient pour but de modifier l'obligation, ou de la supprimer en tout ou en partie, ne sont que la manifestation d'une volonté contraire : mais, le cas excepté où l'on se trouverait en face d'un contrat *consensu*, le *contrarius consensus* ne pourrait pas à lui seul éteindre *ipso jure* l'obligation.

10. — Une première question se pose à nous. Cet état de choses, qui nous est attesté, pour l'époque classique, a-t-il toujours existé, et les quatre catégories de contrats que nous avons mentionnées tout à l'heure ont-elles de tout temps, à Rome, vécu côte à côte ?

11. — Suivant l'opinion émise par un certain

nombre d'auteurs (1), il n'y aurait eu à l'origine
qu'une seule façon de s'obliger, le *nexum* ou la
solennité *per æs et libram*. Tous les autres contrats
ne seraient que des simplifications, ou, comme le dit
M. Accarias (2), des dégradations de ce *nexum*.
Nous ne pensons pas que cette théorie soit exacte.
La division des contrats n'est peut-être pas née à
l'origine du droit romain, mais il est certain que
jamais le *nexum* n'a été employé comme seul
mode de contracter. Les textes eux-mêmes résis-
tent à cette idée. Gaius dit, en effet, que le *nexum*
n'était employé que « *certis ex causis.* » (*Com.* III,
§ 173). Nous pouvons encore citer deux textes,
l'un de Festus (V^is *Nexum* et *Nuncupata*), l'autre
de Varron (*De ling. latin.*, VII, 105) (3), exprimant
la même idée. Mais alors, quelle aurait été l'utilité
du *nexum?* Nous pensons que sa principale utilité existait pour le prêt d'argent, non pas en
donnant une action au créancier, mais en garantissant cette action, en rendant plus énergiques les
sûretés que le créancier pouvait avoir contre son
débiteur (4).

Les interprètes qui croient qu'à l'origine on ne
pouvait contracter qu'à l'aide du *nexum* admettent
qu'il fut une époque où le lingot de cuivre ne figurait pas *ad solemnitatem*, mais avait une signification réelle. Cela est exact. Il fut un temps, à l'ori-

(1) Voy. Giraud, des *Nexi.*
(2) Accarias, *op. cit.*, tome II, n° 494, page 196, note 1.
(3) Ces deux textes sont rapportés dans Garsonnet, n°s 845
et 846.
(4) Accarias, *loc. cit.*

gine de Rome tout au moins, où la monnaie ne se comptait pas, mais se pesait (1) : la frappe des monnaies est un pas vers une civilisation avancée, et il est permis de conjecturer qu'à la naissance du droit romain elle était encore inconnue. Plus tard lorsque l'Etat eut commencé à garantir, par le sceau qu'il leur imprimait, la valeur et le titre même des monnaies, les formalités du lingot et de la balance auraient dû disparaître. Mais on connaît l'amour des Romains pour leurs vieilles institutions ; nous aurons encore, au cours de cette étude, l'occasion de retrouver des traces de ce formalisme exagéré. Aussi, par respect pour la tradition, conserva-t-on la formalité de *l'œs* et de la *libra ;* mais cette institution devint alors purement symbolique (2).

12. — De cette théorie juste, on a voulu tirer une conséquence outrée ; on en a conclu qu'à l'origine les Romains ne connaissaient que le contrat à titre onéreux. On a d'abord invoqué des motifs moraux. A l'origine, dit-on, le peuple romain était peu enclin à la générosité, et les contrats à titre gratuit lui étaient étrangers (Polybe, XXXII, frag. 12 ; — Cicéron, *de Officiis,* II, 15 *in fine*). Puis on tire argument des lois 7 § 2 D, II, 14 et 19 D., L., 16 qui paraissent admettre la synonymie entre le mot latin *contractus* et le mot grec συναλλαγμα ; d'où il semble qu'il n'y ait eu à l'origine qu'une seule sorte de contrats, les contrats synallagmatiques.

En ce qui concerne l'argument moral, il nous est

---

(1) Von Ihering, *Esprit du droit romain*, tome III, § 52, page 231.
(2) C. Perreau, *Thèse*, Dijon, 1889, n°s 26 et 27, page 29.

facile de le réfuter. De ce qu'un peuple est peu géné-
reux conclure qu'il ne connaît pas les contrats à
titre gratuit, c'est aller à l'extrême. Alors les donations manuelles n'existaient pas, la charité la plus
vulgaire était inconnue à Rome ? Quant aux arguments de textes, ils ne sont pas probants. L'opinion
que nous combattons donne aux deux lois citées une
portée trop absolue ; elles n'ont pas pour but d'indiquer l'élément essentiel du contrat qui est le consentement. Dans la loi 7 § 2 *de pactis*, il n'est question que d'un contrat, le contrat innommé, qui ne
s'est formé que relativement assez tard à Rome. Du
moment où l'opération dont il s'agit engendre une
obligation, on peut dire d'elle, écrit Ulpien, qu'il y
a un συνάλλαγμα, c'est-à-dire un *vinculum juris* : mais
est-ce que cela signifie que *contractus* vienne de
συνάλλαγμα ? nullement. Et d'après la loi 19 *de verbor.*
signific., la qualification de contrat ne s'appique-
rait qu'aux conventions synallagmatiques, et par
là même à titre onéreux ? Il en faudrait alors conclure que les contrats unilatéraux ne seraient pas
des contrats ; d'où, enfin, le plus important de tous,
la stipulation, ne serait pas un contrat ? C'est inadmissible, et personne n'a osé le soutenir. Mais alors
qu'a voulu dire Ulpien ? Ulpien nous apprend que
Labéon distingue trois opérations juridiques différentes : *l'actus*, qui est un terme général, *le contrac-*
tus, qui est une convention engendrant des obligations synallagmatiques ; le *gestum*, qui est toute
opération dans laquelle n'interviennent pas des
paroles. Ulpien se proposait uniquement de déterminer, par opposition au mot *actus*, le sens du mot
contractus dans l'édit du préteur où il traitait du dol,

de la violence et de la restitution chez les mineurs. La loi 19 D. L, 16, d'Ulpien, porte en effet comme suscription : lib. 11 *ad Edictum*. Or le livre 11 *ad Edictum* d'Ulpien était consacré à *l'in integrum restitutio*, au dol, à la violence et aux mineurs de vingt-cinq ans (1) (D. IV, 1, 2, 3, et 4). Justinien, dès lors, en isolant la loi 19 *de verbor. signific.* de l'édit du préteur, lui prête un nonsens (2).

13. — Que conclure de tout cela ? Que, si haut qu'on remonte dans le droit romain, on trouve les quatre classes de contrats que nous avons mentionnées plus haut, et que jamais le *nexum* n'a existé comme seul mode de contracter. Nous ferons cependant une réserve en ce qui concerne les contrats *consensu*. Nous pensons que ces contrats ne durent naître qu'après les contrats *verbis*, *litteris* ou *re*. Nous ne pouvons appuyer cette supposition sur aucun texte qui lui donne une base solide, mais nous la croyons cependant seule exacte, en présence du développement historique de la législation romaine.

14. — Le peuple romain, nous le répétons, était un peuple essentiellement formaliste. Un simple concours de volontés ne représentait pas à son esprit quelque chose d'assez solennel pour qu'une obligation pût en naître. Il fallait qu'une formalité sacramentelle vînt s'ajouter à la volonté des parties pour

(1) Lenel, *Palingenesia juris civilis*, tome II, Ulpien, *ad Edictum*, page 460.
(2) Toutefois, M. Lenel émet des doutes sur ce point, *Palingenesia*, tome I, Labéon, page 502, note 3.

lui donner un corps et une apparence matérielle. Le plus souvent, c'était l'emploi de paroles solennelles qui donnait naissance à l'obligation. Dans ces conditions, nous ne pensons pas que, dès l'origine, les Romains eussent apporté une dérogation aussi grande à leur traditionalisme, que de faire naître, pour certains contrats, l'obligation des parties du simple accord de leurs volontés. Nous inclinerions même à décider que les obligations furent d'abord toutes unilatérales (1). Et, avec ce seul principe de l'unilatéralité, les Romains purent suffire à tous les besoins de la vie juridique. Ils scindaient le rapport bilatéral et le divisaient en deux stipulations unilatérales, par exemple *stipulationes empti venditi, locati conducti.* « Le promettant, dit M. Ihering, « pouvait empêcher que l'adversaire, profitant du « caractère unilatéral de sa promesse, ne s'avisât « d'en réclamer l'accomplissement avant de s'être « exécuté lui-même. Il n'avait pour cela qu'à ajou- « ter une condition à cette promesse (*centum dare* « *spondes, si equum dederim? equum dare spondes,* « *si centum dederim*)? ». Plus tard, lorsque la stipulation ne fut plus appliquée comme forme nécessaire et spéciale de ces contrats, dut apparaître, avec le développement de la civilisation, le contrat *consensu* proprement dit. Mais, même alors, il conservait son caractère de composé d'actes unilatéraux, ce qui explique que pour la vente, par exemple, la terminologie employée comprend les deux mots *d'emptio-venditio.*

(1) Von Ihering, *op. cit.*, tome IV, § 64, page 195.

Un interprète, M. Bodin (1), pense également qu'à l'origine les contrats consensuels ne devaient pas exister à Rome ; mais, au lieu d'en faire, comme M. Ihering, des composés d'une double stipulation, cet auteur estime qu'ils durent revêtir la forme de contrats réels.

En résumé, nous croyons qu'il y eut une époque où les contrats consensuels étaient inconnus à Rome. La stipulation suffisait à elle seule à former les conventions journalières. Mais quand le territoire romain commença à s'agrandir, quand le commerce prit un développement plus considérable, les jurisconsultes comprirent que les formes symboliques et les formules sacramentelles étaient un obstacle à la formation des contrats, et pour les plus usuels, tels que la vente et le louage, ils admirent que le simple accord des volontés pouvait suffire à les former.

15. — S'il en fut ainsi, nous n'avons pas besoin d'insister pour montrer qu'à l'origine le *contrarius consensus* n'existait pas comme mode spécial d'extinction de ces obligations. D'ailleurs, en ce qui concerne les modes d'extinction des obligations, la législation dut suivre une marche analogue à celle que nous venons d'étudier pour leur naissance, et le principe formaliste posé par Ulpien dans la loi 35 *de regul. jur.*, dut être appliqué un des premiers à Rome. Au début du droit, il est peu probable qu'il existât des modes généraux d'extinction des obligations contractuelles ; ces dernières ne prenaient fin

_____

(1) Bodin, *Plan d'un cours de droit Romain*, tome II, de la formation des contrats à Rome, page 19.

ipso jure, croyons-nous, que par le procédé inverse qui avait servi à les faire naître. Nous pouvons appuyer cette conjecture sur la considération suivante :

16. — Tandis que déjà à l'époque classique le paiement est devenu le mode normal de faire disparaître une obligation, quelle que soit sa nature, et de quelque façon qu'elle ait été contractée, il fut un temps où le paiement ne pouvait anéantir que les obligations nées des contrats *verbis* ou *litteris*, ou des formalités de *l'œs* et de la *libra*.

17. — Nous en trouvons d'abord la preuve pour les obligations nées *per œs et libram* dans un texte de Tite-Live (VI, 14) (1). Le fait que nous rapporte cet auteur sort du domaine de l'hypothèse. Un centurion qui s'était illustré à la guerre avait été condamné en justice comme débiteur d'une somme d'argent ; le juge l'avait attribué à son créancier. Ce centurion traversait le forum et était conduit dans le *carcer privatus* de son créancier, lorsque Marcus Manlius Capitolinus, qui fomentait alors des troubles à Rome, l'aperçoit : il se précipite sur le créancier, le saisit et délivre le débiteur ; puis il paie de ses propres deniers le créancier, en présence des passants. Non content de payer réellement, Manlius Capitolinus fait suivre son paiement réel d'un paiement fictif, au moyen de la formalité de *l'œs* et de la *libra*, qui, remarquons-le, s'employait pour l'extinction des obligations nées de la sentence du juge. Ne résulte-t-il pas clairement de ce texte de Tite-Live que la simple numération des espèces n'avait

(1) Rapporté par Garsonnet, n° 1447, page 279.

pu éteindre *ipso jure* l'obligation du centurion, et que cette extinction n'avait été produite que par la solennité de *l'æs et libra* ?

On a voulu échapper à cette conséquence en disant que l'emploi de la formalité *per æs et libram* peut s'expliquer autrement. Manlius Capitolinus, en payant la dette du centurion, est devenu son créancier. Le paiement a donc eu pour effet de libérer le *judicatus* envers son créancier et de rendre Manlius créancier de ce même *judicatus*. C'est cette nouvelle créance, dit-on, qui a été éteinte *per æs et libram*. D'ailleurs, ajoute-t-on, rien ne dit, dans le texte de Tite-Live, que le centurion se soit engagé *per æs et libram :* au contraire, la nouvelle dette étant née *re*, a dû s'éteindre *re*, c'est-à-dire *per æs et libram*.

Cette explication ne supporte pas l'examen. Il résulte du texte de Tite-Live que Manlius Capitolinus, en payant la dette du centurion, ne voulait pas faire une gestion d'affaires, mais une simple libéralité. En effet, il cherchait, avant tout, à se rendre populaire à Rome. Il y a plus ; il ressort de ce même texte que Manlius voulait bien agir comme un véritable donateur. Le centurion était emmené par le créancier *in carcere privato*, car il était insolvable. Comment comprendre que Manlius ait eu pour but, en payant la dette, d'acquérir une créance contre lui ? Sans doute Tite-Live ne nous dit pas que la dette du centurion a été contractée *per æs et libram*, mais du moment où il nous parle d'un débiteur *judicatus*, c'est qu'il s'agit d'un *nexum* puisque Gaius nous apprend (*Com.* III, § 173) que les dettes contractées par un *addictus* ne peuvent s'éteindre que *per œs et libram*. Et d'ailleurs, alors bien qu'on admettrait que le paiement fait par Manlius n'aurait pas été une libéralité, la nouvelle créance procéderait d'une gestion d'affaires et non d'un *nexum*, et alors ce n'est pas l'emploi de *l'œs et libra* qui aurait pu l'anéantir. Si l'opinion que nous venons de défendre est exacte lorsqu'il s'agit d'un *judicatus*, à plus forte raison doit-elle être fondée s'il s'agit d'un *nexum*.

18. — Cicéron (*de Legib.*, 20 et 21) nous apporte un second témoignage en nous révélant un usage significatif. D'après l'ancien droit religieux des Romains, le légataire qui obtenait autant ou plus que tous les héritiers réunis se trouvait tenu de continuer le culte et les *sacra* du *de cujus*. Les jurisconsultes avaient trouvé un moyen de tourner cette coutume et de permettre au légataire de conserver son legs en se déchargeant de son obligation aux *sacra*. Pour cela, il libère *per œs et libram* l'héritier de son obligation de lui payer son legs. Le legs disparaissant, l'obligation du légataire disparaît à son tour. Mais, après avoir déchargé l'héritier, le légataire stipule immédiatement de lui *id quod sibi legatum erat*. Sa créance renaît donc, mais dépouillée de l'obligation aux *sacra*. Ne peut-on pas raisonnablement conclure de là que l'obligation contractée *per œs et libram* n'était pas susceptible de s'éteindre autrement que *per œs et libram*. Sinon, les parties, dans l'hypothèse prévue, auraient pu facilement trouver un mode d'extinction beaucoup plus pratique et beaucoup plus simple.

Nous sommes donc autorisé à admettre qu'à l'ori-

gine, pour toute obligation née d'un contrat formel,
le paiement n'était qu'une condition de libération,
mais non un mode général d'extinction opérant *ipso
jure*. L'obligation contractée *verbis* ne s'éteignait
que *verbis ;* l'obligation littérale que *litteris*, l'obligation *re* que *re*.

19. — Les solutions que nous donnons sont
toutes appuyées et contredites en même temps par
le texte de Pomponius que nous avons déjà cité (L.
80 D. XLVI, 3). Ce texte se compose de trois phra-
ses. La première confirme entièrement notre doctrine : « *Prout quidque contractum est, ita et solvi
« debet ; ut, cum re contraxerimus, re solvi* DEBET :
« *veluti cum mutuum dedimus, ut retro pecuniæ
« tantumdem solvi debeat.* »

Pomponius pose en principe que toute obligation
contractuelle DOIT être éteinte par un procédé analogue à celui qui a servi à la former. Sans doute
c'est bien au paiement que l'on doit aboutir, mais
pendant longtemps ce paiement n'avait d'effet extinctif que sur les obligations contractées *re*.

Le jurisconsulte continue : « *Et cum verbis ali-
« quid contraximus,* VEL RE, *vel verbis, obligatio
« solvi debeat : verbis, veluti cum acceptum pro-
« missori fit :* RE, *veluti cum solvit quod promisit.* »
Cette seconde phrase est diamétralement contraire
à l'opinion que nous venons d'émettre ; mais il ne
faut pas oublier que le texte appartient à Pomponius. Or Sextus Pomponius vivait dans la première
moitié du second siècle de notre ère, sous les règnes
d'Adrien, d'Antonin le Pieux et de Marc-Aurèle (1).

(1) Hermann Heinrich Fitting, *Sur l'âge des écrits des ju-*

Il n'est donc pas étonnant de voir ce jurisconsulte nous exposer le droit de son époque, et à l'époque classique le paiement et la novation étaient devenus des causes générales d'extinction des obligations. Pomponius termine : « *Æque cum emptio, vel venditio, vel locatio contracta est : quoniam consensu* « *nudo contrahi potest, etiam dissensu contrario* « *dissolvi* POTEST. » Ici encore on pourrait être tenté de tirer contre nous un argument. En effet, après nous avoir dit d'une façon générale que toute obligation contractuelle *doit* être éteinte par un procédé analogue à celui qui l'a fait naître, Pomponius déclare que l'obligation consensuelle *peut* être éteinte par le *contrarius consensus*. N'est-ce pas laisser entendre que ce mode n'était pas le seul applicable à de pareilles obligations?

20. — Il est certain que le principe posé par la loi 80 ne s'appliqua jamais seul aux contrats consensuels ; il est très probable qu'à l'époque où il fut créé par les jurisconsultes, les contrats consensuels n'existaient pas encore. De plus, ainsi que nous le verrons, pour que le *contrarius consensus* agisse *ipso jure*, il est nécessaire que les choses soient encore dans l'état où elles se trouvaient au moment de la formation du contrat ; *rebus adhuc integris*. Cette condition admise, il en résulte comme conséquence que ce *contrarius consensus* ne peut avoir seul son application comme mode d'extinction des obligations

risconsultes romains depuis Adrien jusqu'à Alexandre (Bâle, 1860, pages 11 et 14). — John Robey : *Introduction à l'étude des Institutes de Justinien* (traduit par Giovanni Paccioli, Florence, 1887, pages 178 et suiv.).

consensuelles. Admettre le contraire, ce serait décider que du jour où le contrat aurait commencé à être exécuté, le seul mode admis pour faire cesser les obligations qui y ont leur source n'eût plus été praticable, les *res* n'étant plus *integræ*, et on aurait abouti à cette conséquence bizarre : l'exécution partielle rendant les obligations consensuelles inextinguibles.

Cela ne veut pas dire que, une fois les contrats *consensu* nés, on ne voulut pas leur appliquer la règle existant déjà pour les autres contrats. Mais comme cette règle était formaliste, le formalisme, dont elle était empreinte rejaillit sur son application à ces contrats ; de là la nécessité que les choses soient encore entières. Cette exigence prouve que l'application aux contrats consensuels de la règle de la loi 35 *de regul. jur.* était purement facultative ; aussi a-t-il toujours été admis que, en matière d'obligations nées *consensu*, à côté du *contrarius consensus* on pourrait employer un des modes généraux d'extinction des obligations. Mais il ne faut pas perdre de vue que, de tout temps, le paiement fut suffisant pour éteindre *ipso jure* les obligations réelles, consensuelles, nées d'un quasi-contrat, d'un délit ou d'un quasi-délit. En ce qui concerne les obligations réelles, ce n'est encore que la mise en exercice du principe *Omnia quæ jure contrahuntur, contrario jure pereunt.* Pour les obligations consensuelles, nous venons de dire que rendre le *contrarius consensus* exclusivement obligatoire comme mode d'extinction de ces obligations, aurait été un non-sens juridique. Enfin, relativement aux obligations nées d'un quasi-contrat, d'un délit ou d'un quasi-délit, on ne comprendrait pas un mode inverse qui pût éteindre la première obligation.

21. — Nous arrivons donc à cette conclusion que le contrarius consensus, en tant que mode spécial d'extinction des obligations consensuelles, n'a jamais existé comme mode unique et forcé d'extinction, mais que, s'appliquant à elles et sous certaines conditions que le moment est venu d'examiner, il opérait *ipso jure*.

TITRE II

CHAPITRE PREMIER

DES EFFETS DU CONTRARIUS CONSENSUS
SUR L'OBLIGATION PRINCIPALE

22. — Nous avons déjà dit qu'on divise les modes d'extinction en modes opérant *ipso jure* et en modes opérant *exceptionis ope*. Les premiers sont du vieux droit civil, les seconds, du droit prétorien ou du droit civil plus récent. Le vieux droit civil commença par établir des modes opérant *ipso jure* et *erga omnes*. Le droit civil plus récent ajouta de nouveaux modes. Enfin le droit prétorien intervint à son tour. Le préteur trouva injuste dans certains cas le maintien de l'obligation par le droit civil; mais il était impuissant à détruire un lien juridique (*vinculum juris*) régulièrement formé. Tout ce qu'il put faire, ce fut de donner au débiteur une exception pour repousser le créancier; mais en droit civil l'obligation contractée continue à subsister;

c'est pourquoi l'on dit que ces modes d'extinction n'opèrent qu'*exceptionis ope*.

23. — Et cette division n'est pas purement théorique ; ses effets pratiques sont très importants. Lorsque le débiteur poursuivi par le créancier pourra invoquer un mode opérant *ipso jure*, il n'aura qu'à l'opposer à son créancier ; le plus souvent même le préteur refusera de délivrer l'action à ce dernier. Au contraire quand le débiteur ne peut se défendre que par le bénéfice d'une exception, il lui faut faire insérer cette exception dans la formule de l'action délivrée par le préteur au créancier. Alors, tandis que dans le premier cas l'obligation du débiteur n'existe plus, dans le second cas son existence n'est pas anéantie, mais simplement paralysée, d'où cette conséquence que si le débiteur renonce à son exception, l'obligation reprend toute sa force.

24. — Appliqué aux obligations contractuelles nées *consensu*, le *contrarius consensus* les éteint tantôt *ipso jure*, tantôt *exceptionis ope :* son effet sur les obligations contractuelles autres que les obligations nées *consensu* se limite à l'exception qu'il donne au débiteur pour repousser le créancier. Etudions ces différents effets.

SECTION Ire
Le contrarius consensus opère exceptionis ope.

25. — Le *contrarius consensus* ne produit un effet aussi absolu que lorsqu'il a pour but d'éteindre une obligation consensuelle ; mais pour qu'il puisse valablement procéder, certaines conditions sont nécessaires.

§ Ier

A quelles conditions ?

26. — Trois conditions doivent se trouver réunies pour que le *contrarius consensus* opère *ipso jure*. Il faut :

1° Que l'obligation à éteindre soit consensuelle ;

2° Que le consentement contraire intervienne avant tout commencement d'exécution (*rebus adhuc integris*) ;

3° Qu'il porte sur les éléments essentiels du contrat.

Reprenons en détail ces trois conditions.

I. — *L'obligation qu'il s'agit d'éteindre doit être consensuelle.*

27. — De cette première condition nous ne dirons plus rien, en ayant fait une longue étude précédemment.

II. — *Le consentement contraire doit intervenir avant tout commencement d'exécution.*

28. — Cette condition nous est révélée par les expressions « *rebus adhuc integris* » ou « *re non secuta* » que nous rencontrons dans les textes. Nous en trouvons un exemple pour la vente dans la loi 2 C. Just. — *Quando liceat ab empt. disc.* IV, 45 : « *Perfectam emptionem atque venditionem* RE IN-« TEGRA, *tantum pacto et consensu posse dissolvi* « *constat.* » Et les Institutes nous expliquent ce qu'il faut entendre par ces expressions *re integra, re non secuta* (III, 29, § 4) « ... *si Titius et Seius* « *inter se consenserint ut fundum Tusculanum*

« *emptum Seius haberet centum aureorum, deinde*
« RE NON SECUTA, *id est* NEQUE PRETIO SOLUTO NE-
« QUE FUNDO TRADITO, *placuerit inter eos ut dis-*
« *cederetur ab ea emptione et venditione, invicem*
« *liberantur. Idem est et in condictione et loca-*
« *tione, et in omnibus contractibus qui ex con-*
« *sensu descendunt.* »

Ainsi il faut que le contrat n'ait été exécuté par
aucune des parties pour que le *contrarius consen-*
sus puisse valablement l'éteindre. Et cela se comprend. En effet, s'il y a déjà eu commencement
d'exécution, ou si l'exécution est devenue impossible
pour l'une des parties, par exemple à cause de la
perte de la chose, on ne peut empêcher les faits accomplis; on ne peut plus révoquer cette exécution
ou faire cesser cette impossibilité d'exécution et
anéantir le contrat comme s'il n'était rien intervenu.
Sans doute on avait imaginé différents moyens pour
remédier, autant que possible, à cet inconvénient,
comme de remettre les choses dans leur état primitif; mais il n'empêchait que si les *res* n'étaient plus
integræ, on ne pouvait pas, *solo consensu*, éteindre
ipso jure l'obligation.

29. — Il y a quelques difficultés pour déterminer ce qu'il faut exactement entendre par ces expressions *rebus adhuc integris, re non secuta*. Est-
ce qu'un acte d'exécution quelconque même portant
sur une clause accessoire ou accidentelle du contrat,
suffira pour empêcher le *contrarius consensus* de
produire son effet; ou bien, au contraire, cet effet ne
sera-t-il paralysé que par l'exécution totale ou partielle de l'une des obligations qu'il est de l'essence
du contrat d'engendrer ?

30. — La question était fort discutée à Rome, et sur ce point Paul et Papinien étaient en désaccord. Ces deux jurisconsultes se placent dans l'hypothèse d'une vente, non encore exécutée de part et d'autre, mais dans laquelle le vendeur a, pour obéir aux clauses du contrat, fourni un fidéjusseur, et ils se demandent si le *contrarius consensus* peut encore valablement intervenir.

Papinien estime que la vente peut néanmoins être anéantie par l'effet du consentement contraire, ce qui amènera comme conséquence la libération *ipso jure* du fidéjusseur (L. 95, § 12 D. *de solut. et liberat.* XLVI, 3) : « *Si inter emptorem et vendi-* « *torem convenerit, priusquam aliquid ex alteru-* « *tra parte solveretur, ut ab emptione disce-* « *datur : fidejussor eo nomine acceptus soluto* « *contractu liberatur.* »

Paul, au contraire, déclare que le *contrarius consensus* sera impuissant à libérer *ipso jure* aussi bien les parties que le fidéjusseur, et il ne leur accorde que l'*exceptio pacti conventi* (L. 3, D. *de resc. vendit.* XVIII, 5) : « *Emptio et venditio, si-* « *cut consensu contrahitur, ita contrario con-* « *sensu resolvitur, antequam fuerit res secuta.* « *Ideoque quæsitum est, si emptor fidejussorem* « *acceperit, vel venditor stipulatus fuerit, an* « *nuda voluntate resolvitur obligatio? Julianus* « *scripsit, ex empto quidem agi non posse, quia* « *bonæ fidei judicio exceptiones pacti insunt : an* « *autem fidejussori utilis sit exceptio, videndum?* « *Et puto, liberato reo, et fidejussorem liberari.* « *Item venditorem ex stipulatu agentem, excep-* « *tione summoveri opportet. Idemque, juris est,*

« *si emptor quoque rem in stipulationem de-*
« *duxerit.* »

Cujas a essayé de concilier ces deux textes en
ajoutant à la loi 95, § 12, *de solut. et liberat.* les
mots « *per exceptionem* ». Mais cette solution ne
nous semble pas pouvoir être adoptée. Outre qu'aucune édition du Digeste ne porte la version proposée
par Cujas, il résulte du texte de Paul lui-même que
toute conciliation est impossible, puisque ce jurisconsulte nous mentionne l'existence d'un débat sur
ce point — *quæsitum est.* — Une autre tentative
de conciliation a été faite qui, pas plus que celle de
Cujas, n'est admissible. On a soutenu que, tandis
que, dans l'hypothèse prévue par Paul, le vendeur
est tenu, par son contrat, de donner un fidéjusseur,
dans celle rapportée par Papinien, il s'agit au contraire d'un vendeur que son contrat n'oblige pas à
donner un fidéjusseur. Ainsi expliquées les solutions sont logiques et ne se contredisent pas. Si, en
effet le vendeur doit donner un fidéjusseur, en le
faisant, il commence l'exécution de son contrat, et
le *contrarius consensus* ne peut plus opérer *ipso
jure.* Si au contraire, rien ne l'oblige à ce fait, et si
néanmoins il donne un fidéjusseur, on ne peut pas
dire qu'il commence l'exécution de son obligation,
et les choses sont encore entières. Certes cette interprétation est très ingénieuse; mais si elle était
exacte on ne comprendrait pas que la question eût
pu soulever des difficultés et que Paul fît allusion à
des divergences d'opinions; c'eût été l'application
pure et simple des principes romains.

Quoi qu'il en soit, la théorie de Paul nous semble
plus logique, plus romaine que celle de Papinien.

31. — D'après les Institutes de Justinien, les choses restent entières tant que le contrat n'a pas reçu d'exécution (III, 29, § 4), et le *contrarius consensus* cesse d'opérer *ipso jure* lorsque, pour une cause ou pour une autre, l'une des obligations est déjà éteinte. Dès là que l'une des parties ne pourra plus exécuter son obligation, soit parce qu'elle l'a déjà exécutée, soit parce que cette exécution est devenue impossible, le consentement contraire n'agira plus que *per exceptionem*. Cette solution est rationnelle. Les Romains ne font qu'appliquer à ce mode d'extinction le principe de la loi 100 *de regul. jur.* Ils veulent que le mode d'extinction de l'obligation soit identique à son mode de formation. En outre, le *contrarius consensus* n'a d'effet *ipso jure* que sur les obligations consensuelles. Or, les contrats consensuels sont tous synallagmatiques; par conséquent la libération doit être également synallagmatique, et, de même que l'accord des volontés a suffi pour donner naissance à une double obligation, de même il faudra que le consentement contraire délie à la fois les deux contractants (Lois 1 et 7 § 1 D, *de resc. vend.* XVIII, 5) (1).

32. — Lorsque les choses ne sont plus entières, les parties ont toujours le droit, lorsque cela est possible, de les remettre dans l'état où elles se trouvaient auparavant, et, le *contrarius consensus* intervenant ensuite, opérera *ipso jure*. Cette doctrine, que nous donnons comme certaine à l'époque classique,

---

(1) On verra plus loin (n° 34) que, malgré les lois 5 D. XVIII, 1 et 23, XLVI, 4, le *contrarius consensus* ne produit effet extinctif que s'il délie à la fois les deux parties.

n'a pas dû être admise dès l'origine. Mais Ariston la
fit prévaloir, ainsi que nous le rapporte Neratius
dans la loi 58 D. *de pact.* II, 14. Si donc, en prenant pour exemple une vente, le vendeur a livré la
chose alors que l'acheteur n'a pas encore payé le
prix, pour que la volonté contraire puisse produire
son plein et entier effet, il faut de toute nécessité
que l'acheteur restitue au vendeur la chose qu'il a
reçue, et dans l'état où il l'a reçue. Par suite, s'il
l'avait grevée de droits réels, servitudes ou hypothèque, il devrait en obtenir l'extinction de celui à
qui il l'a concédée, autrement la restitution qu'il
ferait n'étant pas complète, on ne pourrait pas dire
que les choses sont remises exactement dans l'état
où elles étaient au moment où a procédé le premier
concours de volontés des parties.

Seulement, si ce moyen ou d'autres analogues
peuvent être employés, il est des cas dans lesquels
leur emploi est impossible. Par exemple, la chose
vendue a péri par cas fortuit et sans qu'il y ait faute
de l'une quelconque des parties. Alors le *contrarius
consensus* peut encore intervenir : le vendeur peut
consentir à ce que l'acheteur ne lui paie pas son prix,
mais ce consentement constitue un simple pacte qui
ne produit effet vis-à-vis de l'acheteur que dans
l'*exceptio* qu'elle lui fournit pour repousser le vendeur s'il vient un jour lui réclamer le prix de la
chose vendue.

III. — *Le consentement contraire doit porter sur
les éléments essentiels du contrat.*

33. — La dernière condition pour que le *contrarius consensus* opère *ipso jure*, c'est qu'il modifie ce

que les jurisconsultes appellent *substantia contrac-*
tus, c'est-à-dire les éléments essentiels du contrat.
Si, au contraire, il ne touche qu'aux *adminicula*, la
volonté des parties d'éteindre le premier contrat ne
paraît pas suffisamment démontrée, et le *contrarius*
consensus n'a plus que la valeur d'un pacte joint
ex intervallo à un contrat de bonne foi. Cette dernière condition nous est révélée par Papinien dans
la loi 72 *princ. D. de contrah. empt.* XVIII, 1. Ce
jurisconsulte prend l'hypothèse d'une vente et il distingue entre les différents pactes qui interviennent
après coup. Ces pactes peuvent ou bien changer les
éléments essentiels du contrat — *detrahere emptioni*
— ou bien modifier les *adminicula* — *adjicere*. —
Dans le premier cas, ils opèrent *ipso jure ;* dans le second, leur effet se limite à l'exception. Papinien donne
des exemples à l'appui de cette théorie. Il suppose d'a-
bord qu'un pacte vient dispenser le vendeur de fournir la *cautio duplex* qui lui avait été imposée, ou,
inversement, qu'un pacte impose cette *cautio* au vendeur ; ces pactes, ne modifiant pas le contrat dans ses
éléments essentiels, ne valent que *per exceptionem.*
S'agit-il, au contraire, de changements à apporter
à l'objet de la vente ou au prix de la chose vendue,
il y a là un *contrarius consensus* véritable, produisant effet *ipso jure ;* le premier contrat disparaît pour
faire place à une nouvelle vente : « *Si omnibus in-*
« *tegris manentibus, de augendo vel diminuendo*
« *pretio rursum convenit, recessum a priore con-*
« *tractu et nova emptio intercessisse videtur.* »

34. — Telle est la théorie, tels sont les cas dans
lesquels le *contrarius consensus* opérera *ipso jure.*

Il n'est pas besoin qu'il revête en outre une forme particulière. Ce n'est que l'expression d'un changement de volonté. Appliqué à un contrat qui n'a réclamé pour sa perfection que le concours des volontés, il n'a pas besoin d'être manifesté d'une façon solennelle. On pourrait même l'induire de certains faits dénotant, chez les parties, l'intention de modifier leurs premières conventions. C'est ce que démontrent les lois 5 D. *de resc. vend*. XVIII, 1, et 23 *de acceptil*. XLVI, 4. Il s'agit, dans l'hypothèse prévue par ces deux textes, d'un contrat de vente. La vente n'ayant pas été exécutée de part ni d'autre, le vendeur fait acceptilation du prix à l'acheteur sans avoir rien reçu de lui. Cette acceptilation aura pour effet d'anéantir complètement le contrat, et par suite de délier les parties l'une vis-à-vis de l'autre. Comment comprendre ce résultat? Il n'y a eu qu'une seule interrogation de l'acheteur au vendeur, et pourtant il s'est produit une double libération. On a tenté d'expliquer ce résultat de la façon suivante : l'acceptilation ne peut intervenir qu'après que la dette antérieure née *ex vendito* a été transformée en obligation *verbis* au moyen d'une novation. L'acheteur étant ensuite libéré de son obligation de payer le prix convenu, par l'acceptilation, le vendeur se trouve libéré à son tour de son obligation de livrer la chose, car l'obligation de l'acheteur servait de cause à la sienne. Ce raisonnement est contredit par la loi 5 D. *de resc. vend*. dans laquelle Julien démontre que si l'acceptilation peut opérer une double libération alors qu'il n'y a qu'une interrogation, la libération de l'autre partie ne résulte pas de l'acceptilation mais de la volonté des contractants.

C'est-à-dire que le *contrarius consensus* peut opérer dans cette hypothèse, puisqu'on suppose les *res adhuc integræ*. L'acceptilation vaut donc comme *contraria voluntas* des parties. C'est ce que veut exprimer Julien en disant : « *Acceptilatio in hac* « *causa* NON SUA NATURA *sed* POTESTATE CONVEN- « TIONIS *valet* », et il en donne le motif en ajoutant au § 1 de la même loi : « *Emptio nuda conventione dissolvitur si res secuta non fuerit.* » Au lieu d'une acceptilation si nous supposons un pacte *de non petendo* consenti par le vendeur à l'acheteur, le même effet sera produit.

35. — Mais alors, semble-t-il, il ne sera pas besoin, pour que le *contrarius consensus* opère, que les deux parties se trouvent d'accord pour vouloir résoudre le contrat; la volonté unilatérale de l'une d'elles va suffire pour que les obligations réciproques de toutes deux soient éteintes. Ce serait exagérer la portée des deux lois que nous venons de citer. L'effet que nous avons attribué à l'acceptilation repose sur la volonté présumée des deux parties. Mais cette présomption s'effacerait devant la preuve contraire, et, s'il était démontré qu'en faisant remise du prix à l'acheteur, le vendeur entendait néanmoins rester tenu de son obligation de livrer la chose vendue, cette obligation ne serait pas éteinte (1).

§ 2.

Etude juridique du « CONTRARIUS CONSENSUS » *opérant* IPSO JURE.

36. — Demandons-nous maintenant si la théorie

---

(1) Accarias, *op. cit.*, tome II, n° 709, page 745, note 2.

que nous venons de faire lorsque le *contrarius consensus* produit son effet d'extinction *ipso jure* est conforme aux principes du droit romain.

37. — C'est en réalité une exception à ces principes. Le *contrarius consensus* ne constitue, en effet, dans le cas le plus ordinaire, qu'un pacte joint *ex intervallo*, à un contrat de bonne foi, et comme tel il ne devrait produire que l'effet qui s'attache à ces pactes. Développons cette idée.

38. — A Rome, au début du droit tout au moins le contrat seul est muni d'une action. Le pacte est toute convention, en dehors des contrats déterminés et strictement limités par la loi civile et qui n'est pas sanctionné par une action. La règle générale est donc que le contrat seul engendre une obligation civile et une action pour la faire valoir : « *Ex pacto nudo non nascitur actio* », disent les textes. Par dérogation à cette règle, on avait admis que le pacte joint *in continenti* à un contrat de bonne foi valait comme le contrat lui-même (L. 7 § 5 D. *de pact.* II, 14). Cette dérogation se comprend. Les contrats de bonne foi sont tous des contrats *consensu* ou des contrats *re* autres que le *mutuum*. Dans les contrats *consensu*, le simple accord de volontés des parties suffit pour engendrer une obligation. On admet par analogie le même principe à l'égard des contrats qui se forment *re*, à cause des larges pouvoirs d'appréciation du juge dans les contrats de bonne foi. On peut à ces raisons en ajouter d'autres. Le pacte joint *in continenti* à un contrat constitue, somme toute, une clause concomitante à ce contrat et, le plus souvent, une clause essentielle, de telle sorte que peut-être, sans elle, les parties n'auraient pas

contracté. Au contraire, le pacte joint *ex intervallo*
n'apparaît pas avec le même caractère. Les volontés
des parties étaient tombées d'accord bien avant le
pacte, et on ne peut pas supposer que sans lui les
parties n'auraient pas contracté. Donc le pacte joint
ex intervallo, même à un contrat de bonne foi, ne
fait pas corps avec ce contrat ; il suit le sort ordinaire des pactes, c'est-à-dire que le préteur ne le
fera valoir que comme exception.

Ces principes rappelés, il est facile de voir que,
en éteignant *ipso jure* les obligations des parties
nées de contrats consensuels, le *contrarius consen-*
sus constitue une dérogation à la théorie des pactes
à Rome. Ce n'est pas autre chose qu'un pacte joint
ex intervallo au contrat, et il ne devrait produire
d'effet qu'*exceptionis ope.*

39. — Cependant Ulpien voit, dans le mode d'extinction qui nous occupe, la conséquence logique
des principes du droit, semblant ainsi en contradiction avec lui-même lorsque dans la loi 35 D. L.
17, il rattachait le *contrarius consensus* à l'adage :
« *Omnia quæ jure contrahuntur, contrario jure*
« *pereunt.* » Voici comment :

Les pactes adjoints *ex intervallo* à un contrat de
bonne foi ne peuvent engendrer une action ; leur
effet est réduit à l'exception. Or, si ce pacte a pour
but de diminuer l'obligation, il vaudra, le défendeur
opposant l'exception au créancier qui viendra lui réclamer l'exécution intégrale de son obligation. Remarquons qu'il s'agit de contrats *bonæ fidei* et que
dans cette hypothèse, l'exception engendrée par le
pacte, sous la forme d'exception de dol, n'a pas besoin d'être insérée dans la formule délivrée par le

préteur ; elle y est toujours sous-entendue. Eh bien !
d'après Ulpien, l'effet que nous avons attribué au
contrarius consensus ne serait qu'une dérivation de
cette règle (L. 7 § 6 D. *de pact.*, II, 14).

Cette façon d'expliquer l'effet du *contrarius consensus* nous paraît bizarre. Ce mode d'extinction des
obligations opère toujours *ipso jure* si les choses
sont encore entières. Si donc nous devions le ratta-
cher au principe que les pactes joints *ex intervallo*
à un contrat de bonne foi et diminuant l'obligation
née de ce contrat produisent effet, il ne devrait
néanmoins opérer que *exceptionis ope* et s'appliquer
non seulement à tous les contrats consensuels, mais
encore à tous les contrats *bonæ fidei*. Or tel n'est
pas le résultat produit. Si, d'une part, l'effet du
contrarius consensus est limité aux seuls contrats
consensu, d'autre part cet effet est aussi complet
que possible. Les textes sont formels en ce sens.
Paul, dans la loi 21 § 4 D. *Quod met.* IV, 2, assimile
l'effet du *contrarius consensus* à celui d'une acceptilation. Pomponius exprime la même idée dans la loi
2 D. *de resc. vend.* XVIII, 5, en nous disant que
l'on peut, par *contrarius consensus*, rendre une
vente « *infecta* ».

40. — Il est par conséquent impossible de voir
dans le *contrarius consensus* une application pure
et simple de la théorie des pactes. Au contraire nous
y trouvons une dérogation fort grave à cette théorie, dérogation qui s'explique, suivant nous, par la
règle formaliste de la loi 35 *de regul. jur.*

SECTION II

Le contrarius consensus opère exceptionis ope.

41. — Lorsque le *contrarius consensus* ne produit pas son effet extinctif de plein droit, nous ne
nous trouvons plus, à proprement parler, en présence de l'application de la règle *omnia quæ jure
contrahuntur, contrario jure pereunt.* Si, en effet,
on peut encore considérer comme une application
de cet axiome juridique le *contrarius consensus* manifesté à l'occasion d'un contrat consensuel, mais
empêché de produire son effet habituel par suite de
circonstances particulières, il ne peut évidemment
plus en être de même dans le cas, plus fréquent, où
il s'applique à d'autres contrats. Aussi, bien que le
résultat doive être le même, diviserons-nous notre
section II en deux paragraphes. Dans l'un, nous examinerons les effets du *consensus contrarius* opérant
exceptionis ope dans les contrats consensuels; dans
l'autre, nous dirons un mot de ce même mode d'extinction appliqué à tous les autres contrats.

§ 1er

Le contrarius consensus opère *exceptionis ope*
dans les contrats consensuels.

42. — A l'égard des contrats qui n'exigent pour
leur perfection que le seul consentement des parties,
il est de la nature même du *contrarius consensus*
d'éteindre *ipso jure* les obligations qui en découlent.
Il peut cependant arriver que cet effet soit paralysé

par suite de certaines circonstances survenues depuis
la confection du contrat. Les parties ont déjà commencé l'exécution, et il leur est impossible d'anéantir cette exécution; ou bien l'objet de l'obligation a
péri par cas fortuit. Dans toutes ces hypothèses le consentement contraire ne peut plus intervenir comme
mode spécial d'extinction des obligations. Faudra-t-il donc décider qu'il ne produira aucun effet ?
Assurément non : l'accord de volontés des parties
contient en lui-même un pacte, et si le vendeur réclame le prix, l'acheteur le repoussera par l'*exceptio pacti conventi*. Ce pacte produit par conséquent
l'effet ordinaire de tout pacte *de non petendo*. Comment en concevoir l'intervention ?

Nous pouvons imaginer que les parties veulent
décharger l'une d'elles de son obligation en tout ou
en partie. Plaçons-nous en face de cette hypothèse.
Supposons que le vendeur de plusieurs esclaves en
a déjà livré un, puis que les deux parties tombent
d'accord pour annuler la vente. La manifestation de
cette *contraria voluntas* équivaut à un pacte *de non
petendo;* pour qu'il opère *ipso jure*, il est de toute
nécessité que l'acheteur commence par retransférer
au vendeur la propriété de l'esclave livré. Mais cet
esclave, par hypothèse, a péri par cas fortuit : juridiquement il est donc impossible d'anéantir, pour le
passé, le contrat partiellement exécuté. Si, malgré
cette impossibilité les parties continuent toujours à
vouloir que la vente n'ait pas d'effet, ne sommes-
nous pas en présence d'un véritable pacte *de non
petendo ?* Le vendeur est déchargé de son obligation
de livrer les esclaves vendus ; l'acheteur n'a plus à
payer son prix. Sans doute ce dernier est bien débi-

teur, vis-à-vis du vendeur, de l'esclave à lui livré, mais comme cet esclave a péri par cas fortuit, il se trouve libéré de ce chef. Mais dans ce cas, l'obligation réciproque des parties n'est éteinte que par *l'exceptio pacti conventi* ou *doli mali* (1) ; cette dernière d'ailleurs était sous-entendue dans les contrats consensuels, qui tous étaient de bonne foi. Mais ne l'oublions pas, en droit civil l'obligation primitive subsiste ; son effet est uniquement empêché par *l'exceptio ;* il suffirait donc, pour la faire revivre avec toute son ancienne vigueur, d'un nouveau pacte en sens contraire.

43. — Il n'y a là d'ailleurs que l'application des principes généraux du droit. Le pacte (*contrarius consensus*) est intervenu après le contrat ; il ne fait pas corps avec lui ; en conséquence il ne peut engendrer une action, et le préteur le fait valoir par une *exceptio.* Le préteur ne peut pas aller directement à l'encontre du droit civil, et, si le pacte a pour objet d'augmenter l'obligation primitive, le préteur ne peut donner une action pour en assurer l'exécution. Le pacte joint *ex intervallo*, dit Ulpien, ne vaut pas *ex parte actoris.* Si, au contraire, le pacte a pour but de diminuer l'obligation (c'est notre hypothèse), le créancier qui réclame l'exécution entière de l'ancien contrat se voit opposer l'exception : le pacte joint *ex intervallo* vaut dans ce cas *ex parte rei*, dit encore Ulpien (L. 7, § 5 D. *de pact.* II, 14). Cette manière de s'exprimer n'est pas exacte ; le pacte joint postérieurement à un contrat n'engendre pas d'action, mais bien une exception, et comme excep-

(1) Vernet, *Textes choisis sur la théorie des obligations en droit romain*, page 38, sur la loi 58, D. II, 14.

tion, ou comme réplique, il peut être invoqué par le
demandeur comme par le défendeur. Ce que veut
dire Ulpien c'est qu'en fait l'exception opposée par le
défendeur produira l'effet d'une action, en ce sens
que le débiteur dont l'obligation est diminuée après
coup n'aura qu'à attendre la demande du créancier
pour la paralyser par l'exception (L. 72 D. *de contrah.
empt.* XVIII, 1): mais l'effet de cette exception ne sera
jamais aussi complet que celui de l'action, puisque,
nous le répétons, il suffira pour anéantir le pacte
d'un nouveau pacte en sens contraire.

44. — Telle est la théorie à l'époque classique, mais
à l'origine, le *contrarius consensus* ne devait pas
produire d'effet extinctif lorsque les conditions requi-
ses pour qu'il opère *ipso jure* n'étaient pas réunies. Ou
bien il anéantissait *ipso jure* l'obligation consensuelle, ou bien il n'avait aucun résultat. En effet, au
début du droit romain, les pactes n'étaient pas sanc-
tionnés ; il a fallu, pour leur donner effet, l'intervention du préteur qui, dans son édit, a déclaré qu'il les
protégerait (L. 7, § 7, D. *de pact.* II, 14).

§ 2.

Le contrarius consensus opère *exceptionis ope* dans
les contrats autres que les contrats *consensu.*

45. — Dans ce cas, les applications du *contrarius
consensus* sont beaucoup plus nombreuses. En effet,
nous ne pouvons plus envisager ce consentement
contraire comme un mode particulier d'extinction
des obligations. Toutes les fois que les parties, voulant
éteindre une obligation ou en modifier les éléments,
n'emploient pas les modes correspondant aux obli-

gations qu'elles désirent faire disparaître, leur volonté se résout en un simple pacte et ne produit effet que par le moyen de l'exception. Nous pourrions à ce sujet faire en détail l'étude des pactes nus en droit romain, car ces pactes constituent tous des consentements contraires ; mais comme nous n'envisageons le *contrarius consensus* qu'au point de vue de l'extinction des obligations, nous nous bornerons à résumer en quelques lignes cette théorie.

46. — Nous distinguerons suivant que ce consentement contraire intervient après coup à propos d'un contrat de bonne foi (les contrats consensuels mis à part), ou à propos d'un contrat de droit strict.

Nous ne dirons rien du pacte joint *ex intervallo* à un contrat de bonne foi, car les solutions à appliquer dans cette hypothèse sont les mêmes que celles que nous avons exposées précédemment à propos du *contrarius consensus* manifesté à la suite d'un contrat consensuel lorsqu'il ne peut pas agir *ipso jure*.

Supposons donc que le *contrarius consensus* intervienne à propos d'un contrat *stricti juris*. Il se présente comme un pacte isolé et ne peut rien emprunter au contrat auquel il est adjoint ; il ne peut valoir que par voie d'exception. C'est donc encore la théorie précédemment étudiée. Toutefois, signalons une différence entre le cas où le pacte est adjoint *ex intervallo* à un contrat de bonne foi, et celui où il est adjoint à un contrat de droit strict. Dans les contrats de bonne foi à raison même de leur nature, l'exception de dol à laquelle le pacte donne naissance concurremment avec *l'exceptio pacti conventi*, ne doit pas nécessairement être insérée dans la formule

(L. 7 § 5 D. *de pact.* II, 14). Au contraire cette exception a besoin d'être insérée dans la formule si le contrat est de droit strict.

47. — Résumons tout ce que nous avons dit à
propos de l'effet du *contrarius consensus* sur l'obligation principale.

Ce *contrarius consensus* n'anéantit *ipso jure*
l'obligation que si cette obligation tire son origine
d'un contrat consensuel, et encore est-il nécessaire,
pour que ce résultat se produise, que les choses soient
entières et que la volonté contraire porte sur les éléments essentiels du contrat. Sinon, c'est-à-dire s'il
se produit à l'occasion d'un contrat consensuel déjà
exécuté en tout ou en partie, et sur l'exécution duquel
on ne puisse revenir, ou à l'occasion d'un contrat
re, verbis ou *litteris,* il est impuissant à agir avec
la même force, et il vaut seulement comme exception.

CHAPITRE DEUXIÈME

DES EFFETS DU CONTRARIUS CONSENSUS DANS LES RAPPORTS DE PLUSIEURS COOBLIGÉS

48. — Jusqu'à présent nous ne nous sommes préoccupé que de l'obligation dégagée de toutes les complications qui peuvent l'accompagner. Le moment est venu de nous demander si les solutions que nous avons données doivent rester les mêmes lorsqu'à l'obligation principale viennent s'adjoindre d'autres obligations.

Il peut y avoir plusieurs créanciers et plusieurs débiteurs. Quel sera l'effet du *contrarius consensus* manifesté par eux ? Nous distinguerons entre la corréalité et la fidéjussion.

§ Ier.

Corréalité.

49 I. — Supposons d'abord qu'il s'agisse de corréalité passive. Nous sommes en présence d'un créancier *Primus* et de deux débiteurs solidaires, *Secundus* et *Tertius*.

Le contrat en vertu duquel les parties sont liées

peut être consensuel. Alors le *contrarius consensus* produisant son effet habituel et opérant *ipso jure* éteint l'obligation : cet anéantissement est aussi complet que s'il découlait d'un paiement ou d'une acceptilation, et par conséquent l'effet extinctif aura lieu dans les rapports du créancier avec les deux débiteurs solidaires.

Si l'obligation n'est pas consensuelle, ou si, étant consensuelle, elle ne peut plus être éteinte *contraria voluntate*, le consentement contraire ne peut pas opérer *ipso jure;* il se transforme alors en pacte *de non petendo. Primus* qui a consenti un semblable pacte à *Secundus* peut-il poursuivre néanmoins *Tertius ?* La solution diffère suivant que ce pacte a été consenti *in rem* ou *in personam.* A-t-il été consenti *in personam,* c'est-à-dire *Primus* a-t-il convenu avec *Secundus* qu'il ne lui réclamerait rien, à lui *Secundus ?* l'effet du *contrarius consensus* ne peut être opposé que par ce dernier. *Tertius* reste donc tenu vis-à-vis de *Primus* (L. 25 § 1 D. *de pact.* II, 14). A-t-il été consenti *in rem,* c'est-à-dire *Primus* a-t-il convenu après coup avec *Secundus* qu'il ne réclamerait rien d'une façon générale ? un fait est certain, c'est que *Secundus* peut opposer le pacte. Mais quelle sera la situation de *Tertius ?* Pour la déterminer il faut faire une nouvelle distinction. S'il n'y a pas de société entre les codébiteurs solidaires, *Tertius* ne peut bénéficier du pacte, et il continue à être tenu de son obligation. Si, au contraire, il y a société entre eux, *Tertius* peut opposer à *Primus* le *contrarius consensus* manifesté. Cette théorie est conforme aux principes. Le *contrarius consensus* n'a d'autre effet que celui d'un pacte *de non petendo.* Or la règle est que semblable pacte ne peut être invoqué que par les parties entre lesquelles il est intervenu. Cette règle s'applique quand les co-débiteurs, ne sont pas *socii* mais elle est nécessairement modifiée quand il y a société entre eux, car, reprenant notre hypothèse, si *Tertius* devait payer, il aurait un recours contre *Secundus* pour lui faire supporter sa part dans la dette acquittée, de sorte que ce dernier, auquel le pacte a été consenti, n'en profiterait pas LL. 23 et 25 *princ.* D. *de pact.* II, 14).

50 II. — Supposons maintenant qu'il s'agisse de corréalité active, *Primus* et *Secundus* sont cocréanciers solidaires et *Tertius* est leur débiteur. Après coup, l'un des créanciers, *Primus*, par exemple, convient avec Tertius de ne rien lui réclamer. Alors, sans qu'il y ait lieu de distinguer entre les contrats consensuels et autres, le *contrarius consensus* intervenant entre le débiteur et l'un des créanciers solidaires, ne peut nuire à l'autre créancier qui conserve son droit de poursuite (L. 27, *pr.* D. *de pact.* II, 14). Cette solution est encore logique. On peut dire, en effet, que le *contrarius consensus* n'existe pas entièrement ; il a été manifesté entre *Primus* et *Tertius*, mais *Secundus* n'a pas consenti à la remise et cette remise ne peut lui être imposée malgré lui. Notons cependant que la solution était discutée pour le cas où les *correi stipulandi* étaient *socii* et que certains jurisconsultes soutenaient que le *correus* resté étranger au pacte ne pouvait poursuivre le débiteur en se fondant sur ce que toutes les sommes touchées par un associé *ex causa societatis* doivent se partager entre tous les associés et qu'ainsi le *correus*, auteur du pacte, jouirait de l'a-

5

vantage auquel il avait renoncé (1). Mais Paul dans
la loi 27 *pr. de pact.* indique que l'opinion contraire
était admise par la majorité des jurisconsultes.

§ 2.

Fidéjussion.

51. — Nous ferons la théorie à propos du *contrarius consensus* intervenant entre le débiteur principal et le créancier et entre la caution et le créancier.

52 I. — Lorsqu'une obligation principale issue
d'un contrat consensuel est éteinte *ipso jure* par
l'effet du *contrarius consensus*, l'obligation accessoire de la caution se trouve également réduite à néant.
Cette obligation n'a plus d'objet, et elle ne peut pas,
perdant son objet vis-à-vis du débiteur principal,
le conserver vis-à-vis du débiteur accessoire.

Lorsque l'obligation principale est éteinte *per exceptionem*, il faut également que l'obligation du
fidéjusseur soit éteinte de la même façon ; autrement,
par son recours contre le débiteur principal, il dé-
truirait le bénéfice qu'on voulait accorder à ce dernier. En somme, le *contrarius consensus* intervenant au profit du débiteur principal, qu'il produise
effet *ipso jure* ou *per exceptionem*, profitera toujours à la caution (L. 21, § 5, D. *de pact.* II, 14).

53 II. — Si le *contrarius consensus* intervient
entre le créancier et la caution, il n'opérera vis-à-vis
d'elle qu'*exceptionis ope*, mais rien n'empêchera le
débiteur principal de continuer à être tenu (L. 25,
§ 2, D. *de pact.* II, 14).

(1) Accarias, *op. cit.*, tome II, n° 552, page 331, note 2.

TITRE III

DES MODALITÉS QUI PEUVENT AFFECTER LE CONTRARIUS CONSENSUS

54. — Le *contrarius consensus* peut-il être affecté de modalités ? Nous entendons par là le terme et la condition. Il est certain qu'il ne peut être question que du terme extinctif et de la condition résolutoire : on ne comprendrait pas un terme suspensif appliqué à un mode d'extinction d'une obligation, puisque le terme suspensif suspend l'exécution d'une obligation et que le *contrarius consensus* a pour objet d'éteindre cette obligation. Il ne reste plus alors que le terme extinctif et la condition résolutoire.

Le terme extinctif n'est pas autre chose qu'un *contrarius consensus* manifesté au moment de la formation du contrat, mais dont l'effet est reculé à une certaine époque, déterminée dès ce moment. La condition résolutoire se résout, en dernière analyse, en une dissolution du contrat *contrario consensu* convenue *ab initio*, mais dont l'effet est subordonné à l'arrivée d'un événement qui peut ne pas se réaliser (1). Cette condition peut même intervenir après que le contrat est formé (2). Ce sont là des modalités du *contrarius consensus :* examinons-les l'une après l'autre.

(1) Bufnoir, *Théorie de la Condition*, page 129.
(2) Id., page 134.

CHAPITRE PREMIER

DU TERME EXTINCTIF

55. — On peut définir le terme extinctif la limite à laquelle un rapport de droit doit cesser d'exister. Au jour de son arrivée il ne peut produire son effet *ipso jure* que si le contrat est consensuel et si les choses sont entières. Mais les choses ne seront jamais entières, puisque le contrat aura été exécuté. Aussi ne pourra-t-il agir qu'*exceptionis ope*. Mais comment? C'est une idée romaine que les obligations subsistent tant qu'un mode d'extinction n'est pas survenu : le terme extinctif n'est pas un mode d'extinction des obligations; il ne peut être considéré comme tel qu'en tant que *contrarius consensus* et alors il ne saurait produire des effets plus larges que ce *contrarius consensus*. Or le *contrarius consensus* ne pourrait éteindre que les obligations consensuelles; aussi le terme extinctif ne dut-il à l'origine, éteindre que ces obligations, et encore *exceptionis ope*, par suite de l'exécution du contrat.

Disons toutefois que le droit prétorien corrigea

sur ce point la rigueur du droit civil. Le préteur
considéra que le créancier qui a consenti à l'apposition d'un terme extinctif à un contrat viole la convention en réclamant, après l'arrivée du terme, l'exécution du contrat. Aussi donna t-il au débiteur
l'*exceptio pacti conventi* ou *doli mali* (L. 44, § 1,
D. *de oblig. et act.* XLIV, 7).

CHAPITRE DEUXIÈME

DE LA CONDITION RÉSOLUTOIRE

56. — Une pareille condition était-elle possible à Rome ? Deux hypothèses sont à prévoir. La condition résolutoire peut, ou bien suspendre l'extinction de l'obligation, ou bien suspendre la résolution du contrat lui-même. Dans le premier cas, le droit romain, ainsi que le dit M. Bufnoir (1), « n'admet-« tait pas qu'on pût jamais, en créant une obliga-« tion, convenir qu'elle serait éteinte par l'arrivée « d'une condition ». Et cela était juridique : nous avons répété déjà que l'obligation ne pouvait s'éteindre que par un certain nombre de modes exclusifs, parmi lesquels ne figure pas la condition résolutoire. Dans le second cas, nous sommes bien en présence d'un véritable *contrarius consensus* et nous devrons déclarer que seuls les contrats susceptibles de se former *solo consensu* sont aussi seuls capables d'admettre la condition résolutoire comme mode d'extinction éventuelle. Non pas que la condition

(1) Bufnoir, *op. cit.*, page 123.

résolutoire appliquée à un autre contrat fût absolument de nul effet. Elle ne valait pas comme condition, voilà tout, mais elle ne viciait pas le contrat,
et elle pouvait même, le plus souvent, permettre au
débiteur de repousser le créancier par l'exception
pacti conventi ou *doli mali*. Telle est la solution qui
est contenue dans les textes, et notamment dans la
loi 44 § 2 D. *de oblig. et act.* XLIV, 7 qui nous dit que,
en matière de stipulation, la condition résolutoire est,
sans doute, *efficax*, mais qu'elle tiendra seulement
lieu *d'exceptio pacti conventi* ou *doli mali*. Au contraire, dans les contrats consensuels, la condition
résolutoire produira toujours son entier effet, à moins
(et nous n'avons pas à nous préoccuper de ce cas),
qu'elle ne soit illicite ou immorale. Comment expliquer cette différence?

57. — Certains auteurs estiment qu'elle pro-
vient du caractère de bonne foi dont ces contrats
sont revêtus. Tel n'est pas notre sentiment. Les
contrats *re* autres que le *mutuum* ne sont ils pas
également des contrats de bonne foi? et pourtant la
condition résolutoire apposée à de telles conventions ne vaudra que comme pacte. Aussi ne voyons-
nous, dans cet effet de la condition résolutoire, que
l'effet général produit par le *consensus contrarius*.
Nous avons établi, mais nous croyons utile de revenir
sur cette idée, que la condition résolutoire n'est qu'un
consentement contraire manifesté dès l'instant du
contrat, mais dont l'effet est destiné à se produire
ou non, suivant que l'événement prévu se réalisera
ou ne se réalisera pas. Dès lors, au lieu de considérer l'effet de cette condition appliquée aux contrats consensuels, comme une exception aux prin-

cipes, résultant de la bonne foi qui a présidé à la confection du contrat, n'est-il pas plus naturel d'y voir la confirmation de la règle que les contrats consensuels périssent *contrario consensu*.

58. — Cependant, il est probable qu'à l'origine du droit romain, les contrats consensuels eux-mêmes ne durent pas se prêter à l'apposition d'une condition résolutoire. La seule cause juridique de ces contrats étant le *consensus*, il nous semble que l'on ne devait pas admettre que ce *consensus* pût être donné conditionnellement. La question était discutée pour le contrat de société ; puisque nous voyons Justinien rendre une constitution pour faire cesser la controverse (L. 6, C *pro socio* IV, 37) et décider que le contrat de société pourrait être formé *sub conditione*. En ce qui concerne les autres contrats consensuels, l'apposition d'une condition résolutoire ne devait produire aucun effet au début du droit. Gaius (*Com.* III, § 146) semble même indiquer que cette solution n'était contestée par personne : « *jam enim non dubitatur quin sub conditione res* « *veniri aut locari possint* ». Quoi qu'il en soit et le contrat de société mis à part, cette idée n'a pas subsisté longtemps dans la législation romaine, et si la théorie de la condition résolutoire appliquée aux contrats consensuels ne se trouve pas de toutes pièces dans les textes, du moins il nous est permis de l'induire de certains d'entre eux qui ont trait au plus usité des contrats *consensu*, nous voulons parler de la vente.

59. — Lorsque les parties font une vente et ajoutent : « *Si navis ex Asia venerit, res inempta* « *fiat* », en réalité que se passe-t-il ? Elles font

deux choses : d'abord une vente pure et simple, ensuite une convention de résolution conditionnelle
de cette vente ; c'est-à-dire elles manifestent leur
volonté, au moment du contrat, que cette vente *pura*
sera anéantie si le navire arrive d'Asie. Une fois la
condition réalisée, le contrat tombe et les obligations
contractées de part et d'autre s'éteignent *si les choses sont encore entières.*

Mais le plus souvent, pour ne pas dire toujours,
les choses ne sont plus entières au moment de l'arrivée de la condition, puisque cette dernière a eu
surtout pour but de permettre aux parties d'exécuter immédiatement leurs obligations réciproques :
autrement et si leur intention avait été de retarder
cette exécution jusqu'au moment de l'arrivée de la
condition, elles auraient fait usage de la condition
suspensive. Alors il semble que la condition résolutoire ne pourra plus être expliquée par le *contrarius
consensus* conditionnel, ce *contrarius consensus*
ne pouvant faire rétroactivement ce que ne pourrait
faire un consentement contraire pur et simple. En
effet, il ne peut plus être question de résoudre
l'obligation exécutée, éteinte par son exécution
même, et, les choses n'étant plus entières, le *contrarius consensus* est impuissant à accomplir son
œuvre.

60. — Quel sera, dans cette hypothèse l'effet
de la condition résolutoire ? Ce sera d'obliger les
parties l'une envers l'autre à se faire des restitutions
réciproques, de façon à se retrouver, en définitive,
dans la position où elles auraient été si le contrat,
la vente dans l'espèce, n'avait pas eu lieu. Mais la
difficulté apparaît lorsqu'il s'agit de déterminer les

moyens accordés aux parties pour arriver à ce résultat.

Le contrat n'est pas résolu de plein droit, mais en fait, le préteur arrive au même résultat. Le vendeur réclame sa chose par la *condictio sine causa ;* l'acheteur lui oppose *l'exceptio rei venditæ et traditæ* que le vendeur paralyse par la réplique *pacti conventi* ou *doli mali*, tirée de la condition résolutoire. Donc la condition résolutoire, se réalisant, résout *exceptionis ope* le contrat, mais rien que le contrat. Elle laisse debout le transfert de propriété de la chose à l'acheteur et du prix au vendeur. C'est qu'il est de principe à Rome, que la propriété ne peut être transférée *ad tempus*. Par suite, l'acheteur, devenu propriétaire de la chose, en reste propriétaire même après l'arrivée de la condition résolutoire. Seulement, le contrat résolu, le vendeur n'a plus de cause pour garder dans son patrimoine le prix payé, de même que l'acheteur détient sans cause la chose vendue. Aussi donne-t-on aux parties la *condictio sine causa* pour se faire restituer, l'une la chose, l'autre le prix.

De bonne heure on comprit les inconvénients d'une théorie aussi rigide. La *condictio sine causa* est une action *stricti juris*, et le juge n'a pas de pouvoirs d'appréciation. De plus, cette action n'a pas sa base dans un contrat, mais dans un *factum*, dans ce fait que l'une des parties a dans son patrimoine une valeur appartenant à l'autre. Le juge ne pouvait donc tenir compte que de ce fait, mais non des relations contractuelles des parties, situation d'autant plus regrettable qu'il s'agissait de contrats *bonæ fidei*. Aussi les efforts des jurisconsultes tendirent-ils à ce but : trouver des actions, nées d'un contrat, permettant la résolution de la vente.

61. — Deux idées différentes, soutenues par les deux grandes écoles de jurisconsultes romains, se firent jour dans le droit. Pour les Sabiniens, la condition résolutoire devait se résoudre en un pacte adjoint *in continenti* au contrat. Une telle théorie heurtait bien de front les idées romaines, et il semblait peu admissible aux Proculiens d'incorporer à un contrat un pacte ayant pour but de le résoudre. Aussi avaient-ils adopté une autre théorie. Pour eux la vente sous condition résolutoire constituait deux conventions bien distinctes : la première, la vente pure et simple avec tous ses caractères, l'*emptio-venditio* avec toutes les obligations qu'il est de sa nature d'engendrer ; la seconde, ayant pour objet de forcer les parties à se faire les restitutions nécessaires pour remettre les choses en l'état où elles étaient au moment de la vente. Cette convention à double face constitue dans son ensemble une convention que le droit civil ne reconnaît pas, mais que l'on peut très justement considérer comme un contrat innommé *do ut des et facias si conditio extiterit*, et qui sera, comme tous les contrats innommés, sanctionnée par la *præscriptis verbis*.

Ainsi pour les Sabiniens, la condition résolutoire produit son effet lorsque les choses ne sont plus entières, par l'action du contrat lui-même ; pour les Proculiens au contraire, c'est l'*actio præscriptis verbis* qui permet aux parties de la faire valoir. Nous avons à choisir entre ces deux opinions.

62. — La plupart des auteurs, et notamment

M. Accarias (1) et M. Chénon (2) se prononcent en
faveur de la doctrine proculienne : « La vente une
« fois résolue, dit M. Accarias, anéantie juridique-
« ment, que reste-t-il ? Une dation sous la condition
« de restituer, dans un cas prévu, une dation *certa*
« *lege*, comme dit Papinien (L. 8 D. *de præsc. verb.*;
« XIX, 5). En d'autres termes, les Proculiens, au
« lieu de garantir le pacte comme adjoint à un con-
« trat qui n'existe plus, le garantissent comme ad-
« joint à une aliénation que n'a pas anéantie la réso-
« lution de la vente. » La doctrine proculienne ainsi
développée, M. Accarias reproche à la théorie sabinienne de s'écarter des principes qui gouvernent la
matière des pactes adjoints. « Les Sabiniens ou-
« blient que les pactes adjoints, s'ils peuvent mo-
« difier la nature d'un contrat, ne sauraient en al-
« térer les éléments essentiels ; spécialement,
« qu'un pacte qui aboutit à supprimer le vendeur
« supprime du même coup la vente tout entière, et
« que désormais le pacte, au lieu de s'ajouter au
« contrat, s'y substitue. »

63. — Et cependant certains jurisconsultes, et
des meilleurs, défendent la solution sabinienne.
(Pomponius, L. 6 § 1, D. *de contr. empt.* XVIII, 1 ;
Paul, L. 6, D. *de resc. vend.* XVIII, 5). Paul, il est
vrai, semble hésiter un peu entre l'action du contrat,
l'actio empti dans l'espèce, et une *actio in factum
proxima empti*. Mais Pomponius défend énergique-
ment l'opinion sabinienne, et, prévoyant l'objection

(1) Accarias, *Théorie des Contrats innommés*, page 115.
(2) Chénon, *Controverses entre Proculiens et Sabiniens*,
n° 37.

reprise par M. Accarias : « ... *Nec conturbari debe-*
« *mus, quod inempto fundo facto, dicatur actio-*
« *nem ex vendito futuram esse* », il y répond : *In*
« *emptis enim et venditis potius id quod actum*
« *quam id quod dictum sit, sequendum est; et*
« *cum lege id dictum sit, apparet hoc duntaxat*
« *actum esse, ne venditor emptori, pecunia ad*
« *diem non soluta, obligatus esset, non ut omnis*
« *obligatio empti et venditi utrique solveretur.* »
Peut-être, si l'on pressait un peu les arguments
donnés par Pomponius à l'appui de la doctrine qu'il
défend, pourrait-on répondre qu'en somme, pour
qu'un contrat, même de bonne foi, subsiste, il ne
suffit pas que quelques-unes seulement des obligations des parties ne soient pas éteintes, qu'il faut
au moins que les obligations principales existent
encore. Or ce n'est pas ce qui a lieu dans le cas
qui nous occupe, puisque, justement, la condition
résolutoire a pour but de les faire disparaître ; mais
en allant au fond des choses, la doctrine sabinienne
nous paraît très acceptable : ce que les parties ont
voulu, c'est s'obliger à anéantir à l'arrivée de la condition l'exécution commencée et à remettre les
choses en l'état où elles étaient au moment du contrat. Ces obligations tendent simplement à détruire les
conséquences *de fait* de l'exécution de la vente. Pourquoi ne pourraient-elles s'incorporer au contrat ?
N'avons-nous pas sous les yeux un exemple d'obligations ayant pour effet de supprimer l'exécution
commencée ou même achevée de la vente et qui
valent par l'action du contrat, nous voulons parler
de la rédhibition? Ces obligations, les deux écoles
sont d'accord pour les garantir par l'action *empti* : —

« *Redhibitionem quoque continéri empti judicio et Labeo et Sabinus putant, et nos probamus* » (L. 11 § 3 D. *de act. empti et vend*. XIX, 1). Pourquoi admettre une autre solution en matière de condition résolutoire ? Malgré l'apposition de cette condition, la vente est parfaite au moment de sa confection, et les obligations des parties ont pris naissance à ce moment précis. A l'arrivée de la condition, si l'exécution n'est pas commencée, on peut dire avec Ulpien (L. 4, *pr.* D. *de lege commis*. XVIII, 3) : « *Finita est emptio;* » mais si les choses ne sont plus entières, la vente subsiste toujours en droit, et tout ce qu'il est possible de faire, c'est d'effacer les traces de fait de l'exécution. Ainsi présentée, la doctrine sabinienne nous semble parfaitement admissible.

64. — La controverse subsista longtemps entre les deux écoles. Un rescrit de Septime Sévère et de Caracalla, cité par Ulpien (L. 4, *pr.* D. *de lege commis*. XVIII, 3) consacra la doctrine sabinienne pour la *lex commissoria*. Le débat fut vidé par Alexandre Sévère qui, au cas de réméré, donne le choix entre les deux actions *præscriptis verbis* et *empti* (L. 2, C. *de pact. int. empt. et vend*. IV, 54).

Ce que nous disons à propos de la vente, nous l'appliquerons à tous les contrats consensuels.

65. — Remarquons enfin qu'en cette matière, le droit romain est allé encore plus loin dans la voie du progrès. Même ayant le choix entre les deux actions *empti* ou *præscriptis verbis*, le vendeur n'a qu'une action personnelle pour recouvrer la chose vendue, c'est-à-dire qu'il se présente comme créancier. Si donc l'acheteur avait aliéné cette chose, le vendeur n'avait aucun moyen pour se la faire ren-

dre, son action personnelle s'arrêtait à son débiteur, mais elle n'atteignait pas les tiers acquéreurs; si l'acheteur avait grevé la chose de droits réels, le vendeur devait les respecter. Pour protéger complètement ce dernier, il fallait lui donner une action réelle lui permettant de revendiquer la chose comme sienne et de la suivre en quelques mains qu'elle fût. Dès la fin de l'époque classique, Ulpien soutint que, par l'arrivée de la condition résolutoire, la propriété fait retour sur la tête du vendeur qui a la *rei-vindicatio* pour reprendre la chose vendue entre les mains des tiers (L. 29, D. *de mort. causa*, XXXIX, 6). Quant aux droits réels concédés par l'acheteur, ils s'éteignent avec le contrat de vente (L. 41, *pr.* D. *de reivind.* VI, 1). Cette théorie fait donc revenir la propriété sur la tête du vendeur, mais sans aucun effet rétroactif, et la propriété a subsisté sur la tête de l'acheteur jusqu'à l'arrivée de la condition. Défendue d'abord avec timidité, la doctrine d'Ulpien finit néanmoins par triompher. Elle était contraire aux purs principes du droit romain, car on en arrivait à décider qu'une seule convention résolutoire transfère la propriété. Sous Justinien, on est loin de l'ancienne rigueur, et la théorie de la condition résolutoire translative de propriété est admise sans difficulté. (L. 2 C. *de don. quæ sub. mod.* VIII, 55).

66. — Nous devons cependant indiquer que si cette théorie était professée à peu près sans conteste il y a quelques années, des travaux récents ont fait naître de nombreux systèmes sur les effets de la condition résolutoire, systèmes qu'il nous est impossible de passer sous silence.

67. — M. Maynz (1) n'admet pas qu'à une époque quelconque du droit romain, le vendeur sous condition résolutoire ait eu, à l'arrivée de la condition, la *reivindicatio* pour reprendre la chose vendue. La condition résolutoire, dit cet auteur, n'engendre à la charge de l'acquéreur qu'une obligation de retransférer au vendeur la propriété de la chose vendue. Ce n'est là qu'une conséquence des idées romaines qui voulaient que la convention des parties fût impuissante à opérer seule un transport de propriété. Que si certains textes accordent néanmoins la revendication au vendeur, à l'arrivée de la condition (L. 28, D. *de leg. com.* XVIII, 3, — L. 4, C. *de pact. inter.* IV, LIV), les mots *vendicare* et *reivindicatio* ne doivent pas être pris dans leur sens technique. Bien plus, dans le cas de donation à cause de mort sous condition résolutoire, la loi 29 D. *de mortis causa*, XXXIX, 6, donne au donateur l'*actio in rem* pour reprendre sa chose. M. Maynz estime que cette décision est anormale et que d'ailleurs la matière des donations présente de grandes irrégularités. Enfin la loi 4, § 3 *de in diem addict.* XVIII, 2, décide que, dans le cas d'une vente conclue avec la clause d'*addictio in diem*, c'est-à-dire avec la clause que le contrat sera résolu si, dans un délai déterminé, le vendeur trouve un acquéreur qui lui offre des conditions plus avantageuses, le droit de gage constitué par l'acheteur s'éteint à l'arrivée de la condition : *rem pignori esse desinere.* L'argument embarrasse encore peu M. Maynz, qui ajoute, au membre de phrase que nous venons de transcrire,

(1) Maynz, *Cours de droit romain*, § 334.

la particule négative et lit : *rem pignori esse* NON
desinere. De semblables procédés d'interprétation
condamnent ce système. Il est trop facile de déclarer que lorsque les jurisconsultes emploient le mot
reivindicatio, ce mot est pris dans un sens différent
de celui qui lui est généralement attribué et que,
quand une phrase contredit la théorie que l'on défend, on n'a qu'à ajouter arbitrairement un mot
pour en modifier le sens.

68. — Nous n'insisterons pas davantage sur un
système proposé par M. Kœppen (1), d'après lequel
le vendeur sous condition résolutoire ne transfère
à l'acheteur que la portion de son droit de propriété
qui se place dans le temps compris entre le moment
du contrat et l'arrivée de la condition, mais conserve
son droit pour tout le reste de la durée. Si les Romains avaient admis que la propriété pût être trans-
portée *ad tempus*, on comprendrait le système de
M. Kœppen ; mais c'est justement ce qui n'avait pas
lieu, et nous avons vu que les décisions des jurisconsultes avaient consacré le principe inverse.

69. — Enfin, tout récemment, M. Appleton, dans
son très remarquable ouvrage sur la propriété prétorienne (2), a imaginé autre chose.

D'après cet auteur, le préteur devait protéger la
propriété prétorienne, l'*in bonis*, par l'action publicienne, tout comme la propriété civile était pro-
tégée par l'action en *reivindicatio* du vieux droit
romain. Partant de là, M. Appleton pense que, peu
à peu, la publicienne, suivant en cela le sort de

(1) Kœppen, *Der obligatorische Vertrag.*, p. 53.
(2) Appleton, *Histoire de la propriété prétorienne et de l'action publicienne*, tome II, chapitre 23, section 2.

toutes les institutions prétoriennes, qui finirent par prendre la place des institutions du droit civil, a dû détrôner l'action en revendication. En effet, la preuve exigée pour triompher par la publicienne est beaucoup plus facile à faire que celle qu'il faut fournir pour être réintégré par la *reivindicatio*. Avec la première action, je n'ai à prouver que deux choses : que je possédais ; que j'avais une *justa causa possidendi*. Avec la seconde, au contraire, j'ai à faire la preuve complète de mon droit de propriété. Et quand bien même je serais propriétaire je pourrais encore avoir intérêt à employer la publicienne plutôt que la revendication. Laissons la parole à M. Appleton (1). « Propriétaire, je demande la publicienne contre un tiers qui possède mon esclave ; de deux choses l'une :

« Ou il n'oppose aucune exception ;

« Alors évidemment j'ai plus d'avantage que si « j'avais demandé la formule de la revendication ; « la preuve qui m'incombe est bien plus aisée à « fournir ;

« Ou bien il fait insérer une exception :

« Soit l'exception *justi dominii*, c'est-à-dire qu'il « s'engage à prouver sa propriété bien qu'il soit dé- « fendeur. Rien de plus avantageux pour moi !

« Soit l'exception d'une publicienne égale, c'est- « à-dire l'exception *justi dominii* fictice ;

« Alors il faut que je fasse insérer à mon profit « l'une des deux répliques suivantes :

« 1° Soit la réplique *rei venditæ et traditæ :* «*Aut si homo, q. d. a., A° A° priori ab eodem*

---

(1) Appleton, *op. cit.*, tome II, chap. xviii, page 37, n° 228.

« *venditore traditus sit* » (arg. L. 9 § 4 D. *h. t. ;*
« L. 31 § 2, D., *de act. empti* XIX, 1 ; L. 3 § 1. D.,
« *de except. rei venditæ ;* XXI, 3), dans le cas où
« mon adversaire tient la chose du même auteur
« que moi ;

« 2° Soit la réplique *justi dominii.*

« Dans tous les cas la publicienne me mène exac-
« tement au même résultat que la revendication,
« avec un avantage considérable, à savoir que je ne
« serai obligé de prouver ma propriété que dans un
« seul cas, celui où le défendeur, acquéreur de
« bonne foi, tiendrait la chose d'un auteur autre
« que le mien. »

Et M. Appleton conclut ainsi :

« L'*Actio in rem* par excellence du droit romain,
« au moins depuis l'époque classique, l'action usi-
« tée en pratique, ce n'est pas la revendication, c'est
« la publicienne. »

Ainsi la publicienne a dû, dans la pratique, se
substituer de plus en plus à la revendication dont
elle offre les avantages sans en avoir les inconvénients. Cela exposé, il est facile de voir la conséquence que M. Appleton tire de ce système au point
de vue de l'effet de la condition résolutoire.

Supposons qu'un propriétaire aliène sa chose ;
aura-t-il encore la publicienne ? Certainement non,
parce que, ou bien il ne possède plus, ayant, par
exemple, fait tradition de la chose vendue, ou bien,
ayant conservé le *corpus*, il n'a plus de *justa causa
possessionis.* Donc l'aliénation fait perdre la publicienne, tout comme elle fait perdre la *reivindicatio.*
Mais ce résultat sera-t-il encore possible si l'aliénation n'est pas irrévocable, si la vente a été faite sous

condition résolutoire? M. Appleton n'hésite pas à répondre : non. Si le vendeur pur et simple perd la publicienne, c'est uniquement parce qu'il a, en aliénant, renoncé à son juste titre ; mais si la vente ayant été faite sous condition résolutoire, la condition se réalise, la raison pour laquelle il ne pouvait plus user de la publicienne s'évanouit, et il rentre dans l'exercice de cette action. En un mot, l'office de la condition résolutoire consiste à permettre au vendeur de recouvrer la possession de la chose livrée, au moyen de la publicienne, et lorsque les textes nous parlent de *reivindicatio* ou d'*actio in rem*, ils entendent par là l'action publicienne.

70. — Nous ne voulons pas entreprendre la critique du système de M. Appleton ; il nous faudrait pour cela faire l'étude complète de la propriété à Rome ; disons cependant que le système défendu par ce savant auteur nous semble parfaitement rationnel, parfaitement logique et très conforme au développement historique du droit romain. D'ailleurs, quel que soit le parti que l'on prenne dans le débat qui s'élève entre la théorie généralement admise et celle de M. Appleton, on aboutit à cette conclusion que nous indiquions plus haut, à savoir que l'arrivée de la condition résolutoire permet à l'aliénateur de recouvrer sa chose et de rentrer soit dans la propriété civile de la chose vendue par la *reivindicatio*, soit dans la propriété prétorienne par la publicienne.

71. — Nous avons ainsi terminé ce que nous voulions dire de la condition résolutoire, étant bien expliqué que dans l'étude que nous en avons faite, nous ne l'avons examinée que comme application particulière du *contrarius consensus*, et ayant volontairement laissé dans l'ombre un certain nombre de questions intéressantes qui s'y rattachent, mais qui ne rentrent pas dans le cadre de notre travail.

TITRE IV

DE L'EFFET DU CONTRARIUS CONSENSUS
AYANT POUR BUT D'ÉTEINDRE PARTIELLEMENT L'OBLIGATION
OU D'EN MODIFIER L'OBJET

72. — Le but que se proposent les parties en manifestant une volonté contraire peut être, non pas d'éteindre complètement l'obligation, mais de l'éteindre partiellement, en d'autres termes, de diminuer l'effet du contrat primitivement formé, ou d'en modifier l'objet. Un tel résultat était-il possible ?

CHAPITRE PREMIER

LE « CONTRARIUS CONSENSUS » PEUT-IL ÉTEINDRE
PARTIELLEMENT L'OBLIGATION ?

73. — Et d'abord le *contrarius consensus* peut-
il diminuer l'obligation originelle ?

S'il fut un temps où, comme nous l'avons admis,
le *contrarius consensus* dut être inopérant par lui-
même, à raison du formalisme exagéré du droit romain, on peut affirmer hautement que le consentement contraire ne pouvait pas davantage diminuer
l'obligation. Mais lorsque ce mode d'extinction fut
reconnu comme anéantissant *ipso jure* les obligations contractuelles, on admit également qu'il pouvait n'en éteindre qu'une partie. En examinant la
convention qui se produit dans ce cas, nous allons
voir que rien n'est plus logique. *Primus* vend à *Secundus* sa maison moyennant 100 sous d'or. Après
coup ils conviennent que le prix sera diminué de
moitié. Il y a là un pacte *ex intervallo* qui diminue
l'obligation et l'on devrait lui appliquer les solutions que nous avons données plus haut à ce sujet.
Mais cette nouvelle convention peut s'analyser de la
façon suivante : les parties manifestent l'intention

d'anéantir la première vente ; cette intention suffit
pour atteindre le but que les parties se proposent parce
que la vente est un contrat consensuel, et que, par
hypothèse, ni le vendeur ni l'acheteur n'ont commencé à exécuter. Cette première vente éteinte, les
parties ont entendu en faire une nouvelle dont le
prix est de 50 sous d'or. Comme elles sont d'accord,
un nouveau contrat de vente se trouve formé. Donc
l'extinction partielle ne se produira que si le contrat
est consensuel et si les choses sont encore entières.
A ces deux conditions, il y a lieu d'en ajouter une
troisième. Il faut que les parties manifestent bien
l'intention d'éteindre l'obligation dans ses éléments
essentiels. Nous savons, en effet, que si le *contrarius consensus* ne portait que sur les *adminicula*,
la volonté des parties ne ressortirait pas clairement,
et l'extinction ne se produirait pas *ipso jure*.

Si l'une des trois conditions ci-dessus manque, le
contrarius consensus ne vaut alors que comme
simple pacte.

74. — Ces résultats sont certains, et nous les dé-
duisons *a fortiori* des solutions admises en matière
de paiement et d'acceptilation. Les Romains déci-
daient que le paiement partiel était possible lorsque
le créancier consentait à le recevoir (L. 41, § 1,
D. *de usur.* XXII, 1). Parfois même le paiement partiel pouvait être imposé au créancier. Nous voyons
en effet, dans les textes que, lorsque les parties sont
in jure et que le débiteur offre un acompte à son
créancier, le magistrat ne délivre l'action que pour
le surplus (L. 21. D. *de reb. cred.* XII, 1). Mais
notre théorie trouve une base bien plus solide encore
dans la matière de l'acceptilation. Du temps de Gaius

7

il y avait des doutes sur la question de savoir si l'acceptilation partielle était possible. Ces doutes avaient
dû être précédés d'une doctrine certaine déclarant
cette acceptilation impossible. Puis les Romains, com-
mençant à se départir du formalisme originaire, admirent la validité de l'acceptilation partielle, validité qui bientôt ne fut plus contestée par personne.
(*Inst.* Just. III, 29, § 1, *in fine*). Si les Romains adop-
tèrent cette solution en matière d'acceptilation, mode
d'extinction empreint d'une rigueur exagérée, à plus
forte raison durent-ils l'admettre en matière de *contrarius consensus*.

75. — Il est pourtant un cas dans lequel le *contrarius consensus* ne peut pas produire son effet
d'extinction partielle, toutes conditions nécessaires
étant réunies d'ailleurs : supposons que l'obligation
que les parties veulent diminuer soit indivisible,
l'extinction partielle en est impossible, et les parties
ne peuvent que l'anéantir complètement ou la conserver en entier.

CHAPITRE DEUXIÈME

LE « CONTRARIUS CONSENSUS » PEUT-IL MODIFIER L'OBJET DE L'OBLIGATION

76. — Les contractants peuvent enfin vouloir, non pas supprimer entièrement ou en partie l'obligation, mais modifier son objet. Vous me deviez 100 *ex vendito;* nous sommes d'accord, vous pour me donner, moi pour recevoir un cheval. C'est la *datio in solutum* qui n'est encore qu'une manifestation du *contrarius consensus.* Quel en est l'effet?

77. — Justinien, aux Institutes, nous apprend qu'elle produit l'effet d'un paiement, c'est-à-dire qu'elle éteint la dette *ipso jure* (III, 29, *pr.*).

Mais il en était autrement à l'époque classique, et les Proculiens et les Sabiniens étaient encore divisés sur l'effet de la *datio in solutum.* Les Sabiniens soutenaient l'opinion qui a triomphé; les Proculiens, au contraire, admettaient que le débiteur n'acquiert en payant *aliud* qu'une exception contre le créancier (Gaius, *Com.* III, § 168). Cette dernière solution était croyons-nous, plus conforme aux principes. En effet, si les parties avaient voulu se délier du premier contrat, *rebus adhuc integris,* et le remplacer par un autre, la *contraria voluntas* eût produit son effet habituel, et eût éteint *ipso jure* les contrats consensuels. Mais telle n'est pas l'intention réciproque des contractants. Ils entendent ne pas abandonner leur première convention ; le vendeur s'est peut-être exécuté en livrant la chose, mais il consent à recevoir autre chose que le prix. Il n'y a là qu'un pacte qui, joint *ex intervallo*, ne donne à l'acheteur que l'*exceptio pacti conventi* ou *doli mali*.

78. — Mais, nous l'avons vu au cours de ce travail, la législation romaine est une législation de progrès. Au fur et à mesure que le droit se développe, les formalités nombreuses qui l'enserraient à son origine disparaissent peu à peu. Aussi ne nous semble-t-il pas étrange que Justinien déclare qu'à son époque la *datio in solutum* opérait extinction de la dette de la même manière qu'un paiement, c'est-à-dire *ipso jure*.

DROIT FRANÇAIS

DES OBLIGATIONS

ÉMISES PAR LES SOCIÉTÉS, L'ÉTAT, LES DÉPARTEMENTS
ET LES COMMUNES

DES OBLIGATIONS

ÉMISES PAR LES SOCIÉTÉS, L'ÉTAT, LES DÉPARTEMENTS
ET LES COMMUNES

INTRODUCTION

---

79. — Au moment de la rédaction du Code Civil, la fortune mobilière n'avait pas encore acquis le développement que l'on constate aujourd'hui. La richesse publique reposait presque tout entière sur le sol, et les meubles étaient considérés comme de peu de valeur. Aussi ne doit-on pas s'étonner si le législateur de cette époque, suivant en cela les errements du passé, se préoccupe surtout de la propriété foncière, dans la grande division des biens qu'il établit et qui domine toute son œuvre. En 1804 on ne s'inquiétait guère des meubles, et la vieille maxime si souvent répétée et si exacte alors — *res mobilis, res vilis,* — atteste le peu d'importance qu'on leur attribuait. Cette indifférence que l'on témoignait à leur égard n'a pas lieu de nous surprendre. On comprend que les meubles proprement dits, les meubles corporels, ne soient pas susceptibles d'une grande extension. Mais les meubles incorporels auraient dû, semble-t-il, jouir de tout temps de la faveur qu'on leur reconnaît maintenant. Les créances, les capitaux ne peuvent-ils lutter avantageusement contre la propriété foncière ? Oui ; mais à une condition : c'est que leur commerce soit libre. Et il ne l'était pas sous l'ancien régime. Le prêt à intérêt, sous l'influence du droit canonique, était interdit, et l'on sait à quelles manœuvres les détenteurs de capitaux avaient recours pour tourner cette prohibition. L'argent n'était pas une marchandise ; il servait aux besoins journaliers ; on n'en pouvait tirer aucun bénéfice. Sans doute l'État avait eu recours souvent à des émissions de rentes, et il était bien obligé de payer un intérêt à ses créanciers ; mais les rentes étaient déclarées valeurs immobilières. Enfin l'industrie était fermée ; les corporations avec leurs monopoles et leurs statuts étaient un obstacle au progrès ; leur organisation interdisait aux capitalistes de leur apporter leur concours pécuniaire.

80. — Un pareil état de choses devait avoir une conséquence forcée ; le commerce et l'industrie n'étant pas libres et manquant de capitaux restaient stationnaires ; l'argent demeurant improductif, la propriété foncière était surtout recherchée ; la fortune se comptait par le nombre et l'étendue des biens fonds que l'on possédait, beaucoup plus que par les valeurs mobilières dont on était propriétaire. Cela explique que les rédacteurs du Code aient laissé les meubles dans une ombre voulue, voisine de l'oubli.

81. — Et pourtant, dès avant 1804, l'état des mœurs et des lois s'était modifié, les rentes étaient devenues meubles ; le prêt à intérêt était reconnu ; l'essor des capitaux n'était plus enchaîné, et on pouvait déjà prévoir qu'une transformation économique profonde allait s'opérer.

Une cause nouvelle devait hâter cette transformation : l'accès libre pour tous du commerce et de l'industrie ; les corporations avaient vécu. Le Code Civil organisait lui-même le contrat de société, et quelques années plus tard, le Code de Commerce allait à son tour règlementer les sociétés commerciales. C'est qu'on comprenait quels services peut rendre l'association, et les quelques essais, timidement tentés, dans l'ancien droit, avaient laissé deviner quelle force il était possible de faire naître de la mise en commun des intelligences et des capitaux.

82. — Chacun voulut concourir à l'œuvre de civilisation qui se préparait, celui-ci en apportant son travail et son activité, celui-là en fournissant l'argent nécessaire. Peu à peu, le cercle des opérations, en vue desquelles les sociétés s'étaient formées, s'agrandit ; les découvertes de la science, l'accroissement de la richesse, l'augmentation constante de nos besoins déterminèrent de vastes entreprises. Le sol fut sillonné de voies ferrées ; partout des usines s'élevèrent ; des bras de mer se comblèrent ; des canaux séparèrent des continents. Mais pour toutes ces colossales opérations, une puissance était nécessaire, sans laquelle le génie inventif fût demeuré inactif et stérile : l'argent. C'est alors que les capitaux, qui depuis si longtemps dormaient inutiles au fond des coffres-forts, affluèrent de toutes parts. Comme la terre, eux aussi, ils produisaient enfin. En échange de l'argent qu'on leur fournissait, les sociétés émirent des titres, actions, obligations, donnant droit, soit à une part des bénéfices réalisés, soit à un intérêt fixe. La spéculation, qui faillit un moment tout compromettre, vint, à son tour, favoriser le développement de ces valeurs. Les intérêts, rapportés par les fonds placés dans les entreprises, égalèrent et dépassèrent bientôt les revenus de la terre. L'échange des capitaux ne nécessite aucun travail, aucune fatigue. L'humble cultivateur, qui jusque-là avait durement peiné, courbé sur sa charrue, pour gagner son pain de chaque jour, et mettre de côté, pour sa vieillesse, quelques pièces d'or, que les nouvelles facilités de communication et les récents moyens de transport rendaient de plus en plus rares, se laissa, lui aussi, entraîner dans le tourbillon qui jetait la foule du côté du jeu et des opérations de Bourse ; et alors on assista à un singulier spectacle : les bases de la richesse se modifiant peu à peu, les valeurs mobilières prenant chaque jour une importance plus grande, au fur et à mesure que la terre rapportait moins.

Mais, ainsi que les révolutions sociales et politiques, les révolutions économiques ne se font pas sans effusion de sang. Des fortunes s'édifièrent en un jour ; la route suivie par le progrès fut aussi semée de ruines nombreuses. Qui en saura jamais le nombre ? Les vainqueurs ne comptent pas les morts.

83. — Quoi qu'il en soit, le déplacement de la fortune est opéré maintenant. La propriété immobilière, qui pendant si longtemps avait été considérée comme la seule véritable, à raison de la sécurité qu'elle présentait et de sa presque indestructibilité, a dû céder la place à la propriété mobilière, moins certaine, mais plus lucrative, partant plus recherchée. Ses rapides progrès ont même soulevé, parmi les économistes, de sérieuses craintes pour la propriété foncière. Quels en seront les effets? Il est assez difficile de le dire; mais un fait, dès maintenant, est acquis : c'est que la mobilisation des capitaux a donné un essor nouveau au commerce et à l'industrie.

84. — Presque toutes les valeurs mobilières se présentent sous la forme de titres émis par les sociétés par actions. Est-ce à dire cependant que ces sociétés n'existaient pas autrefois? Ce serait une erreur de le croire, bien que cette proposition eût été souvent affirmée. M. Troplong, dans la préface de son traité des Sociétés, nous parle d'une véritable société par actions, formée au XIIᵉ siècle pour l'exploitation du moulin de Basacle, dans le Languedoc, et dont le roi Charles V fit partie. Les actionnaires étaient appelés *pairiers* ou *pariers*, et leurs actions portaient le nom d'*uchaux* ou de *saches*, mesure de capacité employée à Toulouse, et étaient cessibles à volonté. D'autres moulins, aussi anciens, étaient également exploités par des sociétés par actions dont les titres s'appelaient tantôt *uchaux*, comme à Toulouse, tantôt *meules*, comme à Moissac, tantôt enfin *rases*, comme à Montauban.

Plus tard, à la fin du XVᵉ siècle et au commencement du XVIᵉ, quand les découvertes des grands navigateurs eurent ouvert à notre commerce de nouveaux débouchés, les *Grandes Compagnies* se constituèrent et divisèrent leur capital en actions. Ces actions trouvèrent un placement facile, et leur développement allait sans cesse croissant, quand les désastres financiers de la Banque de Law vinrent ébranler la confiance des capitalistes et détruire le crédit. Dès lors, les meilleurs esprits du siècle dernier, confondant l'agiotage avec les placements sérieux, s'élevèrent de toute leur énergie contre l'achat d'actions, et le chancelier d'Aguesseau, lui-même, dans un mémoire demeuré célèbre, condamnait d'une façon absolue le commerce des capitaux.

Et sous la législation intermédiaire, la banqueroute nationale, la dépréciation des assignats, semblaient devoir empêcher à jamais le crédit de s'établir en France.

Il n'en fut rien ; malgré des débuts pénibles, les sociétés par actions se multiplièrent, sous la forme de commandites d'abord, afin d'éviter la nécessité de l'autorisation gouvernementale, puis de sociétés anonymes, lorsque cette form. put être adoptée librement.

85. — On comprend facilement la faveur dont jouirent ces sociétés. L'appât de bénéfices sérieux, les chances de perte diminuées, en tout cas réduites à l'apport fourni, firent affluer les capitaux aux caisses sociales. Mais ce qui contribua surtout au développement de ces sociétés, ce fut la création, à côté des actions représentant la part des associés dans les bénéfices, d'autres titres, connus sous le nom d'obligations, assurant à leurs propriétaires un intérêt fixe et le remboursement du capital par eux prêté.

86. —L'origine de ces valeurs est moins ancienne

que celle des actions. En effet, tandis que nous venons de voir que, déjà dans l'ancien droit, il existait de véritables actions, les obligations étaient encore inconnues au commencement de ce siècle.

Pourtant leur utilité se fit sentir assez rapidement à la suite de l'extension des grandes entreprises industrielles. Pour ces entreprises, en effet, les capitaux provenant de la souscription aux actions étaient insuffisants : il était loisible aux sociétés, pour les augmenter, de créer de nouvelles actions ; mais ce procédé aurait eu le grave inconvénient de faire concourir les nouveaux actionnaires avec les anciens, et de diminuer ainsi la part de ces derniers dans les bénéfices. Aussi eut-on recours à l'émission d'obligations. De cette façon les actionnaires n'ont pas à craindre le concours des obligataires, simples prêteurs, et leurs dividendes ne se trouvent diminués que de la somme nécessaire à assurer le paiement des intérêts stipulés. En outre, plus les titres d'une société sérieuse sont rares, plus ils sont susceptibles d'un mouvement de hausse ; si donc les actions sont réduites au strict nécessaire, il est certain qu'elles seront plus recherchées, et que, par suite, leur cours sera plus élevé.

Déjà l'Etat et la ville de Paris avaient contracté des emprunts au moyen d'émissions de rentes dont le remboursement devait être effectué à des échéances plus ou moins lointaines. Mais ce que l'Etat, ce qu'une grande ville comme Paris pouvaient faire, à raison des garanties présentées par ces personnes morales, à raison aussi de la solvabilité du Trésor, de simples sociétés commerciales ou industrielles étaient impuissantes à le réaliser. Il fallut l'établissement des grandes lignes de chemins de fer, dont la création et l'exploitation furent concédées à des Compagnies particulières, pour que l'on eût recours à des émissions d'obligations. Ces valeurs, garanties par l'Etat, se développèrent rapidement : la formation de la société du Crédit Foncier de France vint encore favoriser leur extension.

87. — Aujourd'hui il n'est personne qui ne possède quelques-unes des obligations émises par les nombreuses sociétés qui se sont fondées depuis quarante ans. A côté des avantages ordinaires à tout prêt d'argent, les propriétaires de ces titres bénéficient de certaines faveurs, que nous étudierons plus loin. La facilité de transmission de ces valeurs, la possibilité d'une hausse à la Bourse, la chance des primes de remboursement et des lots ont activé le développement des obligations, dont certaines sont maintenant plus recherchées que les fonds d'Etat, et qui paraissent appelées à une extension plus grande encore.

Les Etats eux-mêmes, ainsi que les départements et les communes, ont parfois employé ce procédé pour augmenter les ressources de leurs budgets.

88. — Malheureusement, et nous aurons à le déplorer bien souvent au cours de cette étude, aucun texte spécial n'est venu réglementer la matière des obligations. La doctrine et la jurisprudence seules ont posé certaines règles que les pouvoirs publics seront appelés à sanctionner un jour ou l'autre. De là de nombreuses difficultés sur la solution desquelles la jurisprudence est hésitante. Les auteurs sont également divisés, ce qui arrive trop souvent lorsque l'interprète ne rencontre aucun guide certain et est obligé de s'ériger en législateur.

89. — Notre travail sera divisé en quatre grandes parties.

Dans la première, nous examinerons les obligations émises par les sociétés.

La seconde sera consacrée aux obligations émises par l'Etat, les départements et les communes.

Avec la troisième nous traiterons des obligations étrangères.

Enfin l'étude de quelques législations étrangères et des réformes proposées en France formera l'objet de la quatrième et dernière partie.

PREMIÈRE PARTIE

DES OBLIGATIONS ÉMISES PAR LES SOCIÉTÉS

CHAPITRE PREMIER

NOTIONS GÉNÉRALES

SECTION Iʳᵉ

Définition, nature et caractères de l'Obligation.

90. — Lorsqu'un particulier se trouve dans la nécessité de contracter un emprunt, il s'adresse à une personne quelconque, ami ou banquier, destinée à jouer auprès de lui le rôle de prêteur, et il discute avec elle les conditions de cet emprunt. Ces conditions varieront par suite de certaines circonstances, à raison notamment de la solvabilité plus ou moins grande de l'emprunteur, des garanties qu'il accordera à son créancier, de la rareté des capitaux, du temps pour lequel le prêt sera consenti. Il est incontestable que les sociétés ou les personnes morales ne peuvent avoir recours à de pareils procédés. Lorsqu'elles font un emprunt, elles ont besoin de capitaux considérables, et elles doivent s'adresser au grand public pour pouvoir les réunir, les particuliers ne possédant pas une fortune suffisante pour en fournir le montant. Elles sont donc obligées de diviser leur emprunt en un certain nombre de fractions accessibles à toutes les bourses. Ce sont justement ces divisions qui constituent les obligations. Il y aura, en droit, autant de prêts distincts que d'obligations émises, et quand même une seule personne détiendrait plusieurs titres, elle serait considérée comme ayant fait autant de prêts différents qu'elle possède d'obligations.

91. — L'*obligation* est donc le droit qu'a un individu de réclamer le remboursement d'une somme prêtée, et l'intérêt de cette somme pendant toute la durée du prêt. On désigne aussi sous ce nom le titre représentatif du droit, et qui sert à le prouver.

L'obligation peut être envisagée à la fois comme droit et comme titre.

Etudions d'abord le droit.

92. — A ce point de vue, l'obligation est un droit de créance ordinaire mobilier, et, pour caractériser la situation de l'obligataire nous pouvons dire que c'est celle d'un prêteur de deniers. L'obligataire, en effet, a fourni à la société une certaine somme d'argent, remboursable dans un délai maximum déterminé, et il reçoit, en échange de la prestation qu'il a effectuée, un intérêt fixe jusqu'au jour du remboursement. Cependant, tandis que le droit de créance est divisible, l'obligation reste indivisible. Quelquefois les sociétés émettent des coupures d'obligations qui ne sont que des fractions de ces valeurs ; ces coupures sont prévues soit par les statuts, soit par l'assemblée générale qui a voté l'emprunt, mais les héritiers d'un obligataire ne pourraient se partager un titre qu'ils auraient trouvé dans la caisse du *de cujus*.

93. — Qu'est-ce alors qui distinguera l'obligation du prêt à intérêt ordinaire ? Ce sera la division de l'emprunt en fractions égales, réparties entre plusieurs prêteurs différents. Hâtons-nous d'ajouter toutefois que l'obligation existera dès que ces caractères se rencontreront, encore que le mot ne soit pas employé, et les valeurs connues généralement sous la dénomination de *bons*, d'*annuités*... ne sont, le plus souvent, que des obligations.

94. — L'obligation, avons-nous dit, constitue un droit mobilier. L'article 529 du Code civil pose en principe que « sont meubles par la détermina-« tion de la loi les obligations et actions qui ont « pour objet des sommes exigibles ou des effets mo-« biliers ; les actions ou intérêts dans les Compa-« gnies de finance, de commerce ou d'industrie, « encore que des immeubles dépendant de ces en-« treprises appartiennent aux Compagnies. »

Remarquons, en passant, que l'expression *obligations*, employée par ce texte, ne doit pas être prise dans le sens que nous avons attribué à l'obligation qui nous occupe. A l'époque de la rédaction de nos Codes on ne connaissait pas les obligations que nous étudions. On admet généralement que dans l'article 529, le mot « *obligations* » est synonyme de *dettes*, de même que le mot « *actions* », qui figure dans le même texte, est synonyme de *créances.* Néanmoins l'obligation, telle que nous l'avons définie, est bien *un droit de créance ayant pour objet des sommes exigibles,* et comme telle rentre bien dans l'énumération de la loi.

95. — De ce que l'obligation constitue uniquement un droit de créance, nous allons pouvoir, dès maintenant, la distinguer de l'action.

1° L'actionnaire, en effet, est un associé; l'obligataire, au contraire, n'est qu'un créancier. De cette première différence nous tirons immédiatement les conséquences suivantes :

a). — L'actionnaire étant un associé, il en résulte que pour qu'il y ait actions, il faut qu'il y ait société. Inversement, l'obligataire restant simple créancier, on conçoit parfaitement une émission d'obligations faite par une personne morale autre qu'une société telle qu'un Etat ou une commune. La jurisprudence nous offre à ce sujet un curieux exemple (1). La corporation des huissiers de Périgueux a émis des obligations de 250 francs 5 pour cent, remboursables tous les ans par tirage au sort, dans le but de contracter un emprunt destiné à payer les indemnités de suppression de plusieurs charges de cet arrondissement.

Enfin rien n'empêcherait un simple particulier d'agir de même, au lieu de recourir à un prêt ordinaire.

b). — En second lieu, les actionnaires ont le droit de prendre part, dans une certaine limite, aux actes d'administration de la société (2). Les obligataires,

---

(1) Cass., 6 août 1874 (S., 79, 1, 475).

(2) Une exception a lieu cependant pour les commanditaires,

bien qu'ils puissent, comme tous les créanciers, prendre les mesures nécessaires à la conservation de leurs droits, restent complètement étrangers au fonctionnement de la société.

c). — L'actionnaire ne peut réclamer sa part du fonds social que si tous les créanciers de la société sont désintéressés : l'obligataire concourra avec ces derniers, ce qu'on exprime parfois d'une façon inexacte, en disant que les obligataires ont un droit de préférence sur les actionnaires; les actionnaires ne sont pas créanciers. Les obligataires, d'ailleurs, étant dans la situation de tout créancier, auront pour gage tous les biens de la société, même ceux apportés par les actionnaires.

d). — Ceux-ci, tant que la société fonctionne, ont droit à des dividendes, c'est-à-dire à leur part dans les bénéfices. Or, il est incontestable que ces dividendes pourront subir de grandes variations. Les porteurs d'obligations, eux, touchent, tous les ans, un intérêt fixe, invariable, indépendant des bénéfices réalisés ou des pertes subies par la société. Aussi, tandis que la valeur des obligations reste à peu près stationnaire, ou ne change que peu et lentement, celle des actions est beaucoup plus aléatoire. Voilà pourquoi les actions sont surtout recherchées par les spéculateurs, au lieu que les obligations sont principalement demandées par les capitalistes qui désirent faire un placement sérieux et de tout repos.

e). — L'amortissement va nous fournir encore

dans la commandite par actions. Malgré leur qualité d'actionnaires, ils ne peuvent prendre aucune part à l'administration de la société.

d'autres différences. Tout d'abord cet amortissement
est facultatif en matière d'actions et forcé en matière
d'obligations. Mais si, dans une société, il a fonctionné à la fois pour ces deux valeurs, la situation
des propriétaires de titres est bien différente. Il est
hors de doute que l'obligataire remboursé, presque
toujours avec bénéfice, ainsi que nous aurons plusieurs fois l'occasion de le constater, n'a plus rien
à réclamer à la société; sa créance est éteinte. Tout
autre est la position de l'actionnaire amorti. En tou-
chant ses coupons de dividendes, il reçoit deux choses : l'intérêt des capitaux qu'il a versés; — sa part
dans les bénéfices acquis. En général, lorsqu'une
société doit répartir les dividendes, on ne distingue
pas les intérêts des bénéfices. Mais si l'amortissement a fonctionné, les associés dont les titres sont
sortis au tirage ne touchent plus que le coupon de
dividende. Ils ne peuvent plus, en effet, continuer
à recevoir l'intérêt d'un capital qui leur est remboursé, et d'autre part il est impossible de les exclure
des bénéfices. Ayant couru les chances de pertes,
ils doivent partager les gains; leur refuser ce partage serait commettre une véritable iniquité; aussi
recevront-ils une action de jouissance.

f). — Enfin, pour certains auteurs, la souscription d'actions dans une société de commerce constitue un acte de commerce. La souscription d'obligations est, au contraire, considérée par tout le
monde comme un acte purement civil. L'obligataire, faisant un prêt, est justiciable des tribunaux
civils : quant à l'actionnaire, il fait partie de la société et l'article 631 du Code de commerce le rend
justiciable des tribunaux de commerce lorsque la

société est commerciale, et cela, quelle que soit l'opinion que l'on admette sur la nature de l'acte qu'il contracte en souscrivant des actions.

2° — La loi du 24 juillet 1867 a réglementé les actions avec un soin minutieux ; elle ne dit rien des obligations. A part quelques dispositions isolées, intervenues récemment, et relatives à certaines obligations seulement, on peut dire qu'il n'existe nulle part, chez nous, une législation complète des obligations.

a). — C'est ainsi que les actions ne peuvent avoir une valeur inférieure à 500 francs ou 100 francs, suivant que le capital social excède ou non 200,000 fr. (sauf dans les sociétés à capital variable), alors qu'aucune restriction de ce genre n'est imposée pour les obligations.

b). — C'est ainsi encore que ces dernières peuvent être librement émises ou converties au porteur, tandis que s'il s'agissait d'actions, elles devraient réunir les conditions prescrites par l'article 3 de la loi du 24 juillet 1867.

96. — Maintenant que nous avons établi exactement ce qu'est l'obligation, demandons-nous pourquoi l'emprunt que nous venons d'étudier est qualifié émission d'obligations.

L'obligation, au sens large du mot, est un lien de droit (*vinculum juris*), par lequel nous sommes tenus de faire ou de ne pas faire quelque chose. L'obligation qui nous occupe, comme d'ailleurs le prêt civil et tous les contrats sans exception, peut rentrer dans cette définition. Telle n'en est pas cependant l'origine, et elle doit être cherchée en dehors de la théorie des contrats.

On appelle, dans la pratique, obligation, la con -
vention qui constate un prêt d'argent, à la condition que cette convention n'entraîne ni transfert de
propriété, ni libération. C'est par analogie que l'on
a étendu ce mot aux prêts consentis par les particuliers à l'Etat ou aux sociétés, et, de même que le
langage notarial a désigné par le mot d'obligation
non seulement le droit, mais encore le titre qui sert
à le constater, de même à la Bourse et dans le langage des agents de change, on appelle obligation
le titre qui fait preuve du prêt.

97. — Disons un mot de ce titre.

Les articles 35 et 36 du Code de Commerce nous
en révèlent deux formes : la forme au porteur et
la forme nominative. Ce ne sont pas les seules,
et il faut y ajouter la forme à ordre et la forme
mixte.

98. — L'article 35 Com. nous dit que l'action
(ajoutons aujourd'hui l'obligation) peut être établie
dans la forme d'un titre au porteur sur lequel le
nom du titulaire n'est pas indiqué.

L'origine de ce titre remonte très loin, aux guer-
res de religion. Pour cacher des fortunes exposées
aux confiscations, on avait recours à des *billets en
blanc,* dans lesquels le nom du bénéficiaire ne figurait pas. Le Parlement de Paris, par des arrêts de
règlement des 7 juin 1611 et 26 mars 1624, pros-
crivit ces billets. Ils furent remplacés par des *billets
au porteur,* dans lesquels il n'y avait plus de blanc.
Le titulaire du droit était le porteur du titre. Ces
billets circulèrent avec facilité, et l'usage en devint
général dans le commerce. Aussi, quand un édit
de mai 1716 les eut supprimés, de vives réclama-

tions s'élevèrent de toutes parts, et une déclaration royale du 21 janvier 1721 dut les rétablir.

La Convention avait émis des *assignats,* qui n'étaient autre chose que des billets au porteur toujours à échéance. Par crainte de la concurrence que pourraient leur faire les billets émis par les particuliers, un décret du 8 novembre 1792 (article 22) vint interdire la création des *titres au porteur.* Mais l'usage de ces titres était entré déjà trop profondément dans nos mœurs, et la prohibition édictée par le décret de 1792 ne fut que momentanée; le décret du 25 thermidor an III la restreignit aux seuls titres au porteur destinés à remplacer la monnaie.

Le Code de Commerce autorisa formellement les titres au porteur, et aujourd'hui leur validité n'est plus contestée. Ils peuvent présenter de graves inconvénients en cas de perte ou de vol, par suite, justement, de la facilité avec laquelle ils circulent. Ils sont pourtant très recherchés, et préférés aux titres nominatifs. Cette préférence est telle que l'État français émet aussi des rentes et des obligations au porteur. C'est d'ailleurs la forme adoptée à peu près généralement pour toutes les obligations.

99. — Ce qui distingue principalement le titre au porteur du titre nominatif, c'est la mention, dans ce dernier, du nom du titulaire; cette mention se trouve également reproduite sur les registres de la société. La transmission du titre nominatif ne se fera donc pas avec la même facilité que celle du titre au porteur, puisqu'il faudra une double inscription, et sur les registres, et sur le titre, constatant le changement de nom du titulaire. C'est ce que l'on appelle un transfert.

9

100. — De même que les obligations au porteur peuvent être librement émises, de même aussi les titres nominatifs peuvent être librement convertis en titres au porteur, ou réciproquement. Cependant, l'article 5 de la loi du 27 février 1880 fait un devoir au tuteur de convertir en titres nominatifs les titres au porteur appartenant au mineur, au moment de son entrée en fonctions et dont l'aliénation n'aurait pas été jugée utile par le conseil de famille, ou qui lui adviendraient dans la suite.

101. — Le titre mixte est une combinaison des deux formes que nous venons d'étudier ; nominative quant au capital ; au porteur quant aux intérêts.

102. — Enfin lorsque la clause *à ordre* figure sur le titre, nous nous trouvons en présence de la quatrième forme consacrée par la pratique.

103. — Tous ces titres, du reste, consistent dans une feuille de papier détachée d'un registre à souches détenu par la société. Ils sont divisés en deux parties. La partie principale comprend le nom de la société, le capital social, la valeur du titre, son nom et son numéro d'émission : le taux de l'intérêt servi y est encore mentionné, ainsi que l'époque *maxima* du remboursement. L'autre partie se compose de petites cases destinées à être détachées à chaque échéance si l'obligation est au porteur, ou à être annulées au moyen d'un timbre spécial apposé par la société, si l'obligation est nominative. Ce sont les coupons ; ils indiquent le montant de l'intérêt, l'époque de l'échéance, le nom et le numéro du titre ; parfois ils sont eux-mêmes numérotés.

Nous avons ainsi déterminé la nature et les caractères de l'obligation. Laissant de côté dorénavant ce qui a rapport au titre, et ne nous·préoccupant que du droit, recherchons comment on peut diviser les obligations.

SECTION II

Des différentes espèces d'obligations.

104. — Nous avons supposé jusqu'ici, en déterminant les caractères de l'obligation, un emprunt contracté par une société dans les conditions ordinaires de tout prêt. Nous avons raisonné sur une obligation, en quelque sorte idéale. Mais la pratique a imaginé un certain nombre de modifications à apporter à ces emprunts, qui, sans grever aucunement le capital, sans imposer à la société des charges plus onéreuses, attirent les prêteurs par la certitude qu'ils ont de toucher au remboursement une somme supérieure à celle qu'ils ont versée, ou par l'espoir d'une fortune que le hasard des tirages peut leur attribuer, ou enfin par les garanties que présentent leurs titres.

A ce point de vue nous trouvons deux classifications des obligations.

105. — Une première division comprend les *obligations pures et simples* (nous les avons examinées dans notre section I, nous n'y reviendrons pas), les *obligations à primes de remboursement* et les *obligations à lots*. Voyons ce que ces valeurs présentent de particulier.

106. — Une société émet aujourd'hui des obligations remboursables à 500 francs. Seulement au lieu d'exiger de l'obligataire le versement de ces 500 francs, elle ne lui réclame qu'une somme inférieure, 300 francs par exemple. Chaque année un tirage au sort détermine, d'après un tableau d'amortissement fixé à l'avance, les numéros des titres qui seront remboursés; au bout d'un certain nombre d'années, 70 ans, si l'on veut, toutes les obligations se trouvent amorties. Ainsi les obligataires, qui n'ont versé que 300 francs, sont assurés de recevoir un jour 500 francs, et de réaliser de la sorte un bénéfice net de 200 francs; ce qui est incertain pour eux, c'est l'époque du remboursement. Telle est la prime de remboursement.

107. — D'autres fois l'obligataire ne reçoit à l'amortissement que la somme qu'il a effectivement versée dans les caisses de la société; mais, chaque année, un tirage au sort indique les numéros d'obligations qui seront remboursées par une somme de beaucoup supérieure à celle fournie par le souscripteur. Ainsi une ville émet à 500 francs des obligations remboursables au pair, c'est-à-dire à 500 fr.; tous les ans il y a un ou plusieurs tirages, et le premier numéro sorti à chacun d'eux est remboursé par 100,000 francs; le second par 50,000, les cinq suivants par 1,000 francs, et enfin tous les autres par 500 francs. C'est ce que l'on appelle les obligations à lots.

108. — D'autres fois encore, ces deux modalités se trouvent réunies; des obligations émises à 490 fr. sont remboursées à 500 francs, et la première sortie à chaque tirage gagne 100,000 francs.

109. — D'autres fois enfin, nous rencontrons des valeurs (nous verrons que ce ne sont pas des obli-

gations à proprement parler), qui présentent le
même caractère que ces dernières, mais qui ne produisent aucun intérêt (1).

Ces combinaisons, dont les trois premières se
retrouvent dans presque toutes les émissions d'obligations, sont-elles licites, et peuvent-elles se justifier?

110. — En ne nous préoccupant que des intérêts
pratiques que présente la question, les avantages
qu'offrent ces modalités sont certains. Grâce à elles,
les obligations trouvent un facile écoulement, même
chez les plus petits capitalistes que l'espoir d'un
gain attire en masse; de plus, en ce qui concerne
du moins les obligations avec primes de remboursement, il est très facile de les justifier au point de
vue économique. Lorsqu'un individu prête de l'argent, il poursuit un double but : il veut, chaque
année, obtenir un intérêt de la somme prêtée, faire
travailler son capital; il désire en outre retrouver
son argent plus tard. Par suite de la dépréciation
constante du numéraire, 500 francs dans 70 ans
vaudront moins que 500 francs à l'heure actuelle.
C'est donc une nécessité pour les sociétés voulant
emprunter des sommes importantes à longs délais,
d'émettre des obligations avec primes de remboursement.

111. — Mais si l'on peut aussi facilement justifier, au point de vue pratique et économique, les
obligations à primes de remboursement et à lots,
peut-on, sur le terrain juridique, arriver au même
résultat?

(1) H. Martin, *Economiste français* (8 mars 1890, p. 298).

112. — Deux arguments ont été invoqués contre la validité de ces titres; l'un tiré de l'article 1er de la loi du 3 septembre 1807 sur le taux de l'intérêt, l'autre déduit des articles 1 et 2 de la loi du 21 mai 1836, interdisant les loteries. Le premier de ces arguments est à peu près sans valeur aujourd'hui, car la loi du 12 janvier 1886 a abrogé, pour les contrats commerciaux, les dispositions de la loi du 3 septembre 1807; maintenant le taux de l'intérêt est libre en matière de commerce. Néanmoins les difficultés soulevées à propos de la loi de 1807 méritent d'attirer quelques instants notre attention; elles présentent encore de l'intérêt, au point de vue historique d'abord; au point de vue pratique ensuite pour les émissions d'obligations faites avant la loi du 12 janvier 1886, et même, pour celles qui sont postérieures à cette loi, lorsqu'elles n'émanent pas de sociétés de commerce.

113. — L'article 1er de la loi du 3 septembre 1807 était ainsi conçu :

« L'intérêt conventionnel ne pourra excéder, en matière civile 5 pour cent, ni en matière commerciale 6 pour cent, le tout sans retenue. »

Prenons d'abord une obligation avec prime de remboursement, et voyons les arguments que l'on a fait valoir pour démontrer que la prime allait directement à l'encontre des dispositions de ce texte. Nous nous plaçons en face d'une société commerciale; mais le raisonnement serait analogue s'il s'agissait d'une société civile; seul, le taux de l'intérêt varierait.

114. — Tout ce qu'une société commerciale paiera aux obligataires, excédant 6 pour cent, est usuraire, dit-on. Or, une personne qui donne aujourd'hui 300 francs, et qui, dans quelques années, demain peut-être, indépendamment de l'intérêt, minime si l'on veut, qu'elle aura touché, recevra 500 francs, aura fait un placement à un taux supérieur à 6 pour cent.

Le raisonnement, ainsi présenté, semble sérieux; et cependant il n'est pas probant, du moins dans la plupart des cas. Oui, si une société émettant des obligations à 300 francs, rapportant 6 pour cent d'intérêt, les remboursait ensuite par 500 francs, il y aurait usure de la part des obligataires, et la loi de 1807 se trouverait violée. Mais les choses ne se passent pas de cette façon, et en étudiant le mécanisme des primes de remboursement, nous allons voir qu'en réalité la société ne paie pas un intérêt supérieur à 6 pour cent.

Une société pourrait, émettant des obligations à 500 francs, remboursables au pair, servir aux obligataires un intérêt annuel de 6 pour cent, soit 30 francs. Au lieu de cela, elle ne réclamera aux souscripteurs qu'une somme de 300 francs, par exemple, et elle ne leur promettra que 3 pour cent d'intérêt, calculés sur 500 francs, soit 15 francs. La société aura ainsi, en réalité, emprunté 300 francs à 5 pour cent par titre. Mais elle aurait pu les emprunter à 6 pour cent, et payer 18 francs aux obligataires. C'est précisément cette différence de 3 francs qui lui permettra d'assurer le fonctionnement de la prime de remboursement. Les premières années, un très petit nombre d'obligations seront remboursées; ce nombre ira en augmentant d'année en année, et enfin tous les titres se trouveront amortis au bout d'une période de temps que l'on aura soin de choisir suffisamment longue. De cette façon la société, au moyen de ces 3 francs retenus tous les ans sur l'intérêt de chaque obligation, arrivera à rembourser ses titres et à payer la prime, tout en ne dépassant pas l'intérêt légal de 6 pour cent.

Qu'on ne nous objecte pas que l'obligataire qui a versé ses 300 francs l'année dernière, et qui, cette année, sera remboursé par 500 francs, recevra, en somme, un intérêt de beaucoup supérieur à 6 pour cent. Ce n'est pas chaque opération isolée qu'il faut considérer, mais l'ensemble tout entier ; et d'ailleurs, si l'on peut prétendre que cet obligataire touche un intérêt supérieur à 6 pour cent, la société, n'a pas dépassé ce taux, car elle a acquitté les 200 francs formant la prime avec la retenue de 3 francs opérée sur l'intérêt versé à tous les autres obligataires.

En résumé donc, l'opération sera irréprochable toutes les fois que la prime n'excédera pas la totalité des intérêts retenus et capitalisés.

115. — Le raisonnement que nous venons de faire relativement aux primes de remboursement, nous pourrions le répéter pour les lots qui sont constitués également par le bénéfice réalisé sur l'intérêt servi aux obligataires.

116. — La jurisprudence n'a pas hésité à partager cette manière de voir, et à déclarer que la loi de 1807 était inapplicable aux primes de remboursement et aux lots. Elle est même allée plus loin, et elle a admis qu'une société payant 6 pour cent d'intérêt aux obligataires pourrait encore leur accorder des primes de remboursement. Examinons cette jurisprudence.

Pour elle, la loi de 1807 n'est applicable qu'aux prêts ordinaires ; or la souscription ne constitue pas un prêt ordinaire. Les emprunts contractés sous cette forme revêtent, à raison de l'incertitude de l'époque du remboursement, un caractère aléatoire qui autorise l'attribution aux prêteurs, en compensation des risques auxquels ils exposent leurs fonds, d'avantages particuliers excédant le taux légal de l'intérêt (1).

Un arrêt de la Cour d'appel de Douai, du 24 janvier 1873 (2), énumère les motifs sur lesquels se fonde cette jurisprudence.

« Attendu, dit la Cour de Douai, que la loi du
« 3 septembre 1807, qui régit les prêts purs et
« simples, ne saurait être appliquée aux prêts com-
« pliqués de chances aléatoires ; que ces derniers
« prêts sont laissés à l'entière liberté des conventions,
« et que des avantages supérieurs à l'intérêt légal
« peuvent y être stipulés pour compenser les ris-
« ques courus.

« Attendu qu'il est impossible de méconnaître les
« chances aléatoires attachées à tout prêt industriel
« à long terme, et que, dans l'espèce, la prime con-
« venue indépendamment de l'intérêt était précisé-
« ment pour le prêteur la compensation des risques
« résultant, soit des fluctuations du marché des va-
« leurs, soit de l'époque incertaine du rembourse-
« ment, soit de la dépréciation possible des valeurs
« monétaires à ladite époque, soit des éventua-

(1) Cass., 13 août 1845 (D., 46, 1, 35) ; — Cass., 18 avril 1883 (S., 83, 1, 361).
(2) S., 73, 2, 244.

« lités d'insuccès des affaires de la société...... »

Dans l'espèce prévue par cet arrêt, il s'agissait d'obligations de 500 francs, rapportant un intérêt annuel de 6 pour cent, et remboursables en 30 années par voie de tirage au sort, avec une prime de 250 francs.

Nous ne saurions suivre la jurisprudence aussi loin. Les tribunaux semblent d'ailleurs avoir été guidés par des considérations pratiques plutôt que juridiques. L'arrêt que nous venons de rapporter laisse bien voir, en effet, que tel est le sentiment auquel ont obéi les magistrats, et dans les motifs de cet arrêt nous relevons les considérants suivants :

« Attendu, quant à la prime, que les emprunts « à primes ou à lots offrant aux prêteurs des avan-« tages supérieurs au taux légal de l'intérêt *se font* « *usuellement*, au grand jour de la publicité, sans « empêchement de la part des pouvoirs publics ; « *qu'ils sont entrés dans la pratique du crédit et* « *dans les mœurs financières*, et qu'il est dès lors « difficile de supposer qu'ils soient prohibés par la « loi. »

117. — Pour nous, la souscription d'obligations ne constitue pas un contrat aléatoire échappant à l'application de la loi de 1807. Les risques courus par les obligataires ne sont pas plus grands, ni plus nombreux, que ceux courus par un simple prêteur à un commerçant ou à une société commerciale. Le seul aléa qui existe est celui qui se rencontre pour toutes les opérations commerciales, et c'est pourquoi, avant la loi du 12 janvier 1886, il était permis de stipuler en matière de commerce un taux de 6 pour cent. Quant à l'incertitude de l'époque du remboursement, elle peut exister dans n'importe quel prêt et ne saurait justifier l'élévation du taux de l'intérêt.

D'ailleurs, nous le répétons ; depuis la loi de 1886, la question ne présente plus guère qu'un intérêt rétrospectif.

118. — Nous passons au second argument, déduit des articles 1 et 2 de la loi du 21 mai 1836 sur les loteries. Ces textes sont ainsi conçus :

ARTICLE 1ᵉʳ. « Les loteries de toute espèce sont prohibées. »

ARTICLE 2. — « Sont réputées loteries, et interdites comme telles : — les ventes d'immeubles, de meubles ou de marchandises effectuées par la voie du sort, ou auxquelles auraient été réunies des primes ou autres bénéfices dus au hasard, et *généralement toutes opérations offertes au public pour faire naître l'espérance d'un gain qui serait acquis par la voie du sort.* »

Ces textes ne sont pas abrogés, et la question conserve tout son intérêt. Nous distinguerons, ainsi qu'on le fait généralement, entre les primes de remboursement et les lots.

119. — On a soutenu que les primes de remboursement constituaient, en réalité, de véritables loteries, et que, comme telles, elles devaient être prohibées, ou, du moins, qu'elles ne pouvaient être accordées sans l'autorisation du pouvoir législatif. A l'appui de cette opinion, on a invoqué tout d'abord le texte de la loi du 21 mai 1836. Cette loi est, en effet, conçue dans les termes les plus généraux, et elle a voulu prohiber toute opération de nature à faire naître dans l'esprit du public l'espérance d'un gain qui serait attribué par la voie du sort. Or, une émission d'obligations avec primes de rembourse- ment peut parfaitement être comprise parmi ces opérations. L'obligataire qui sera remboursé la pre- mière année gagnera l'intérêt de 200 francs pendant 70 ans (pour conserver la première hypothèse que nous avons choisie), et ne subira qu'une retenue de 3 francs sur l'intérêt de son obligation, tandis que le dernier amorti ne réalisera que tout juste le bé- néfice de la prime, et subira pendant 70 ans la même retenue de 3 francs. Il y a par conséquent là, sinon une véritable loterie, du moins une opération aléatoire qui peut lui être assimilée, et qui se trouve prohibée par les termes généraux de la loi de 1836.

120. — La question a été plusieurs fois soulevée devant les tribunaux, et même devant les Cham- bres. La combinaison que nous étudions a été em- ployée pour la première fois par les compagnies de chemins de fer; mais ces compagnies, peu confiantes dans la jurisprudence, avaient eu soin de demander auparavant l'autorisation législative. Ce n'est qu'en 1865 que les Chambres furent appelées à se pro- noncer sur ces opérations, à propos d'un emprunt mexicain réalisé en France sous le patronage du Gouvernement (1).

Trois ans plus tard, la question leur fut encore posée relativement à l'emprunt contracté par la compagnie du canal de Suez (2).

---

(1) Séance de la Chambre des députés du 9 juin 1865 ; — *Mo- niteur officiel* du 10 juin.
(2) Séance de la Chambre des députés du 16 juin 1868 ; — *Monit. offic.* du 17 juin.

Voici à ce sujet la doctrine du Gouvernement, telle qu'elle semble résulter des discussions auxquelles ont donné lieu ces différents emprunts.

Ce que la loi a voulu prohiber, ce sont les opérations véritablement aléatoires, mais non les emprunts sincères, s'ils offrent aux capitalistes un placement sérieux. Ils présentent ce caractère lorsqu'ils réunissent les deux conditions suivantes : 1° si le capital prêté doit être remboursé ; 2° si un intérêt est servi aux prêteurs, intérêt minime, mais non dérisoire, et qui ne peut être inférieur à 3 pour cent. Ces conditions ont du reste été insérées dans un traité du 12 mai 1861, conclu entre la France et la Belgique, stipulant, avec réciprocité, le droit de faire coter les titres français aux bourses étrangères.

121. — L'interprétation de la loi de 1836 par le gouvernement n'avait assurément qu'une portée morale qui ne pouvait lier les tribunaux. Au point de vue juridique d'ailleurs, le principe posé par le gouvernement était sujet à critique. Cette limitation de l'intérêt à un *minimum* de 3 pour cent avait un caractère arbitraire, et la Cour de Cassation s'est placée à un autre point de vue pour démontrer la validité des émissions d'obligations avec primes de remboursement : elle s'inspire des considérations suivantes :

Ce qui constitue la loterie, c'est l'acquisition d'un gain par la voie du sort. Dans les émissions dont nous venons de parler, le gain est acquis d'avance à tous les obligataires, puisque tous, dans le délai fixé, sont remboursés au même prix. Le sort règle simplement le terme où ce gain acquis doit être payé ; autrement dit, il fixe seulement l'époque du

10

paiement, et non le droit au remboursement (1).

Nous pouvons ajouter à cette argumentation des considérations générales tirées de l'esprit même de la loi de 1836. En votant cette loi, le législateur avait voulu interdire les appels de sommes minimes aux petites bourses. Le principal danger de la loterie, c'est que l'on demande très peu à ceux qui veulent essayer la chance. Dans une émission d'obligations, dans laquelle on réclame, pour chaque titre, une somme relativement importante, un pareil danger n'existe pas.

Cette jurisprudence nous paraît juridique.

122. — Plaçons-nous maintenant en face des obligations à lots.

Les émissions de pareilles valeurs constituent, ce n'est pas douteux, de véritables loteries. L'expression même de valeurs à lots semble le démontrer. Et, en effet, la situation des propriétaires d'obligations à lots est bien différente de celle qui est faite aux porteurs de titres remboursables avec primes de remboursement. Tandis que ces derniers bénéficient tous, à des époques différentes il est vrai, de la prime, les premiers ne profitent pas tous du lot : quelques-uns seulement, désignés par le sort, voient leurs obligations amorties être pour eux la source de gains considérables. Aussi, pour qu'une société puisse émettre de telles obligations, il faut qu'elle ait été autorisée à le faire par une loi.

123. — Pour résumer notre doctrine à ce sujet, nous dirons donc que l'obligation à prime de remboursement, dans les conditions que nous avons

(1) Cass., 14 janvier 1876 (D., 76, 1, 185).

déterminées, nous semble parfaitement légale, mais qu'au contraire l'obligation à lot tombe sous l'application de la loi de 1836.

124 — Certaines combinaisons nouvelles ont été offertes au public, toujours à propos de ces obligations, non plus par les sociétés emprunteuses, mais par les banquiers qui font circuler les titres, et nous pouvons nous demander si ces combinaisons sont licites.

Déjà, par elles-mêmes, les obligations à primes et à lots jouissaient d'une grande faveur; un seul obstacle s'opposait à leur diffusion complète dans toutes les classes de la société; l'importance relative de la somme que l'on exigeait des prêteurs. Certains banquiers ont essayé de différents procédés permettant aux plus modestes capitalistes de courir la chance des lots, en déboursant une très faible somme. Examinons quelques-uns des procédés employés dans ce but.

125. — Dès 1866 la jurisprudence a eu à se prononcer sur la validité des spéculations suivantes :

1° — Emission de billets contenant cession au porteur des chances de lots attachées à des obligations régulièrement émises ;

2° Emission par un particulier de coupures d'obligations dont la loi ne permet pas la division, donnant droit à une part proportionnelle de l'intérêt et des chances de lots ;

3° — Emission de fractions d'obligations inférieures aux coupures prévues par la loi qui a autorisé la création desdites coupures.

Reprenons ces différentes hypothèses, en les analysant au point de vue juridique.

126. — Dans le premier cas, il s'agissait de spéculateurs cédant, avant le tirage, leurs droits aux chances de lots attachées aux obligations du Crédit Foncier. Pour soutenir la validité de semblables opérations, on tenait le double raisonnement suivant :

Il est impossible de considérer ces spéculations comme de véritables loteries. En effet, la loterie n'existe qu'autant qu'il y a un gagnant et un perdant; or, dans le cas particulier, il n'y a pas de perdant, car peu importe le numéro de l'obligation qui sortira au tirage, le Crédit Foncier paiera toujours la même somme. De plus, en cédant leurs chances aux lots, les détenteurs de titres ne font qu'user de leur droit; propriétaires d'une obligation, ils peuvent la céder soit à un seul et en totalité, soit à plusieurs et par fractions. Une semblable opération peut, si l'on veut, constituer une loterie, mais c'est une loterie autorisée par le décret organique du Crédit Foncier.

Les tribunaux, et après eux la Cour de Cassation, n'ont pas hésité à condamner cette doctrine, et la réfutation des deux arguments que nous venons d'énoncer est, en effet, bien facile.

Peut-on raisonnablement soutenir que la loterie n'existera que là où il y aura un perdant et un gagnant? Ne voit-on pas, en se reportant au texte de la loi de 1836, que les termes employés sont les plus larges et embrassent, par conséquent, toute opération, quelle qu'elle soit, qui peut faire naître l'espoir d'un gain éventuel, acquis par la voie du sort. Du reste, il n'est pas juste de dire qu'il n'y a pas de perdant. La très faible somme qui a servi à payer

la chance de lot n'est-elle pas perdue pour l'acheteur qui ne voit pas son numéro sortir de la roue,
et gagnée, au contraire, par le vendeur?

Quant au deuxième argument invoqué, il est
aussi peu solide. Sans doute il est permis de céder
son droit, en entier ou en partie, mais à une condition toutefois, c'est que cette cession ne viole pas
la loi prohibitive des loteries. Et c'est à ce principe,
qu'elle a posé comme criterium, qu'aboutit la jurisprudence : il y a loterie prohibée lorsque les conditions arrêtées par des lois spéciales qui ont autorisé
des compagnies à émettre des obligations à primes
ou à lots sont modifiées dans plusieurs de leurs dispositions essentielles (1).

127. — Cette jurisprudence s'affirme encore à
propos des deux autres opérations ci-dessus rapportées, et que nous réunissons pour la discussion.

Ces opérations diffèrent un peu de celle que nous
venons d'étudier. Ce n'est plus seulement une
chance de lot qui est cédée, mais bien une part de
l'obligation, capital, intérêt et chance de gain. Par
exemple une obligation de 450 francs, remboursable
à 500 francs, est fractionnée en 10 coupures de
45 francs chacune, donnant droit au dixième de la
prime de remboursement, soit 50 francs en cas d'a-
mortissement, au dixième du lot, s'il y a lieu, et au
dixième de l'intérêt servi à l'obligataire. La spéculation a même ainsi fractionné des coupures d'obligations.

Avec raison encore, selon nous, la jurisprudence
s'est prononcée contre de pareils procédés. On a bien

(1) Cass., 10 février 1866 (D., 66, 1, 281).

pu soutenir que les titres ainsi fractionnés différaient des billets de loterie proprement dits, en ce qu'ils survivaient aux tirages; néanmoins une semblable opération avait pour but de créer des coupures de titres en dehors des prévisions de la société qui avait émis les obligations, et en dehors aussi de l'autorisation du Gouvernement. Ce dernier peut permettre l'émission des obligations d'une société à raison de la solidité du crédit dont elle jouit, du contrôle qu'il se propose d'exercer sur son administration. Les coupures émises ainsi en dehors des prévisions des statuts et de l'autorisation gouvernementale n'offrent d'autre garantie que la solvabilité des banquiers ou spéculateurs qui les ont émises (1).

128. — Depuis 1866, les combinaisons imaginées par les banquiers se sont multipliées, et les recueils de jurisprudence des dernières années sont remplis de décisions relatives à ces spéculations (2).

On peut diviser les combinaisons modernes en deux grandes catégories : celles que la pratique a appelées les *ventes à tempéraments*, et celles qui sont nommées *associations mutuelles*.

129. — Dans la vente à tempéraments, le souscripteur verse immédiatement une somme minime; puis il se libère du montant de l'obligation ou de la coupure d'obligation souscrite au moyen de versements, très faibles également, et échelonnés de mois en mois. Dès le premier ou le second versement, il devient propriétaire du titre dont il a le numéro;

(1) Cass., 24 mars et 4 mai 1866 (D., 66, 1, 281, 2ᵉ et 3ᵉ arrêts).

(2) H. Martin, *Economiste français*, 8 mars 1890, *loc. citat.*

ce titre lui est remis lorsqu'il a opéré son dernier versement; jusque-là, il demeure en gage entre les mains du banquier vendeur, qui doit à toute époque justifier de son existence dans sa caisse. D'ailleurs le souscripteur peut toujours se libérer par antici-pation. A l'inverse le banquier a le droit, si un ou deux versements ne sont pas effectués, de faire ven-dre le titre en Bourse pour se payer.

130. — L'association mutuelle consiste dans l'u-nion, grâce à l'entremise d'un banquier, d'un cer-tain nombre de propriétaires de valeurs à lots, union dont le but est de faire participer tous les associés aux primes de remboursement ou aux lots acquis à l'un d'entre eux : quant aux intérêts des titres, ils sont touchés par les titulaires.

Ces opérations sont-elles licites? La question est délicate. Les nombreux arrêts rendus sur cette ma-tière prouvent, en tout cas, qu'au point de vue pra-tique, elle offre un sérieux intérêt (1).

Occupons-nous d'abord de la vente à tempéra-ments.

131. — Une première question qui se pose est celle de savoir si ces ventes ne violent pas le mono-pole des agents de change établi par l'article 76 du Code de Commerce, lorsqu'elles ont pour objet des valeurs cotées à la Bourse. On reconnaît générale-ment que le monopole des agents de change ne souffre aucune atteinte de ce chef. En effet le mi-nistère de ces derniers n'est obligatoire qu'autant

(1) Voir sur cette question : Rousseau, *de la vente à crédit des obligations à lots* (Paris, 1884); Mack, *de la négociation à crédit des valeurs à lots* (Paris, 1886); Baratte, *de la vente à crédit des valeurs à lots* (Paris, 1890).

qu'ils servent d'intermédiaires entre vendeurs et acheteurs ne se connaissant pas. Mais il est permis aux parties en présence de négocier entre elles les titres qu'elles désirent vendre et acheter, sans recourir à l'office des agents de change; ces opérations bénéficient du principe de la liberté des transactions et ne tombent pas sous l'application de l'article 76 du Code de Commerce (1).

132. — Ce point écarté, en droit, la vente à tempéraments, si nous la dégageons de toutes les combinaisons qui peuvent en modifier complètement le caractère, nous semble parfaitement licite. Au point de vue économique également, nous pensons que, sainement entendue et appliquée, elle ne peut qu'être encouragée. Le but principal poursuivi par le législateur de 1836 a été d'empêcher les petits capitalistes, même les besoigneux et les ouvriers, de sacrifier, dans l'espoir de gagner, par un caprice de la fortune, une somme importante, leur salaire de la journée, sans aspirer à le recouvrer si le hasard ne les a pas favorisés. Tout autre est la situation de l'acheteur à crédit d'une valeur à lot. Impuissant à sacrifier une somme assez considérable pour se rendre acquéreur d'un titre d'obligation, il peut du moins, à force d'épargne, mettre chaque mois de côté quelques francs, et au moyen de ces petits versements mensuels, arriver à éteindre la dette contractée vis-à-vis de son vendeur. Où a-t-on vu qu'il fût interdit d'acheter à crédit dans notre

---

(1) Orléans, 20 novembre 1886 ; — Cass., 11 décembre 1888, rapportés par Baratte, pages 149 et 183, et *Revue des sociétés*, 1889, page 161.

droit? Et ce qui est permis pour les marchandises, ne doit pas être défendu pour les valeurs de Bourse, si un texte ne le prohibe pas. Ce texte prohibitif n'existe pas. On ne peut qu'encourager l'épargne, surtout si l'épargne doit aboutir à un placement sérieux.

Malheureusement nous parlons de la vente à tempéraments telle qu'elle devrait exister, mais non telle qu'elle existe. Dans les contrats de ce genre, la pratique a inséré des clauses sur la légalité desquelles il faut nous prononcer.

133. — Le tribunal correctionnel de Nancy a eu à statuer sur une vente de cette sorte, au mois de novembre 1881.

Il s'agissait dans l'espèce, d'un banquier qui avait mis en vente des valeurs à lots, à un prix supérieur au cours de la Bourse; ce prix était payable à raison de 3 francs 50 centimes par mois pendant 3 ans. Après le second versement, l'acheteur recevait le numéro du titre à lui vendu, et participait aux tirages: s'il restait trois mois sans effectuer ses versements mensuels, il était déchu de tout droit sur les valeurs qu'il avait achetées, et le banquier conservait, à titre d'indemnité, les termes déjà payés.

Par jugement du 11 novembre 1881 (1), le tribunal correctionnel de Nancy condamnait ces manœuvres comme prohibées par la loi du 24 mai 1836. Sur appel du prévenu, la Cour de Nancy, par arrêt du 28 décembre 1881, infirmant le jugement du tribunal, acquittait le banquier. La doctrine de la

_____

(1) S., 83, 1, 233 et note de M. Labbé.

Cour de Nancy se trouve résumée dans les considérants de l'arrêt, que nous croyons devoir repro-
duire :

« Attendu qu'en échelonnant sur une durée de
« trente mois le paiement du prix des obligations
« dont l'émission était autorisée, les prévenus n'ont
« en rien dénaturé les conditions essentielles de
« cette autorisation.

« Attendu, en effet, qu'aucune loi ne prohibe la
« vente à terme, et au prix convenu entre les par-
« ties, des valeurs à lots dont l'émission a été au-
« torisée; que, moins que toute autre loi, celle de
« 1836 et les lois et décrets postérieurs qui ont au-
« torisé les emprunts du Crédit foncier, de la ville
« de Paris, ou de Lyon, ne contient de prohibition
« de ce genre; que ces dernières lois, dont la sanc-
« tion est dans l'article 410 du Code pénal, ne per-
« mettent pas que, par induction et sous prétexte
« d'analogie, on donne la moindre extension à leur
« texte, parce qu'en matière criminelle il est de
« principe que tout est de droit étroit; que toutes
« les transactions qui ne sont pas contraires à la loi
« et aux bonnes mœurs font la loi des parties et
« doivent être respectées; qu'en fait, aucune des
« conditions des ventes effectuées par les prévenus
« ne se trouve dans ce cas; qu'on ne saurait no-
« tamment voir, dans le fait de l'inculpé Lamarre
« d'avoir porté à 150 francs le prix du rembourse-
« ment des valeurs sorties au tirage, un appât par
« lui jeté au public, comme une sorte de loterie
« nouvelle greffée sur une loterie autorisée; que
« cette surélévation ne constitue qu'une sorte de
« contrat d'assurance licite et passé dans les usa-

« ges, qui a pour but de soustraire l'acheteur aux
« chances défavorables pour lui d'un tirage au sort,
« par suite duquel il serait obligé de recevoir le
« remboursement au pair d'une valeur qu'il a ac-
« quise à un prix supérieur. »

134. — Ainsi la Cour de Nancy part du principe
que nous avons admis nous-même un peu plus haut,
pour décider que la vente à tempéraments est licite.
Pourtant l'arrêt que nous venons de citer en partie
ne tient pas compte de certaines clauses insérées
dans le contrat et qui en modifient le caractère.
Aussi, sur pourvoi formé par le procureur général,
la Cour de Cassation a-t-elle cassé l'arrêt qui lui
était déféré (1). Constatons dès maintenant que la
Cour suprême semble considérer la vente à crédit
des valeurs à lots comme parfaitement licite (elle a
du reste affirmé, depuis, plusieurs fois sa jurisprudence) (2) car elle fait dériver la cassation des clauses
du contrat qui transforment, d'après elle, cette
vente en loterie. Quelles sont donc ces clauses?

Il était d'abord convenu « qu'en compensation et
« à titre de rétribution de l'avance faite à l'acqué-
« reur, celui-ci devait, jusqu'à parfait paiement,
« renoncer à toucher, tant les coupons à échoir sur
« son titre, que l'intérêt des sommes par lui ver-
« sées par acomptes successifs. » Or, nous l'avons
dit, pour que la vente soit licite, il faut qu'elle soit
sérieuse, c'est-à-dire qu'elle transporte, dès le jour
du contrat, la propriété du titre aliéné à l'acheteur.

(1) Cass., 4 août 1881 (S., 83, 1, 233).
(2) Cass., 31 janvier 1885 et 8 juin 1888, rapportés par Baratte, pages 127 et 176.

De ce jour l'acheteur aura droit et aux chances de lots et aux intérêts servis ; il pourra lui-même être tenu de payer les intérêts des sommes dont il sera encore débiteur sur le prix du titre, et on pourra, peut-être, compenser ces deux sommes. Mais empêcher l'acheteur de toucher, jusqu'à parfait paiement, l'intérêt qui est attaché à son titre, c'est montrer que la vente n'est pas ferme, c'est faire apparaître qu'en définitive la propriété du titre n'a pas été transférée du banquier à l'acheteur, c'est enfin laisser deviner qu'une seule chose a été cédée, les gains éventuels résultant du tirage au sort.

En second lieu, le vendeur s'obligeait, au cas où, avant le paiement du prix, le titre serait remboursé au pair, à payer à l'acheteur une prime de 50 francs. La Cour de Cassation a encore vu dans cette clause une modification essentielle dénaturant complètement l'émission des obligations telle qu'elle se trouvait autorisée, et tombant, par conséquent, sous le coup de la loi de 1836.

L'affaire renvoyée devant la Cour de Besançon fut jugée conformément à la doctrine de la Cour de Cassation (1).

135. — Que devons-nous penser de cette jurisprudence qui est aujourd'hui absolument fixée ?

Ayant admis avec la Cour de Cassation (arrêts de 1866) que l'on ne pouvait céder les chances de gain indépendamment de l'obligation elle-même, nous sommes amené à décider encore avec elle que, toutes les fois que la vente à tempéraments ne sera pas ferme, c'est-à-dire toutes les fois que, sous l'appa-

(1) Besançon, 30 novembre 1882 (S., 83, 2, 111).

rence d'une aliénation faite à crédit, elle cachera en
réalité cession des chances de gain, cette vente
constituera une véritable loterie prohibée. Et tel
sera justement, d'ordinaire, le cas où l'acheteur re-
noncera à toucher les intérêts auxquels il a droit,
jusqu'à complet paiement. Mais nous pensons qu'il
y a surtout là une question d'intention à juger. Si
on pouvait prouver que vraiment les parties ont
voulu faire une vente sérieuse, encore bien que l'a-
cheteur ne reçoive pas d'intérêts, parce que ces intérêts se compensent avec ceux qu'il doit lui-même
à son vendeur pour les termes de son prix, nous
croyons que la vente serait parfaitement valable.

136. — Au contraire en ce qui concerne la prime
de 50 francs promise par le banquier à l'acheteur
pour le cas où, avant complet paiement, son titre
lui serait remboursé au pair, il y a là, à notre avis,
une clause qui va directement à l'encontre de la
prohibition édictée par la loi de 1836. Offrir au public une prime de remboursement lorsque le sort ne
le favorise pas, c'est modifier les conditions essentielles à l'accomplissement desquelles la loi a subordonné l'autorisation de l'émission. Vainement pourrait-on alléguer qu'à tout prendre ces stipulations
ne constituent qu'un contrat d'assurance contre les
effets du remboursement au pair ; ce contrat d'assurance, si c'en est un (ce qui n'est pas démontré), ne
peut pas avoir pour but de permettre justement ce
que la loi a défendu. La stipulation qui nous occupe
arrive précisément à créer, à côté et en plus des lots
autorisés par la loi, de nouveaux bénéfices dont l'é-
ventualité dépendra du sort, en d'autres termes,
de nouveaux lots.

11

137. — Pensant tourner la prohibition de la loi de 1836, d'autres banquiers avaient imaginé, non plus d'accorder une prime aux porteurs de titres remboursés au pair, mais de remplacer ces titres par d'autres, aussi souvent qu'il serait nécessaire, jusqu'à paiement complet de la valeur vendue. Le tribunal et la Cour d'Angers par jugement du 21 avril et arrêt du 16 juillet 1883 (1), ont encore condamné cette nouvelle spéculation. Cette jurisprudence n'est que la conséquence de celle de la Cour de Cassation, et est conforme, croyons-nous, aux véritables principes. Nous ne saurions mieux faire que de citer M. Rousseau, dans la critique qu'il fait de cette combinaison.

« Un titre sort au tirage remboursé au pair, il
« est remplacé entre les mains de l'acheteur par un
« nouveau titre, sans que, d'ailleurs, le contrat pri-
« mitif soit modifié, et sans qu'il ait à verser un
« centime à raison de la propriété de ce nouveau
« titre, c'est un remplacement dans toute la force
« du terme. Or, avec ce nouveau titre qui prend la
« place de l'ancien, l'acheteur va participer à des
« tirages nouveaux et ainsi, pour le prix du pre-
« mier titre, il va courir les chances de gagner de
« nouveaux lots. Supposons qu'au cours de 36 mois,
« plusieurs titres sortent ainsi remboursables au
« pair, et soient remplacés par de nouveaux titres ;
« on voit quelles chances de lots sont mises entre
« les mains de l'acquéreur, en sorte que la spécu-
« lation paraît porter en ce cas uniquement sur les
« éventualités de la loterie (2). »

(1) Baratte, *op. citat.*, pages 106 et 111.
(2) Rousseau, *op. citat.*, page 70.

138. — Nous n'en avons pas terminé avec les différentes clauses qui peuvent affecter la vente à tempéraments. Nous n'avons jusqu'à présent rien dit de la clause par laquelle le client consent à recevoir le titre à lui vendu, seulement après le second versement. Le tribunal d'Angers, dans le jugement que nous venons de citer, l'avait considérée comme constitutive d'une loterie. La Cour d'appel, à bon droit, a repoussé cette doctrine. Rien dans nos Codes, rien dans les lois spéciales, n'empêche les parties de reculer dans un contrat de vente l'époque de la livraison de la chose vendue.

139. — Enfin, dans presque toutes les espèces que nous avons citées, nous avons pu constater que le banquier vendait les titres à un prix total supérieur au cours de la Bourse du jour de la vente. Le peut-il ? Sur cette question, la jurisprudence semble plus hésitante. Tandis que dans les arrêts de Nancy et de la Cour de Cassation de 1882, elle paraît touchée de cette majoration du prix, dans des décisions plus récentes (1), elle semble n'y voir que l'exercice d'un droit pour le banquier. C'est à cette dernière solution que nous nous rallierons. Nous ne saurions apercevoir dans ce fait que le banquier vend à tempéraments des titres un prix supérieur au cours de la Bourse, une clause prohibée par la loi sur les loteries.

D'abord le cours de la Bourse peut-il fixer d'une façon obligatoire le prix des opérations portant sur

_____

(1) Cass., 8 juin et 11 décembre 1888 ; *Revue des Sociétés*, 1889, pages 158 et 161, note 1 ; Baratté, *op. citat.*, pages 176 et 183.

les valeurs? Assurément non. Qu'est-ce que ce cours, sinon la constatation officielle du prix auquel les valeurs ont été négociées en Bourse ? La *constatation*, disons-nous ; mais cette constatation n'a pas d'effet obligatoire. Qu'est-ce qui pourrait m'empêcher de vous vendre aujourd'hui 185 francs une valeur cotée au cours de ce jour 108 francs ? Ne sait-on pas que l'on paie toujours plus cher ce que l'on n'achète pas au comptant? Que l'on ne dise pas : vous arrivez ainsi à faire payer aux petits capitalistes, aux ouvriers, 185 francs ce qui vaut en réalité 108 francs ; car ces petits capitalistes, ces ouvriers pourraient, avec M. Labbé, répondre à leur tour : « Je sais bien que je pourrais acheter pour « 108 francs le même titre ; je lis cela sur mon jour- « nal. Mais il me faudrait débourser une somme de « 108 francs. Je ne l'ai pas; j'espère pouvoir écono- « miser 5 francs par mois. Je sais par expérience « qu'on paie plus cher ce dont on ne peut pas payer « le prix comptant. Avoir un titre que l'on dit un « bon placement, avec la chance d'un lot, moyen- « nant 185 francs, me paraît meilleur que de ne « l'avoir pas à 108 francs » (1). Le prix est peut-être élevé. Qu'importe? Vendre cher n'est pas un délit, et là, comme partout ailleurs, la concurrence entre banquiers fera baisser les prix.

140. — On a pourtant soutenu que la majoration du prix d'une valeur était illicite (2), et le raisonnement que l'on fait pour amener cette conséquence semble très sérieux.

(1) Note de M. Labbé dans S., 83, 1, 236.
(2) Mack, *op. citat.*, pages 27 et suiv.

Sans doute, dit-on, il est permis de vendre une chose un prix supérieur à sa valeur réelle ; toutefois on doit distinguer. Si un bijoutier vend un bracelet, il pourra le vendre aussi cher que bon lui semblera : si, au contraire, il le vend au poids de l'or, il sera obligé de se conformer à certaines règles qui permettront d'en déterminer exactement le prix. Il doit en être de même des obligations qui représentent une valeur appréciable en argent, et que la convention des parties ne saurait modifier.

Tel n'est pas notre sentiment. Les titres dont nous faisons l'étude laissent une trop grande place à la spéculation pour que l'on puisse fixer leur valeur, comme on fixe celle de la monnaie. Autrement, où serait la liberté du commerce ? Remarquons, de plus, que l'acheteur à crédit d'une obligation, a, dès le jour du contrat, des chances de gain qui peuvent le décider à payer plus cher un titre qui, dans sa pensée, doit lui rapporter beaucoup. Et un élément dont il faut tenir compte, c'est la commission que le banquier est en droit de lui demander. Cette commission, si le client consent à la payer, il peut la demander aussi élevée qu'il lui plaît. Pour en revenir à l'exemple que nous prenions tout à l'heure le bijoutier pourra vendre au poids de l'or le bracelet qu'il aura acheté dans les mêmes conditions, mais aucune loi ne lui interdit de demander le double de cette valeur comme rémunération de sa peine et des chances qu'il aura courues d'immobiliser pendant un temps plus ou moins long un certain capital, et de ne pas trouver d'acheteur.

En résumé, nous ne pensons pas que le fait par un banquier de faire payer une valeur, vendue à crédit, un prix supérieur à celui fixé par le cours de la Bourse, soit illicite.

141. — Avant de quitter, pour n'y plus revenir, les ventes à tempéraments, nous devons encore signaler une dernière combinaison appelée *option sur les valeurs à lots.* Un banquier offre à ses clients, six jours avant chaque tirage, des options sur les obligations françaises, moyennant 6 francs par option. C'est une location d'obligations. Si le titre ainsi loué sort au tirage, le client peut en devenir propriétaire pour toucher la prime ou le lot auquel il a droit. Dans le cas contraire, le banquier ne cesse pas d'être propriétaire des titres loués et le client perd sa mise. Une pareille opération est illicite : elle déguise, en somme, la cession des chances de tirage, et doit être réprouvée au même point que cette cession expressément manifestée (1).

142. — Disons un mot maintenant de ce que nous avons appelé les associations mutuelles. Nous savons déjà ce que c'est : un banquier propose à un acheteur à crédit d'obligations de s'associer avec d'autres acheteurs de titres de même nature. Jusqu'au paiement complet des valeurs, chaque associé participe aux tirages des obligations possédées par l'association, et partage avec ses co-associés le mon-

---

(1) Les dernières décisions de jurisprudence à notre connaissance sur la matière des ventes à tempéraments sont : Tribunal de La Rochelle, 19 mars 1890 ; Tribunal de Cognac, 30 avril 1890 ; Cour de Liège, 13 février 1890, dans Baratte, *op. citat.,* pages 207, 196, 247. Citons encore deux arrêts de la Cour de Dijon des 2 janvier 1888 et 24 avril 1890, rapportés par le même auteur, pages 162 et 195.

tant des lots ou des primes acquis par le titre appartenant à l'un d'eux.

Par jugement du 22 juin 1882, confirmé par arrêt de la Cour de Paris du 23 novembre 1882 (1), le tribunal correctionnel de la Seine a condamné cette pratique comme prohibée par l'article 2 de la loi du 21 mai 1836 et punie par l'article 410 C. Pén. Sur ce point nous nous séparons de la jurisprudence. Nous ne saurions incriminer une semblable opération qui, comme le dit M. Labbé dans la note que nous avons eu déjà plusieurs fois l'occasion de citer, va directement à l'encontre de la loterie. Evidemment une semblable association augmente les chances de gains, mais en même temps elle diminue l'importance de ces derniers. Ainsi que le fait très justement remarquer ce savant auteur, l'association de tous les porteurs de valeurs à lots serait l'anéantissement de la loterie. Voilà pour les considérations pratiques. Au point de vue juridique, nous cherchons également en vain sur quel texte la Cour de Paris a pu fonder son arrêt. Sur la loi de 1836? mais nous répétons que l'association mutuelle est tout le contraire de la loterie. Le banquier qui propose une pareille association ne modifie pas davantage les conditions arrêtées par les lois spéciales qui ont autorisé l'émission. Ce qui a dû décider la jurisprudence, c'est probablement la clause insérée dans le contrat sur la validité duquel elle était appelée à statuer, clause permettant au banquier de réclamer à ses clients un prix total supérieur au cours de la Bourse. Nous avons déclaré, au contraire, que cette

(1) S., 83, 2, 111.

clause n'était pas condamnable; par conséquent nous ne voyons pas en quoi l'association mutuelle (à condition bien entendu qu'à cette association ne vienne pas se joindre quelqu'une des combinaisons prohibées), est contraire à la loi sur les loteries.

143. — Pour résumer tout ce que nous avons dit des obligations à primes de remboursement et à lots, nous estimons que les obligations à primes sont parfaitement licites si les primes sont composées uniquement de la retenue faite par la société sur les intérêts servis aux obligataires. Au contraire une société ne peut émettre d'obligations à lots sans être autorisée législativement à le faire.

144. — Nous avons laissé de côté jusqu'ici une dernière catégorie de valeurs, celles qui ressemblent aux obligations en ce que comme elles, elles sont remboursées soit à primes, soit par des lots, mais qui en diffèrent en ce que les propriétaires n'ont droit à aucun intérêt.

145. — Demandons-nous si ces titres constituent de véritables obligations.

Pour répondre à cette question, nous n'avons qu'à nous reporter à la définition que nous avons donnée de l'obligation, et aux caractères que nous lui avons reconnus. Nous avons dit que l'obligation était le droit qu'avait un individu de réclamer le remboursement d'une somme prêtée, et un intérêt pendant toute la durée du prêt. Or, si le porteur des valeurs que nous étudions peut bien demander le remboursement du capital qu'il a fourni, il n'a droit à aucun intérêt. Par conséquent les *bons* qu'il possède ne constituent pas, à proprement parler, des obligations. De telles combinaisons n'offrent pas

aux détenteurs de capitaux un placement sérieux,
puisque ces derniers ne touchent aucun intérêt. Le
seul attrait de ces bons réside dans la chance pour
le porteur d'être remboursé à prime ou de gagner
un lot. Aussi applaudissons-nous à un arrêt de la
Cour de Paris (1), qui ne voit dans ces émissions
qu'une véritable loterie, ne pouvant exister que si
elle est autorisée. Signalons pourtant une différence
entre les bons et les loteries. Dans la loterie, la mise
est complètement perdue; dans le bon, au contraire,
elle est remboursée au bout d'un certain temps.

146. — Enfin nous considérons comme obligations des engagements au porteur ou à ordre, déli-
vrés contre remise d'un certain capital, productif
d'intérêts, et remboursables au gré du créancier, à
des échéances variant entre trois mois et cinq ans.

147. — En nous plaçant maintenant au point de
vue des garanties que peuvent présenter les obligations, il nous reste à étudier une seconde classifica-
tion de ces valeurs. Sous ce rapport les obligations
se divisent en obligations pures et simples, obligations garanties par l'Etat, et obligations hypothécaires.

De même qu'un créancier ordinaire peut se contenter comme garantie de sa créance du droit de
gage général de l'article 2093 C. Civ. sur le patrimoine tout entier de son débiteur, de même les obligataires peuvent, ayant confiance dans la solvabilité de la société à laquelle ils fournissent leurs fonds,
n'exiger aucune sûreté particulière. Mais souvent

(1) Paris, 25 mars 1870 (S., 70, 2, 313 et D., 70, 2, 165).

le capitaliste n'est disposé à prêter que si, à côté de la garantie résultant du crédit de l'emprunteur, ce dernier lui accorde d'autres sûretés, personnelles ou réelles, assurant l'exécution de ses engagements. En peut-il être de même en matière d'obligations?

148. — En ce qui concerne la garantie personnelle, la question ne saurait faire doute, et l'histoire des obligations nous apprend que ces titres n'ont joui d'un grand crédit que par suite des garanties qu'ils offraient. On se rappelle que ce fut la création des lignes de chemins de fer qui donna une grande extension à ces valeurs. Les obligations émises par les compagnies de chemins de fer sont en effet garanties par l'Etat. Demandons-nous ce qu'est une pareille garantie ; mais auparavant disons un mot de la façon dont les lignes de chemins de fer furent créées.

149. — Au moment de leur établissement, le législateur avait à choisir entre deux systèmes opposés (1). Ou bien abandonner la construction et l'exploitation des lignes à l'initiative privée, en faire l'objet de concessions perpétuelles, sans subvention de l'Etat; ou bien en réserver la construction et l'exploitation à l'Etat. Jusqu'en 1833 les pouvoirs publics se bornèrent à autoriser l'exécution de quelques lignes peu étendues. Lorsqu'en 1837 le Gouvernement présenta à la Chambre des Députés plusieurs projets relatifs à la création de grandes lignes, des discussions très vives s'élevèrent sur la

(1) V. sur cette matière: Aucoc, *Conférences sur l'administration et le droit administratif*, éd. 1876, t. III, nos 1173 et suiv.

question de savoir comment d'aussi grands travaux seraient exécutés et quel serait celui des deux systèmes que nous venons d'indiquer qui serait adopté. En 1838, on se décida à confier à des compagnies privées la concession de quelques-unes de ces lignes.

Mais à cette époque, une première crise financière se produisit. Toutes les valeurs industrielles étaient l'objet, à la Bourse, de spéculations effrénées; de plus, les devis des premiers chemins de fer avaient été dépassés, et les actionnaires, inquiets sur l'issue de l'entreprise, se refusèrent à payer le montant de leurs souscriptions. Certaines compagnies durent cesser leurs travaux; d'autres obtinrent l'autorisation de restreindre leur concession. Le développement, l'établissement même des réseaux de chemins de fer étaient sérieusement menacés. C'est alors que l'Etat intervint une première fois, en garantissant, par la loi du 15 juillet 1840, aux actionnaires de la Compagnie d'Orléans, l'intérêt à quatre pour cent, des capitaux engagés dans l'entreprise, et en autorisant le Trésor public à faire des prêts à diverses autres compagnies.

Néanmoins les lignes concédées ne se développaient pas. La loi du 11 juin 1842 décida qu'un vaste réseau serait établi pour relier les centres importants entre eux, et Paris à la frontière, et qu'un système nouveau serait employé pour son exécution. L'Etat, avec le concours des départements et des communes (1), se chargeait de l'acquisition des

(1) La disposition de la loi du 11 juin 1842, qui faisait contribuer les départements et les communes aux frais d'achat de terrains, fut abrogée par la loi du 19 juillet 1845.

terrains, des terrassements, des ouvrages d'art et des stations. L'exploitation était concédée à des compagnies privées qui devaient fournir la voie et le matériel et qui demeuraient chargées de l'entretien du chemin.

Les concessions étaient temporaires. A leur expiration la voie et le matériel devaient faire retour à l'Etat qui en rembourserait la valeur estimée par experts.

Le développement du réseau fut rapide. Mais en 1847, une nouvelle crise, que devait aggraver la révolution de 1848, se produisit. Quelques lignes furent rachetées par l'Etat; d'autres furent mises sous séquestre; d'autres enfin obtinrent une garantie d'intérêts.

Cependant, à côté des grandes lignes, qui devaient, dans un avenir plus ou moins éloigné, présenter des gains certains, il devenait nécessaire de créer des lignes accessoires, dont le rendement demeurait fort aléatoire. On songea d'abord à confier l'exécution et l'exploitation de ces lignes à des compagnies nouvelles, mais on reconnut que ces compagnies ne pourraient réaliser des bénéfices qu'à la condition de construire, à côté des lignes d'un intérêt secondaire, de grandes lignes qui auraient fait double emploi avec celles déjà existantes. On imagina alors la fusion des compagnies, qui se réalisa de 1852 à 1857. Les grandes compagnies absorbèrent les petites, et à la fin de l'année 1857, il n'existait plus que six grandes compagnies, et huit compagnies secondaires. Cette fusion amena une nouvelle crise : on craignit que la concession aux grandes compagnies, de petites lignes dont les bénéfices restaient problématiques, n'aggravât leur situation financière. L'émission des obligations surtout eut à souffrir de ces craintes, à tel point que les compagnies demandèrent la révision de leurs contrats. Le Gouvernement s'émut de cet état de choses, et il soumit en 1859, au Corps législatif, de nouvelles conventions qui furent approuvées par la loi du 11 juin 1859. Dans ces nouvelles conventions, on a eu recours au système, inauguré en 1840, de la garantie d'intérêts par l'Etat. Mais on ne pouvait garantir l'intérêt des sommes engagées dans la totalité des lignes existantes; si on eût ainsi procédé, l'Etat n'aurait pu garantir, comme il l'a fait, l'intérêt à quatre pour cent, et les bénéfices réalisés sur les grandes lignes auraient servi à combler les pertes des lignes secondaires. Aussi fit-on une distinction entre les lignes anciennes et les lignes nouvellement créées. Les lignes nouvelles (1), désignées sous le nom de nouveau réseau, jouissent seules d'une garantie d'intérêts : quant au réseau ancien, il n'a d'autres sûretés que celles qui avaient pu lui être attribuées au moment de la concession. De plus, comme le nouveau réseau devait lui procurer de nouvelles recettes par suite de l'accroissement du trafic, on décida que toute la portion des bénéfices excédant un certain chiffre déterminé par chaque kilomètre, serait *déversée* sur le nouveau réseau, comme supplément de recettes. C'est ce que l'on a appelé le *déversoir*.

Depuis cette époque, grâce à la garantie de l'Etat, les lignes de chemin de fer ont pris une extension

(1) Une exception a été faite pour la Compagnie du Midi.

rapide. Des remaniements ont été opérés dans le classement des lignes entre l'ancien et le nouveau réseau. Mais le système que nous venons d'exposer est maintenant mis en pratique d'une façon à peu près générale. Nous ne citerons pas toutes les conventions qui se sont succédées depuis 1859. Bornons-nous à indiquer la loi du 20 novembre 1883 approuvant les conventions passées entre l'Etat et les Compagnies de chemins de fer de Paris à Lyon et à la Méditerranée (9 juillet 1883), d'Orléans (28 juin 1883), du Nord (5 juin 1883), du Midi (9 juin 1883), de l'Est (11 juin 1883), de l'Ouest (17 juillet 1883) (1).

150. — Ainsi, par la garantie d'intérêt, l'Etat se porte caution des compagnies et garantit aux obligataires les sommes nécessaires à assurer le paiement des coupons d'intérêts. Mais ce cautionnement est limité à une certaine durée; l'intérêt garanti est fixé à 4 pour cent; on y ajoute l'amortissement calculé au même taux, ce qui donne un intérêt total garanti de 4,65 pour cent. D'ailleurs les compagnies auxquelles l'Etat a ainsi fourni des fonds pour le service des intérêts des obligataires restent débitrices envers lui de ces sommes et lui paient, en plus, un intérêt de 4 pour cent. Enfin, depuis 1872, les compagnies partagent avec l'Etat la portion de leur revenu dépassant un chiffre déterminé.

Comment comprendre que les compagnies de chemins de fer aient été forcées de recourir à la garantie de l'Etat, alors que tant d'autres sociétés accordent à leurs obligataires des sûretés réelles qui permettent

(1) *Journal officiel* du 21 novembre 1883.

un facile écoulement de leurs titres ? La réponse à
la question que nous posons ainsi se trouvera résolue lorsque nous aurons déterminé les droits des compagnies de chemins de fer sur les lignes qu'elles ex-
ploitent.

151. — Ces compagnies n'ont sur le sol du chemin de fer aucun droit de propriété, ni aucun droit
immobilier, car les voies de communication établies
dans un intérêt général font partie du domaine public.

Toutefois, lorsque les premières lignes furent concédées (et les premières concessions étaient faites à
perpétuité), on aurait pu croire, d'après les termes
mêmes des autorisations, que les compagnies étaient
propriétaires des lignes dont la création et l'exploitation leur étaient confiées. Plus tard, lorsque les
concessions devinrent temporaires, il sembla encore
que c'était la propriété des terrains qui était accordée aux compagnies, puisque, jusqu'en 1847, les
articles relatifs aux droits de l'Etat sur les lignes, à
l'expiration de la concession, disaient qu'à ce moment le Gouvernement serait subrogé aux droits des
compagnies dans *la propriété* des terrains. Les lois
des 15 juillet 1840 et 9 août 1847 paraissent même
admettre qu'une hypothèque pouvait être accordée
par les compagnies sur le chemin de fer et en outre
sur le matériel, considéré comme immeuble par
destination. Mais la loi du 15 juillet 1875, sur la
police des chemins de fer, indiquait bien que les compagnies n'étaient pas propriétaires des lignes qui
leur étaient concédées, puisque ces lignes font partie
de la grande voirie, c'est-à-dire du domaine public
inaliénable.

Mais ne pouvait-on soutenir que les compagnies

étaient usufruitières des lignes de chemins de fer, ou plutôt, qu'à raison de la durée toujours fort longue de la concession, elles avaient sur elles un droit d'emphythéose? La Cour de cassation, appelée à se prononcer sur cette question, décida que, par suite de l'attribution des chemins de fer au domaine public, la jouissance des compagnies, quelle que soit la durée de cette jouissance, ne présentait pas le caractère d'un usufruit ou d'un emphythéose, car la propriété publique n'est pas susceptible de démembrement (1).

La conséquence, puisque aucun droit immobilier n'existe au profit des compagnies, est donc qu'elles ne pouvaient conférer aucune hypothèque sur les lignes concédées, aucune sûreté réelle.

Restaient les sûretés personnelles. Mais comment comprendre qu'un particulier pût cautionner des entreprises aussi colossales. En droit pur, il est certain qu'aucun texte n'empêche semblable garantie. Mais en fait, il est non moins certain qu'un pareil cautionnement est impossible. Seul l'Etat pouvait accorder une garantie efficace aux obligataires, et c'est pourquoi il a fallu son intervention pour rassurer les prêteurs et les décider à confier aux compagnies de chemins de fer leurs capitaux. Mais laissons de côté ces compagnies et revenons aux autres sociétés.

152. — Nous verrons plus loin que, dans quelques pays voisins, certaines sociétés ont émis des obligations dites *de priorité*, attribuant aux porteurs le

---

(1) Cass., 15 mai 1861 (D., 61, 1, 225); Cass., 5 novembre 1867 (D., 67, 1, 117).

droit de primer les autres obligataires. Chez nous, ces obligations n'existent pas, ou, pour parler plus exactement, elles se confondent avec les obligations hypothécaires. En effet, aux termes de l'article 2094 C. Civ. : « Les causes légitimes de préférence sont les « privilèges et hypothèques. » Or, les privilèges n'existent que là où la loi les établit. Reste donc l'hypothèque.

153.—Les sociétés peuvent-elles conférer une hypothèque à leurs obligataires, sur les immeubles sociaux? Qui les en empêcherait ? Si déjà des obligataires ont apporté leurs fonds à la société, ils ne sauraient se plaindre, car un propriétaire peut toujours, après un précédent emprunt, en contracter un ou plusieurs autres et donner à ses nouveaux créanciers des garanties qu'il n'avait pas accordées aux premiers. Ceux-ci d'ailleurs devaient prévoir que leur débiteur pourrait, dans l'avenir, se trouver dans la nécessité de se procurer des ressources supplémentaires (1). Enfin, le droit d'hypothèque n'est que la conséquence du droit de propriété : la société, légalement constituée, a sur les biens qui composent le fonds social tous les droits d'un propriétaire, et notamment celui d'aliéner ou d'hypothéquer lesdits biens.

154.— Mais ce dernier droit dépasse les limites des pouvoirs attribués aux administrateurs (2). Aussi, est-il nécessaire, pour que la société puisse hypothéquer ses immeubles, que ses administrateurs soient autorisés à le faire, soit par les statuts, soit

---

(1) *Revue des sociétés*, 1889, p. 33.
(2) Dalloz, *Jurisp. gén.*, v° Société, n°s 1525 et suiv.

par une délibération de l'assemblée générale des
actionnaires (1). Ce mandat spécial, comment doit-
il être donné? La jurisprudence décide que, dans ce
cas, les statuts, s'ils autorisent l'hypothèque, sinon
la délibération de l'assemblée générale qui donne
aux administrateurs le droit de la conférer doivent
revêtir la forme authentique (2).

155. — Par deux arrêts des 27 mai 1819 et 5 juillet
1827, la Cour de Cassation avait admis une solution
opposée. Mais cette doctrine fut vivement critiquée
par Merlin et par un arrêt du 20 juillet 1830, la
Cour suprême adopta la jurisprudence qu'elle n'a
pas abandonnée depuis. Elle se fonde principalement
sur ce que le consentement, qui est nécessaire
pour la constitution d'une hypothèque, doit être
manifesté dans un acte authentique (art. 2127 C.
Civ.). Or, c'est dans le mandat qu'est manifesté
ce consentement : donc le mandat doit être notarié.
La solution inverse conduirait à un résultat singulier. Voilà le mandant, qui, s'il désire constituer
une hypothèque directement, est obligé de recourir
à un acte authentique pour exprimer sa volonté, et
qui, s'il veut la constituer indirectement par l'intermédiaire d'un mandataire, n'a pas besoin du secours d'un notaire. C'est inadmissible : « La loi,
« porte un arrêt de la Cour de Cassation du 19 jan-
« vier 1864 (3), ne peut pas être présumée avoir

---

(1) Dalloz, *Jurisp. gén.*, v° Société, n° 1558.
(2) Cass., 23 décembre 1885 (D., 86, 1, 97); Cass., 3 décembre 1889 (D., 90, 1, 105); Dalloz, *Jurisp. gén.*, v°ˢ Privilèges et
hypothèques, n° 1264, Mandat, n° 150.
(3) D., 64, 1, 92.

« autorisé le mandant à faire indirectement et par
« l'intermédiaire de son mandataire ce que direc-
« tement il n'aurait pu faire lui-même. »

156. — Dans l'opinion contraire on s'appuie sur
l'article 1985 du Code civil décidant que le mandat
peut être donné par acte public ou par acte sous
seing privé. Le mandataire, dont les pouvoirs sont
établis par acte sous seing privé, justifie, par son
mandat, de son aptitude à accomplir tous les actes que comporte l'exercice de ses fonctions. Lorsque la loi ne vient pas restreindre ses fonctions, il
peut effectuer tous les actes nécessaires à l'accomplissement de la mission qui lui est confiée.

157. — Nous nous rallions à l'opinion de la jurisprudence. Oui, le mandat peut, en principe, être
donné par acte sous seing privé ou par acte authentique, et, de quelque façon qu'il ait été donné, le
mandataire y puise le droit de faire les actes nécessaires à l'accomplissement de son mandat. Mais la
question est justement de savoir si, lorsqu'il s'agit
de conférer une hypothèque, le mandat peut être
donné par acte sous seing privé. Nous ne le pensons
pas. Quand je donne mandat à un tiers d'hypothéquer mon immeuble, je consens à ce qu'une hypothèque soit prise sur lui; c'est évident. Ce consentement, je le manifeste dans le mandat que je
donne. Eh bien! l'article 2127 C. Civ. veut que
l'hypothèque conventionnelle soit *consentie* par
acte authentique. Donc le mandat, qui renferme
mon consentement, doit être donné en cette forme.
« Sans doute, disait Merlin devant la Cour de Cas-
« sation, l'acte authentique passé par le mandataire
« constitue l'hypothèque, mais non pas à lui seul.

« Il ne la constitue qu'en s'identifiant au mandat;
« c'est seulement dans le mandat qu'est le consen-
« tement qui fait sa force; il n'y a plus, si l'on fait
« abstraction du mandat, de consentement donné
« légalement à l'hypothèque. »

Toutefois la jurisprudence a apporté un tempé-
rament à sa doctrine en décidant que lorsque les
statuts sous seings privés d'une société sont déposés
dans l'étude d'un notaire, qui constate l'accomplissement de cette formalité, ils prennent le caractère
d'un acte authentique (1).

158. — Maintenant que nous savons que la société peut donner à ses administrateurs mandat de
constituer une hypothèque sur les immeubles sociaux, une autre question se présente à nous. Comment l'inscription sera-t-elle prise? Sans doute, en
droit, on pourrait concevoir qu'une hypothèque fût
attribuée à chaque obligataire sur des immeubles
déterminés de la société. Aux termes de l'article 2148
C. Civ., pour qu'une hypothèque puisse garantir
une créance, il faut qu'une inscription soit prise au
nom du créancier. Rien ne ferait donc obstacle à ce
que la société émît des obligations nominatives;
l'inscription serait prise, le jour même, au nom du
titulaire du titre. La jurisprudence admet, en effet,
que l'hypothèque peut suivre la créance dont elle
n'est que l'accessoire; par conséquent, l'hypothèque
attachée à l'obligation suivrait le sort de cette obligation, et passerait de mains en mains avec elle.
Ce procédé, on le conçoit, est inapplicable à cause
du grand nombre de titres émis généralement par

(1) Cass., 3 décembre 1889 (D., 90, 1, 105).

les sociétés. Comment faire alors pour mettre en pratique un droit que rien, juridiquement, ne vient restreindre?

On a imaginé le procédé suivant. Les souscripteurs d'obligations se réunissent pour former entre eux une société civile, et désignent, parmi eux, un ou plusieurs administrateurs chargés de veiller aux intérêts communs. C'est au nom de cet administrateur, ou de l'un d'entre eux, s'il y en a plusieurs, que l'inscription est prise. On évite ainsi les inconvénients et les impossibilités que nous venons de signaler.

Apprécions maintenant ce procédé.

159. — Et d'abord les obligataires peuvent-ils former une société, se syndiquer, dans le but que nous venons d'indiquer? Généralisant la question, demandons-nous s'ils peuvent se réunir pour la défense de leurs intérêts. Il est inutile d'insister sur les avantages qu'une semblable union peut présenter. Ils ont des droits communs à faire valoir, et, en particulier, ils ont à obtenir la réalisation de la garantie hypothécaire promise à leurs obligations. Grâce au syndicat, ils n'ont plus besoin d'agir individuellement contre la société : leur représentant exercera seul les actions, en leur nom. C'est encore ce dernier qui sera valablement assigné comme mandataire des obligataires; enfin, l'inscription de l'hypothèque prise au nom de ce représentant garantira la créance de tous ceux qui lui ont donné mandat de les représenter.

La Cour de Cassation, par arrêt du 26 mars 1878 (1), avait reconnu aux obligataires le droit de

(1) D., 78, 1, 303.

donner à un tiers pouvoir de les représenter. Aucun
texte législatif n'interdit à plusieurs personnes,
ayant les mêmes intérêts, de donner à l'une d'entre
elles, ou même à un tiers, mandat de faire les actes
nécessaires à la protection de leurs droits. Des difficultés peuvent s'élever, en pratique, sur la façon
dont ce mandat sera conféré ; nous pensons que
les mandants pourraient comparaître devant un
notaire pour faire dresser l'acte de procuration. Mais
les obligataires voulaient aller plus loin, et faire
reconnaître leur droit de s'associer, de former une
société civile, dans le but notamment de permettre
l'inscription de l'hypothèque que la société leur
accordait.

160. — Les tribunaux appelés à se prononcer sur
la question hésitèrent sur la solution à donner.
Tandis que, par arrêt du 5 décembre 1885 (1), la
Cour d'appel de Paris déclare valable une pareille
société, le tribunal de la Seine, par jugement du
22 avril 1886 (2), et le tribunal de Lyon, par jugement du 6 mai 1886 (3), décident que les obligataires ne peuvent pas former une société civile.
Examinons les arguments qui sont produits dans
les deux sens.

161. — En faveur de la validité des sociétés d'o-
bligataires on dit que d'après les termes de l'article 1832 C. Civ., la société a pour but la mise en
commun d'apports destinés à former un fonds social,
en vue d'un partage de bénéfices. Or, ajoute-t-on,

---

(1) *Revue des sociétés*, 1886, 1ʳᵉ part., p. 95.
(2) Id., p. 383.
(3) Id., p. 594.

« les droits peuvent faire l'objet d'un apport social,
« Ainsi les garanties hypothécaires, attachées à
« une créance divisée, peuvent être mises en com-
« mun, à l'effet d'assurer à chaque associé, comme
« bénéfice éventuel et partageable, la création et la
« réalisation d'un gage, dont la constitution indi-
« viduelle serait matériellement impossible (1). »
Si nous comprenons bien l'argument, la créance
des obligataires reste divise, et chaque créancier
conserve son droit individuel contre la société :
mais les garanties hypothécaires accordées par la
société sont mises en commun; ce sont elles qui
forment l'apport, le fonds social.

162. — En sens contraire on tire argument de
ce que les obligataires ne recherchent qu'un résultat et ne poursuivent qu'un but : défendre leurs
droits et garantir leurs intérêts. Aucun apport n'a
été fait par eux; aucun fonds commun n'a été constitué. N'admet-on pas généralement, d'ailleurs, que
les associations formées en vue d'un événement déterminé, et dans le but d'en amoindrir les conséquences dommageables, ne constituent pas de véritables sociétés (2)? Qu'est-ce, d'ailleurs, que cet
apport qui consiste dans une hypothèque détachée
de la créance? La créance est divise; l'hypothèque
est indivise entre les obligataires; de telle sorte que
la créance reposera sur la tête des obligataires,

(1) Trib. de la Seine, rapporté dans les conclusions de M. le
substitut Duval; *Revue des sociétés*, 1886, 2ᵉ part., p. 402;
Annales de droit commercial, 1887, p. 187 et la note.
(2) Dalloz, *Jurisp. gén.*, vᵒ société, nᵒˢ 99 et 100; Paris,
25 mars 1873 (D., 75, 2, 17). Note sous Cass., 26 mars 1878
(D., 78, 1, 303).

tandis que l'hypothèque reposera sur la tête... de qui? De la société? Mais cette société est purement civile, ce n'est pas une personne morale et les associés sont tous copropriétaires du fonds commun.

Voilà donc un premier élément de la société, l'apport, qui fait défaut. Il en manque un second. Il faut, pour qu'il y ait société, un fonds commun constitué en vue d'un partage de bénéfices. Quels sont les bénéfices que peuvent réaliser les obligataires ? Les jugements précités favorables aux sociétés d'obligataires répondent qu'ils consistent dans la création et la réalisation d'un gage dont la constitution individuelle serait matériellement impossible. Mais ce n'est pas là un gain, un bénéfice véritable; c'est simplement, comme le dit M. Labbé (1), « une en- « tente commune entre un certain nombre de per- « sonnes, pour accomplir économiquement une for- « malité conservatoire de leurs droits individuels « demeurés distincts. » On ne peut considérer comme un gain la certitude qu'ils ont, grâce au syndicat, d'être remboursés de leurs créances, de n'être pas constitués en perte, car on ne peut pas dire que ne pas perdre son argent, c'est réaliser un bénéfice.

Enfin, continuant l'analyse du contrat de société, on trouve encore un dernier élément qui fait défaut dans la soi-disant société civile d'obligataires. Les associés, s'ils participent aux bénéfices, doivent aussi contribuer aux pertes. La société civile d'obligataires ne présente pas ce caractère. Elle poursuit un but : assurer le remboursement des obligations.

(1) Note sous Aix, 8 avril 1878 (S., 79, 2, 313).

Or si au début tous les obligataires sont exposés aux pertes, c'est-à-dire à l'éventualité d'un non-remboursement, lorsque l'amortissement a fonctionné, les obligataires remboursés, sortant de la société, ne sont plus exposés aux pertes, tandis que ceux dont les titres ne sont pas amortis ont encore à redouter l'insolvabilité future de la société débitrice (1).

163. — Apprécions maintenant ces deux systèmes. La question est délicate, et les arguments développés en faveur de la nullité des sociétés d'obligataires nous paraissent très sérieux.

Nous croyons qu'il est impossible de considérer comme apport cette hypothèque indivise que l'on donne à la société civile. Qu'est-ce qu'une hypothèque indivise? nous ne le comprenons pas. L'indivision suppose toujours un partage ; partager une hypothèque, qu'est-ce que cela veut dire ? A ce point de vue, donc, nous pensons qu'une société civile ne peut pas être formée.

Mais, en ce qui concerne les deux autres arguments présentés, ils nous semblent moins probants. Ne peut-on pas considérer comme un bénéfice la possibilité de faire inscrire une hypothèque ? J'ai une créance contre un individu dont rien ne me garantit la solvabilité ; j'obtiens de cet individu une hypothèque sur un de ses immeubles, et on ne peut pas dire que je réalise un bénéfice ? Le bénéfice véritable, c'est l'intérêt que me rapporte ma créance : mais cet intérêt, mais le remboursement de ma créance, qui me les garantit ? Lorsque, par une hy-

(1) Conclusions de M. Duval, *Revue des sociétés*, 1886, 2ᵉ part., p. 402.

pothèque j'obtiens la quasi-certitude d'être payé, est-ce que je ne réalise pas un véritable bénéfice, en consolidant celui qui n'était qu'éventuel ?

En second lieu, on ne peut pas tirer argument de ce que les sociétaires doivent supporter les pertes, comme ils acquièrent les bénéfices. Cela est exact tant qu'ils font partie de la société, mais lorsqu'ils en sont sortis, il ne peuvent plus être tenus des dettes de la société, pas plus qu'ils n'en partagent les bénéfices. Est-ce qu'une société par actions, dans laquelle l'amortissement des actions fonctionne, ne constitue pas une véritable société ? Et pourtant les actionnaires remboursés ont profité des bénéfices et ils ne sont plus exposés aux pertes.

Comme conclusion nous arrivons à décider que les obligataires ne peuvent pas former une société civile, parce qu'il manque à leur association un élément essentiel du contrat de société, le fonds commun constitué par les apports.

164. — Mais ne pourraient-ils trouver un moyen d'arriver au résultat cherché ? Qu'ils fassent un apport en argent, aussi minime qu'on voudra, l'obstacle que nous signalions disparaît. Il y a là un fonds commun qui permettra d'asseoir les bases d'un contrat de société. C'est le procédé qu'ont employé les obligataires de la Société du canal de Panama, qui ont formé une société civile, en apportant chacun 60 francs.

Grâce à une pareille société, l'inscription de l'hypothèque est possible : elle est prise au nom de l'administrateur de la société. Seulement il va de soi que cette association est purement civile et qu'elle ne constitue pas une personne morale. La solution inverse serait directement opposée au but poursuivi par les obligataires.

En effet si la société était personne morale, ce serait elle, être moral, qui profiterait de cette hypothèque. Au contraire, la société restant civile, ce qui lui advient advient aux coassociés, et l'hypothèque accordée à la société garantit chaque obligation considérée isolément.

C'est la solution à laquelle la jurisprudence paraît se fixer (1).

SECTION III
Impôts.

165. — Le législateur qui, nous l'avons dit, ne s'est pas préoccupé des obligations, a cependant pris soin de les réglementer au point de vue fiscal. Les lois des 5 juin 1850, 27 juin 1857, 2 octobre 1871, 30 mars 1872, 27 juin 1872, 21 juin 1875, et la dernière loi fixant le budget pour 1891 (26 décembre 1890), ont établi de nombreux droits sur ces valeurs mobilières.

Les obligations sont soumises à l'impôt sur le revenu, à l'impôt du timbre, et enfin à un droit de transmission.

Examinons l'un après l'autre ces divers impôts.

§ 1er
Impôt sur le revenu.

166. — Cet impôt, établi par la loi du 29 juin 1872, était fixé à 3 pour cent. La loi du 26 décembre

(1) Cass., 3 décembre 1889 (D., 90, 1, 105, et la note).

1890 l'a porté à 4 pourcent. Il frappe « les arrérages
« et intérêts annuels des emprunts et obligations
« des départements, des communes, des établisse-
« ments publics, et des sociétés commerciales ou
« civiles. » La société débitrice en doit avancer le
montant, quitte à se retourner contre les obligataires, ce qu'elle fait habituellement en déduisant de
leurs coupons d'intérêts le montant de l'impôt
qu'elle a payé.

La loi du 21 juin 1875 (article 5) a étendu cet
impôt aux primes de remboursement et aux lots.
Il se calcule, pour les lots, sur leur montant ; pour
les primes, sur la différence existant entre le prix
d'émission des obligations et le prix du remboursement. L'avance de cet impôt est également faite à
l'Etat par la Société.

167. — La taxe sur le revenu est perçue sur toutes
les sommes dont les sociétés sont constituées débitrices, si le titre de la créance est susceptible de
négociations (1) et même sur les intérêts de tous les
emprunts contractés par une société sous quelque
forme que ce soit, avec ou sans émission d'obligations négociables (2). Inversement une société pourrait échapper à cette taxe en prouvant qu'elle n'a
pas de revenus (3). Sur quelles bases, d'ailleurs,
l'impôt serait-il calculé dans ce cas? La jurisprudence est allée fort loin dans cette voie ; elle a

(1) Trib. Seine, 7 mars 1879 (D., 80, 3, 24).
(2) Cass., 8 novembre 1880 (D., 81, 1, 87) ; Cass., 24 juillet
1883 (D., 84, 1, 132).
(3) Cass., 13 avril 1886 (D., 86, 1, 185) ; Trib. Versailles, 10
juin 1887 (D., 88, 3, 72).

même décidé que « la règle établie en matière d'en-
« registrement par l'article 60 de la loi du 22 fri-
« maire an VII, et suivant laquelle les droits régu-
« lièrement perçus ne sont pas restituables, quels
« que soient les événements ultérieurs, n'est pas
« applicable à l'impôt sur le revenu des valeurs
« mobilières. Cet impôt n'étant acquis au Trésor,
« en ce qui concerne les revenus et intérêts des
« obligations et emprunts des sociétés et compa-
« gnies, qu'autant qu'ils sont distribués, doit être
« restitué lorsqu'il a été payé et qu'il est établi pos-
« térieurement que les créanciers ne toucheront ni
« revenus ni intérêts (1). »

A fortiori, la taxe payée par la société pourrait
ne lui être restituée qu'en partie, s'il était prouvé
que les intérêts versés en réalité étaient inférieurs
aux prévisions.

§ 2

Droit de Timbre.

168. — Le second impôt que nous rencontrons
est l'impôt du timbre. Tous les titres d'obligations
sont soumis au droit proportionnel de 1 pour cent
du capital nominal. L'article 28 de la loi du 5 juin
1850 exige que les titres soient détachés d'un registre à souches : faute par les sociétés de satisfaire
à cette prescription, elles encourraient une amende
de 10 pour cent du montant du titre. Quant aux
titres émis déjà au moment de la promulgation de

(1) Solut. de l'administ. de l'enregistrement, 13 avril 1886
(D., 88, 3, 72).

la loi de 1850, ils devraient être timbrés dans un délai de 6 mois, passé lequel, la même amende de 10 pour cent serait prononcée contre les sociétés.

Régulièrement le droit de timbre devrait être payé par la société, en une seule fois au moment de l'émission des obligations ; mais pareille rigueur aurait présenté des inconvénients. Aussi, pour éviter aux sociétés la charge que leur causerait le versement d'une somme considérable à ce moment, l'article 31 leur permet, au lieu de payer l'impôt en bloc, d'y substituer une taxe d'abonnement fixée à 0,05 pour cent de la valeur nominale de chaque titre. Ici encore un timbre spécial est apposé sur le titre et sur le talon. Remarquons, en passant, qu'en ce qui touche le droit de timbre (qu'il soit payé en une seule fois ou par abonnement) on ne se préoccupe pour le fixer que de la valeur nominale du titre, valeur qui ne change pas, et non de sa valeur réelle, soumise aux perpétuelles fluctuations des cours de la Bourse.

169. — On discute à propos de l'article 24 de la loi de 1850. Cet article est ainsi conçu : « Seront « dispensées du droit *(sur les actions)* les sociétés, « compagnies ou entreprises abonnées, qui, depuis « leur abonnement, se seront mises en liquidation. « Celles qui, postérieurement à leur abonnement, « n'auront, dans les deux dernières années, payé « ni dividendes ni intérêts, seront aussi dispensées « du droit, tant qu'il n'y aura pas de répartition « de dividendes, ou de paiement d'intérêts. »

Cet article, qui dispense, sous des conditions déterminées, certaines compagnies de payer le droit de timbre frappant les actions, n'est pas reproduit dans le chapitre II du titre II de la loi de 1850, qui traite des obligations. On s'est demandé si, malgré le silence de la loi, il fallait étendre aux obligations les dispositions de l'article 24, ou si, au contraire, on devait les restreindre aux actions. C'est cette dernière solution qui est généralement admise. L'article 24 consacre une exception au principe fiscal qu'un droit perçu ne donne lieu à aucune restitution. Cette exception n'est formulée que pour les actions ; il est impossible, par conséquent, de l'appliquer aux obligations.

§ 3.

Droit de transmission.

170. — Enfin un troisième impôt frappe encore les obligations, c'est le droit de transmission. Par là nous entendons un impôt spécial, établi sur les valeurs mobilières, mais non les droits ordinaires de mutations. La loi du 23 juin 1857, qui le crée, le fixe à 20 centimes pour 100 francs de la valeur négociée, pour les titres dont la transmission s'effectue par un transfert sur les registres de la société. Pour les titres au porteur, ou, pour parler plus exactement, pour ceux dont la transmission a lieu sans transfert, ce droit est converti en une taxe annuelle de 12 centimes par 100 francs du capital des titres, évalué par leur cours moyen pendant l'année précédente. C'est-à-dire qu'à l'inverse des deux droits que nous avons étudiés plus haut, l'impôt de transmission est calculé sur la valeur réelle des titres.

Les obligations émises par l'Etat, les communes,

les départements et le Crédit foncier n'étaient point soumises au droit de transmission. Le *quantum* de ce droit a varié. Après les désastres de la guerre de 1870-1871, et pour faire face aux dépenses occasionnées par les hostilités et par l'indemnité de 5 milliards, il fallut créer de nouveaux impôts et augmenter ceux existant déjà. La loi du 16 septembre 1871 éleva à 50 centimes le droit de 20 centimes par 100 francs établi sur les titres nominatifs, et à 15 centimes le droit de 12 centimes frappant les titres au porteur. De plus, les établissements publics et le Crédit foncier durent subir cet impôt qui ne les avait pas atteints jusqu'alors. Enfin ces droits étaient augmentés encore du double décime. Au point de vue fiscal l'équilibre se trouvait rompu entre les titres nominatifs et les titres au porteur, au profit de ces derniers. Pour rétablir l'égalité entre ces deux sortes de valeurs, la loi du 30 mars 1872 éleva à 25 centimes le droit de transmission des titres au porteur. Cette fois le résultat inverse se produisit : l'équilibre était encore rompu, mais au profit des titres nominatifs. La loi du 29 juin 1872 abaissa à 20 centimes, sans décime, le droit de transmission pour les titres au porteur. Néanmoins l'avantage demeure encore aux titres nominatifs qui ne supportent la taxe qu'autant qu'ils circulent, tandis que les titres au porteur sont assujettis au droit de transmission, encore qu'ils restent dans les mêmes mains.

171. — On se demandait autrefois si la taxe devait être calculée sur la valeur entière du titre, quand bien même il ne serait pas entièrement libéré, et la régie inclinait à faire porter la taxe sur la valeur entière. La loi du 30 mars 1872 a tranché la difficulté

en faveur des obligataires, en décidant que le droit
serait perçu sur la valeur négociée, déduction faite
des versements restant à effectuer pour la libération
complète du titre.

172. — Donc le droit de transmission est de 50
centimes par 100 francs à chaque mutation des titres.
Par exception, et, à cause de l'impossibilité où l'on
serait de recouvrer cet impôt pour les titres au porteur, il est converti en une taxe annuelle de 20 centimes par 100 francs, pour ces dernières valeurs. Telle
est la règle et telle est l'exception. Leur application
toutefois soulève des controverses assez graves.

173. — Un point sur lequel on est maintenant
d'accord, c'est que « l'exception doit être renfermée
« dans ses limites légales, et qu'en dehors du cas
« qu'elle prévoit, il y a lieu d'appliquer la règle gé-
« nérale (1) ». Par suite, pour savoir quel est le droit
qui doit être perçu, il faut rechercher quel est le titre
de la transmission. Si la mutation résulte du transfert, on appliquera le droit de 50 centimes pour 100
francs (2) ; si au contraire, la transmission peut s'effectuer autrement, on appliquera la taxe annuelle
de 20 centimes, malgré que, par mesure d'ordre, les
obligataires soient tenus de faire mentionner la
cession sur les registres de la société.

174. — Mais qu'entendons-nous en disant que,
pour que la taxe de 50 centimes soit appliquée, il
faut que le transfert soit le titre de transmission ?
Faut-il qu'il soit le titre de transmission *inter partes*,
ou suffit-il qu'il le soit vis-à-vis de la société, pour que

(1) Cass., 26 janvier 1869 (D., 69, 1, 354).
(2) Cass., 15 décembre 1869 (D., 70, 1, 409).

la cession lui soit opposable? La jurisprudence a varié sur la solution à donner. La Cour de Cassation
a d'abord décidé que la taxe d'abonnement devait
être perçue pour les titres nominatifs, transmissibles
par endossement, si la cession n'était opposable à la
société qu'après inscription sur les registres de la
société (1). En 1869, elle adoptait la solution inverse,
et appliquait en cette circonstance la taxe de 50
centimes à chaque mutation constatée sur les registres (2). Depuis elle était revenue à sa première jurisprudence qu'elle avait consacrée par de nombreux
arrêts (3), lorsque, par une décision récente (4), elle
a de nouveau admis que, dans notre hypothèse, c'était
le droit de 50 centimes qui devait être perçu. Cette
jurisprudence sera-t-elle la dernière ? Nous l'espé-
rons. C'est en ce sens d'ailleurs que l'Administration de l'Enregistrement a résolu la question dans
une instruction générale qu'elle a transmise à ses
agents le 2 juin 1890. Rien dans la loi de 1857 ne
venant restreindre le sens du mot transfert, il semble juste de décider que, du moment où cette formalité est imposée aux contractants, la taxe annuelle
n'est pas applicable. Rationnellement, cette solution
peut également très bien être défendue. La conversion en une taxe annuelle du droit fixe de transmission est motivée par l'impossibilité qu'il y aurait
pour les agents du Trésor à connaître toutes les

(1) Cass., 2 février 1863 (D., 63, 1, 31).
(2) Cass., 26 janvier 1869, 2 arrêts (D., 69, 1, 354).
(3) Cass., 23 février 1876 (D., 76, 1, 276); Cass., 27 février
1884 (D., 84, 1, 350).
(4) Cass., 15 janvier 1890 (D., 90, 1, 273).

mutations dont les titres au porteur sont susceptibles. Si cette impossibilité n'existe pas, parce que notamment, par mesure d'ordre, les transmissions des valeurs au porteur d'une société doivent être mentionnées sur les registres, l'exception n'a plus aucune raison d'être, et l'on doit rentrer dans le droit commun.

CHAPITRE DEUXIÈME

EMISSION ET TRANSMISSION DES OBLIGATIONS

SECTION 1re
Emission des obligations

175. — Nous avons déjà vu que, lorsqu'une société voulait contracter un emprunt, il était impossible à ceux qui la représentent d'aller trouver les capitalistes et de discuter avec eux les conditions du prêt qu'ils sont disposés à consentir. En pratique, on a recours à des émissions d'obligations. Nous allons étudier les différents procédés qui ont été employés pour réaliser ces émissions; disons, dès maintenant, un mot de l'opération en elle-même.

176. — L'émission d'obligations consiste dans une offre que la société fait au public. Les conditions de l'emprunt, le nombre d'obligations qu'elle met à la disposition du public, le prix d'émission de ces titres, l'intérêt qu'elle doit servir, les avantages qu'elle réserve à ses prêteurs sont publiés. C'est une offre, une *pollicitatio* qu'elle fait. Les capitalistes, en souscrivant, acceptent les conditions qui leur sont proposées, et le contrat se trouve ainsi formé.

177. — Aucune capacité spéciale n'est exigée de la part de la société ; il suffit que de droit commun elle soit capable d'emprunter, et que cette capacité n'ait pas été réduite par les statuts. Il faut de plus que l'émission soit faite, en son nom, par des individus auxquels elle a donné le pouvoir de contracter un emprunt. La jurisprudence a eu, à plusieurs reprises, à se prononcer sur cette question. C'est ainsi qu'elle a décidé que les obligations émises par des personnes ayant usurpé les fonctions des administrateurs d'une société sont affectées d'une nullité substantielle qui rejaillit même sur les porteurs de bonne foi (1).

178. — On a eu recours à divers procédés pour émettre des obligations. Le moment est venu de les énumérer et de dire un mot des avantages et des inconvénients que chacun d'eux présente. Nous ne nous appesantirons pas sur cette matière qui est commune à toutes les valeurs mobilières quelles qu'elles soient.

Le premier procédé que nous rencontrons, le plus simple, celui qu'emploie l'Etat depuis 1852 lorsqu'il recourt à un emprunt, consiste dans un appel direct au public. C'est la société elle-même qui fait la publicité, et c'est aux caisses de la société que les prêteurs apportent leur argent. Semblable émission ne peut guère réussir que s'il s'agit d'une société solide, bien connue de la masse des prêteurs. Mais une société réduite à ses propres ressources, et n'ayant pas d'antécédents financiers, trouvera difficilement des capitalistes disposés à apporter des

(1) Paris, 11 mai 1877 ; Cass., 4 juin 1878 (D., 79, 1, 132).

fonds à une entreprise que personne ne connaît, et dont on n'a encore pas parlé.

On a imaginé autre chose. Certaines sociétés, pour éviter les inconvénients résultant d'un appel direct au public, se sont adressées à des banquiers, qui remplissent le rôle d'intermédiaires. C'est le système qu'ont employé nos grandes compagnies de chemins de fer. Seulement ce procédé ne peut encore réussir, qu'autant que les compagnies qui en usent sont avantageusement connues. Si tel n'est pas le cas, voici comment les choses se passent. Les administrateurs de la société traitent directement avec un banquier ou avec un syndicat de banquiers, pour une somme fixe, et lui livrent tous les titres qu'ils veulent écouler. C'est au syndicat à revendre les obligations au public. Dans ce but, le syndicat acheteur, pour réaliser un bénéfice sur les titres qu'il a en portefeuille, se livre, trop souvent, aux manœuvres les plus condamnables et les plus dolosives dans le but d'amener la hausse. Puis lorsqu'il juge le gain assez considérable, il écoule les titres et passe la main. Si le public résiste, le banquier sait bien vaincre cette résistance. Il s'agissait par exemple d'émettre cinq mille titres; on n'a pu se débarrasser que de mille; le banquier ou le syndicat se porte acheteur des titres qui circulent. Alors, en vertu du principe de l'offre et de la demande, les valeurs, ainsi demandées, montent. On assiste à un mouvement constant de hausse. De pareils titres, aussi recherchés, et dont le cours s'élève tous les jours, ne sauraient être que de bons placements; le public se décide à acheter, et les titres s'épuisent entre les mains du banquier. Inutile d'ajouter qu'aussitôt la dernière obligation vendue, le cours, soutenu pendant l'opération par le syndicat, baisse. Cette baisse s'accentue de jour en jour, et le titre finit par tomber à sa véritable valeur, celle du papier, la plupart du temps.

179. — Heureusement le tableau n'est pas toujours aussi noir que nous l'avons peint. Quand on traite avec une société sérieuse, il est rare que certaines clauses ne viennent, en quelque sorte, attester la sincérité de l'émission. De telles sociétés ont intérêt à écarter les spéculateurs proprement dits pour ne s'adresser qu'aux gens qui désirent faire un placement d'argent. Pour atteindre ce résultat, elles stipulent, en général, dans les émissions, *l'irréductibilité*, c'est-à-dire qu'elles garantissent aux souscripteurs d'un seul titre, ou de deux titres, que leurs obligations leur seront données. Si plus tard, l'emprunt se trouvant plusieurs fois couvert, il y a lieu d'opérer une réduction, cette réduction frappera uniquement les gros souscripteurs. Or, les spéculateurs ne peuvent réaliser des gains importants qu'autant qu'ils agissent sur un grand nombre de titres. Il est vrai que parfois, en pratique, la bonne intention des sociétés est déjouée, les spéculateurs faisant souscrire une très grande quantité *d'unités* par leurs amis, leurs employés ou leurs créatures.

180. — On a proposé aussi quelquefois d'avoir recours à des versements échelonnés. Une société émet des obligations de cinq cents francs. Au moment de la souscription, elle exige un versement de cinquante francs : quant aux quatre cent cinquante francs restant dus, ils sont payés à des époques déterminées et par fractions, — de cinquante francs par exemple, — tous les trois mois ou tous les six mois. Ce procédé a pour résultat de faire affluer aux caisses sociales l'argent des petites bourses; mais on doit bien reconnaître qu'il favorise aussi et surtout les gros capitalistes qui, ayant moins à verser sur chaque obligation, pourront souscrire un nombre beaucoup plus grand de titres. Il est vrai qu'en combinant ce système avec celui de l'irréductibilité, on arrive à en supprimer les inconvénients et à en conserver les avantages.

181. — Disons un mot maintenant de la *répartition*. Elle n'a lieu qu'après la souscription. Si le nombre des titres demandés dépasse le nombre des titres offerts, c'est alors que la clause d'irréductibilité vient jouer son rôle. Ce sont les prospectus d'émission qui déterminent les bases de la répartition. A défaut d'indication dans ces prospectus, la répartition devrait avoir lieu au prorata, à tant pour cent.

182. — Quel que soit le procédé d'émission employé, le public est invité à souscrire, au moyen de prospectus, d'affiches, d'annonces dans les journaux. Mais, et malheureusement l'hypothèse n'est pas seulement théorique, il arrive que les souscripteurs se trouvent victimes de fraudes nombreuses. Nul n'ignore à quel point aujourd'hui la publicité est poussée en matière de banque. Il n'est pas jusqu'au plus modeste cultivateur qui, au fond de son village ou de sa ferme, ne reçoive des annonces brillantes d'emprunts contractés par des sociétés que l'on représente toujours comme prospères. On fait souvent miroiter aux yeux du public ébloui des in-

térêts considérables, une fortune à gagner d'un coup
de hasard, et surtout des garanties qui lui assurent
le remboursement de son capital. Fascinés, le cultivateur, l'ouvrier, le petit rentier souscrivent, ver-
sent leurs économies, et s'aperçoivent ensuite que
les belles promesses qu'on leur avait faites étaient
mensongères et que les garanties qu'on leur accordait étaient illusoires, souvent même totalement
absentes. Les souscripteurs ainsi trompés ne peuvent-
ils intenter une action en dommages-intérêts ? Assurément. Ils puisent ce droit dans l'article 1382
C. Civ. Mais contre qui pourront-ils agir?

Nous distinguerons suivant les différents modes
d'émission que nous avons énumérés. Si l'emprunt
a été fait directement, par un appel au public, l'action sera intentée contre les administrateurs ou gérants, rédacteurs des prospectus. Pourtant la jurisprudence a admis que l'ancien gérant, qui a signé
des obligations d'une société, n'est pas débiteur du
montant de celles qui ont été émises après son remplacement, alors surtout que le porteur connaissait
la cessation des fonctions du gérant (1). Ce sera
encore contre les administrateurs ou gérants que
l'action sera introduite, si l'émission a eu lieu par
l'intermédiaire d'un banquier, à condition toutefois
que ce dernier se soit borné à remplir son rôle d'intermédiaire. Mais si l'emprunt a été traité à forfait
avec une maison de banque ou avec un syndicat de
banquiers? Les tribunaux les rendent responsables
du dol qu'ils ont commis, et cette décision équitable
est conforme aux principes.

(1) Paris, 14 mai 1869; Cass., 8 avril 1872 (D., 72, 1, 107).

L'action en dommages-intérêts peut être intentée non seulement par les souscripteurs primitifs, mais encore par les obligataires qui ont acheté les titres postérieurement à l'émission, s'ils sont de bonne foi et ont ignoré, au moment de leur acquisition, le néant des promesses énumérées dans les prospectus. On décide même que les gérants d'un journal peuvent être également actionnés, à raison des articles mensongers qu'ils ont insérés dans les colonnes de leurs feuilles ; mais ces derniers échapperaient à toute condamnation en prouvant leur bonne foi et en indiquant l'origine des énonciations par eux reproduites (1).

Enfin un recours peut encore être exercé contre la société elle-même, mais ce recours, il est inutile de l'ajouter, sera le plus souvent illusoire (2).

183. — Toutes ces actions, tous ces recours, n'empêcheraient nullement le ministère public, si les éléments constitutifs du délit d'escroquerie se rencontraient, de poursuivre les administrateurs, banquiers ou gérants de journaux, devant le tribunal correctionnel, et de les faire condamner par application de l'article 405 du Code Pénal.

184. — Mais si ces éléments ne se rencontrent pas, ne pourrait-on du moins appliquer l'article 15, 1° de la loi du 24 juillet 1867 qui punit des peines de l'article 405 C. Pén. ceux qui « par simulation « de souscriptions ou de versements, ou par publi- « cation, faite de mauvaise foi, de souscriptions ou

---

(1) Cass., 30 avril 1887 (S., 87, 1, 393).
(2) Paris, 30 décembre 1876 ; *Journal des tribunaux de commerce*, 77, 283.

« de versements qui n'existent pas, ou de tous au-
« tres faits faux, ont obtenu ou tenté d'obtenir des
« souscriptions ou des versements ? » La jurisprudence l'a décidé (1), en se fondant sur la généralité
des termes de l'article 15 précité, et sur ce que les
fraudes que nous signalons sont susceptibles de se
produire à propos d'une émission d'obligations aussi
bien qu'à propos d'une émission d'actions.

Nous ne partageons pas sur ce point l'opinion de
la jurisprudence qui nous semble, en cette matière,
méconnaître les vrais principes d'interprétation des
lois en général, et des lois pénales en particulier.
Il n'est pas contesté que les textes qui prononcent
des peines (comme l'article 15) ne peuvent être
étendus des cas qu'ils prévoient expressément aux
cas voisins, et que, s'il y a doute sur l'interprétation
de pareils textes, ce doute doit profiter aux prévenus. Or, si les expressions de versements, de souscriptions, peuvent s'entendre des actions comme des
obligations, rien ne dit qu'elles visent cependant ces
dernières, et on pourrait déjà soutenir que le doute
existe. Mais nous pensons que le doute n'est pas
même possible et que l'article 15 de la loi de 1867
n'avait en vue que l'émission d'actions. Remarquons
en effet, que nulle part, dans cette loi, nous ne trouvons employé le mot « obligations »; les dispositions
ordinaires de la loi ne visent que les actions, et il
serait étrange que les dispositions pénales de la même
loi eussent trait aux actions et aux obligations. D'ailleurs l'article 15 n'est que la reproduction littérale

(1) Cass., 30 avril 1887 (S., 87, 1, 393) et note de M. Lyon-
Caen.

de l'article 13 de la loi du 17 juillet 1856, et lors de
la discussion de cette dernière loi, on ne s'était in-
quiété que des fraudes commises au préjudice des
actionnaires. Voici en effet ce qu'on lit dans le rapport fait au Corps législatif : « D'autres faits ont
« paru à votre commission devoir être encore frappés
« de la pénalité de l'article 405 C. Pén. Ainsi le
« gérant qui, simulant des souscriptions, attire des
« *actionnaires*, l'individu qui, dans le même but,
« publie de mauvaise foi, et contrairement à la vé-
« rité, les noms de personnes qui doivent être atta-
« chées à la société, commettent de véritables délits. »

Enfin si l'on étend aux souscriptions d'obligations
émises par les sociétés les dispositions de l'article
15, les étendra-t-on aussi aux souscriptions d'obligations émises par d'autres personnes morales, par
un Etat, par une commune? Mais alors on sort bien
du cas prévu par ce texte, car la loi du 24 juillet
1867 ne réglemente que les sociétés par actions.

Que si on restreint l'article 15 aux émissions d'actions et d'obligations faites par les sociétés, on arrive
à ce résultat choquant : des fraudes de la même nature s'appliquant à l'émission de valeurs de la même
espèce, sont ou non punies des peines de l'escroquerie, selon que l'émission est faite par une société ou
une autre personne morale.

185. — Nous ne nous sommes préoccupé jusqu'a-
lors que des différents moyens employés en pratique
pour les émissions d'obligations sans nous demander
si ces procédés étaient réglementés par le législateur.
Aucune loi n'est venue organiser la matière. C'est
dire que les émissions d'obligations sont libres, et
que les statuts des sociétés ou les prospectus d'émis-

sion déterminent seuls les conditions des emprunts.

Par conséquent, en principe, les sociétés ont la faculté d'émettre les obligations qu'elles veulent, au taux qu'elles fixent arbitrairement. Une semblable liberté peut entraîner de très graves abus. Aussi, si le principe est bien la liberté en cette matière, il n'empêche que, pour certaines sociétés, on a édicté des règles particulières.

186. — Déjà, pour les compagnies de chemins de fer, un phénomène assez singulier s'est produit. Le capital-actions, qui devait, dans les prévisions des fondateurs, être le plus considérable, a été dépassé de beaucoup par le capital-obligations. Toutefois, il n'y a aucun inconvénient à l'élévation du capital-obligations pour ces compagnies, car pour procéder à l'émission, au fur et à mesure de leurs besoins, elles doivent rapporter une autorisation ministérielle qui ne leur est accordée que lorsqu'elles ont indiqué le nombre des titres à émettre, le prix d'émission, l'intérêt promis, le prix de remboursement et le temps durant lequel l'amortissement doit fonctionner. Pour les compagnies de chemins de fer d'intérêt local, certaines réglementations sont intervenues. Dès 1870, un décret du mois d'avril avait décidé que le capital-obligations du chemin de fer de Clermont à Tulle ne pourrait dépasser les trois cinquièmes du capital-actions. Auparavant, la loi du 12 juillet 1865 avait attribué au Gouvernement le droit d'autoriser l'exécution des travaux. Le Conseil d'Etat, en rendant des décrets déclaratifs d'utilité publique, impose aux compagnies certaines conditions que nous résumons ainsi :

1° — Pour qu'une émission d'obligations puisse

avoir lieu, il faut la triple autorisation des ministres de l'intérieur, des finances et des travaux publics.

2° — Il doit toujours y avoir une exacte proportion entre le capital-actions et le capital-obligations, et ce dernier ne peut dépasser le capital-actions.

3° — Enfin le capital social doit être entièrement souscrit et en partie versé.

Ce sont ces règles qui ont été consacrées par le législateur, lorsqu'il a voté la loi relative aux chemins de fer d'intérêt local, aux lignes ferrées établies sur les voies publiques et aux tramways départementaux (Lois du 11 juin 1880, du 18 mai 1881, et décret du 20 mars 1882).

L'article 18 de la loi du 11 juin 1880 fixe les conditions des émissions d'obligations. Il suffit de l'autorisation du ministre des travaux publics, après avis du ministre des finances. Cette autorisation ne peut intervenir avant que les quatre cinquièmes du capital-actions aient été versés et employés ne achat de terrains, approvisionnements sur place, ou en dépôt de cautionnement. Cependant les concessionnaires peuvent être autorisés à émettre des obligations si le capital-actions est entièrement versé, et si l'on justifie de l'emploi de plus de la moitié de ce capital ; mais les fonds provenant de l'émission sont déposés à la caisse ses dépôts et consignations, et ne peuvent être utilisés que sur l'autorisation formelle du ministre des travaux publics.

187. — Jusqu'à présent nous n'avons étudié que l'offre faite par la société au public, au moyen des prospectus ; c'est en quelque sorte la préparation du contrat de prêt. Il nous reste à parler de ce contrat lui-même, de la souscription, qui consiste, pour les prêteurs, à accepter l'offre ainsi proposée.

188. — Le contrat qui se forme n'est qu'un contrat de prêt; autrement dit, un contrat synallagmatique. Demandons-nous à quel moment il sera passé, à quel moment l'offre de la société pourra être considérée comme acceptée ?

189. — On présente au souscripteur un bulletin d'engagement; il y appose sa signature. Doit-il être considéré dès cet instant comme lié envers la société, ou bien, au contraire, faut-il, en outre, que la société ait su qu'il agréait les conditions fixées par elle, et lui ait notifié sa connaissance de son acceptation?

190. — Il semble que la seule solution rationnelle soit celle consistant à reconnaître le contrat comme existant au moment même de l'apposition de la signature du souscripteur. Tel n'est pourtant pas le sentiment de la jurisprudence qui estime que le contrat est formé seulement au moment où la société a connaissance de l'engagement du prêteur. Peut-être, si la demande était toujours égale à l'offre, c'est-à-dire si le nombre des obligations souscrites égalait numériquement celui des titres offerts, les tribunaux auraient-ils admis la solution que nous proposons? En fait, jamais un pareil résultat ne se produira; le plus souvent, ou l'emprunt sera couvert plusieurs fois, ou il aura échoué, et la société n'aura réalisé qu'une partie du capital qu'elle se proposait d'emprunter. Et alors, dit la jurisprunence, il faut bien admettre que le contrat ne se forme qu'au moment où la société connaît l'engagement du souscripteur; autrement, dans le premier cas, un prêteur pourrait avoir accepté une offre qui n'existe plus, et dans le second cas, il se trouverait consentir un prêt qu'il n'aurait jamais fait si la société n'avait demandé, dès l'origine, que le capital réellement souscrit.

Dégageons bien l'hypothèse et voyons-en successivement les deux faces.

191. — Supposons d'abord que l'emprunt n'ait pas réussi. La société avait besoin d'un million, elle n'a pu réunir que 500,000 francs. Pour M. Vavasseur (1), il faut avant tout rechercher la volonté des parties. Ce que les parties ont voulu, c'est atteindre le but qu'elles se proposaient, la souscription intégrale de l'emprunt. Ce but n'étant pas atteint, les souscripteurs sont déliés, ou mieux, n'ont jamais été liés.

La question ne ferait aucun doute si, pour les obligations, nous avions un texte analogue à l'article 1er de la loi du 24 juillet 1867, exigeant, pour qu'une société par actions puisse se constituer, la souscription intégrale du capital social. Ce texte n'existe pas dans notre matière; c'est une lacune dans le droit, mais il n'appartient pas à l'interprète de la combler. Et, après tout, on comprend qu'il faille établir une différence entre l'actionnaire et l'obligataire. Le premier, souvent, est un spéculateur : tel qui était disposé à engager ses fonds dans une société au capital d'un million, se souciera peu d'entrer dans cette société dont le capital sera réduit de moitié : le second, au contraire, ne poursuit qu'un but, placer ses économies, pour toucher un intérêt déterminé; mais il se préoccupe fort peu de

(1) Vavasseur, *Sociétés*, t. I, page 242, n° 543.

l'emploi qui doit être fait de son argent, si son placement repose sur des garanties certaines. Peu lui
importe, dès lors, que le capital entier soit souscrit,
si les sûretés qu'on lui a promises restent les mêmes.
Ces sûretés auront pour lui d'autant plus de valeur
que, en cas de liquidation, le nombre des obligataires étant moins grand, chacun d'eux touchera
davantage dans la distribution du fonds social, et
sera assuré de rentrer intégralement dans ses dé-
boursés. Quant à l'emprunteur, il se contentera
provisoirement des fonds qu'on lui a versés, se réservant d'en demander de nouveaux plus tard, si le
besoin s'en fait sentir.

192. — Supposons, à l'inverse, que l'emprunt
soit plusieurs fois couvert. C'est dans cette hypothèse que l'on objecte que, si le souscripteur est lié
au moment où il a signé son bulletin, sa signature
peut avoir été apposée quand l'offre n'existait plus ;
qu'en tout cas, il sera obligé de tenir son argent
disponible, et que, pourtant, à la répartition, il ne
recevra rien ; que, par conséquent, il aura perdu
peut-être le placement de ses fonds, et certainement
leur revenu pendant un certain temps.

L'inconvénient existe, nous ne le cachons pas,
mais il est inhérent à tous les contrats intervenant
inter absentes. Jamais, dans ces sortes de contrats,
on ne peut obtenir la concordance mathématique
des consentements. Au surplus, en pratique, les
difficultés disparaîtront presque toujours, car les
prospectus d'émission ont bien soin de déterminer
les conditions de la souscription. Tantôt il est décidé
que, pendant un laps de temps indiqué, les souscriptions seront reçues — et alors elles seront ré-

duites à la répartition, — tantôt on prévient que la souscription sera close aussitôt qu'on aura recueilli un nombre suffisant d'engagements.

193. — Le contrat de souscription n'étant qu'un contrat de prêt ordinaire, nous lui appliquerons les règles de droit commun. Si donc le consentement du souscripteur se trouve vicié par les différents éléments qui sont des vices du consentement, le contrat sera annulable (1). Si même il y avait absence totale de consentement, on se trouverait en présence d'un contrat inexistant, dont l'inexistence pourrait être invoquée *erga omnes*.

194. — Enfin ce contrat pourrait être affecté de modalités : nous entendons par là le terme ou la condition. En ce qui concerne le terme, il ne saurait y avoir difficulté, car tout le monde admet qu'il serait possible, même dans une souscription d'actions. Or la souscription d'actions est réglementée par la loi du 24 juillet 1867, tandis que la souscription d'obligations, nous l'avons vu, est complètement libre. En ce qui concerne la condition, rien n'empêche encore le contrat de souscription d'obligations d'être affecté de cette modalité. S'il en est autrement pour la souscription d'actions, cela tient justement à la loi de 1867.

195. — Quelle capacité faut-il avoir pour être souscripteur ?

L'obligataire, simple prêteur, fait un acte civil : par suite, il suffit qu'il soit capable de contracter civilement pour pouvoir souscrire. Et toutefois, on discute sur le point de savoir si la souscription cons-

(1) Cass., 10 février 1868 (D., 68, 1, 379).

titue un acte d'administration ou un acte de disposition. Pour répondre à la question, il faut distinguer suivant la façon dont les obligations sont présentées au public.

196. — Si elles sont offertes entièrement libérées, la solution s'impose et tout le monde reconnaît que le fait de prendre part à la souscription est un acte d'administration. Par conséquent, le mari pourra souscrire pour sa femme commune en biens; le tuteur pour son pupille, sans avoir besoin d'autorisation. Cependant la Cour de Paris (1) a jugé que, dans cette dernière hypothèse, le tuteur devait obtenir l'autorisation du conseil de famille, et, si la somme à placer dépasse 1500 francs, l'homologation du tribunal. La question s'est posée devant la Cour à propos d'actions, mais les motifs invoqués par elle, et les arguments que l'on a fait valoir contre sa solution s'appliquent également à une souscription d'obligations.

L'arrêt se fonde sur la loi du 27 février 1880, article 6. Le législateur, dans ce texte, semble imposer la nécessité de se reporter aux articles précédents, lorsque le tuteur veut faire emploi des deniers de son pupille : « Considérant que, du texte « de l'article 6 de la loi du 27 février 1880, il ré- « sulte que, après avoir imposé au tuteur l'obliga- « tion de faire emploi, des règles ont été imposées « pour l'accomplissement de cette obligation; que, « pour les déterminer l'article 6 édicte que — « les « règles prescrites par les articles ci-dessus et l'ar- « ticle 455 C. Civ. seront applicables à ces em-

(1) Paris, 21 mai 1884 (D., 85, 2, 177).

« plois » . — Considérant que ces prescriptions sont
« nettes, précises, formelles : qu'il est expressément
« ordonné, par cet article 6, d'appliquer à l'emploi
« des deniers pupillaires les règles contenues dans
« les articles précédents, c'est-à-dire deux règles
« principales et essentielles dans l'intérêt de la con-
« servation des biens de mineurs : l'autorisation
« du conseil de famille, homologuée par la justice,
« et la possession exclusive de titres nominatifs... »

La solution de la Cour de Paris nous paraît sujette
à critique. Les auteurs de la loi de 1880 n'ont pas
voulu porter une aussi grave atteinte aux pouvoirs
des tuteurs. Au moment de la discussion de la loi,
on fit observer que l'article 455 C. Civ. présentait
des dangers pour l'administration de la fortune du
pupille. Le texte semble viser exclusivement l'excédent des revenus, et certains interprètes soutenaient
que, lorsqu'il s'agissait de capitaux disponibles,
mais ne provenant pas de l'excédent des revenus,
l'article 455 ne s'appliquait pas. Au Sénat, on pro-
posa, par voie d'amendement, un article additionnel
ayant pour objet de mettre fin à la controverse et
de forcer le tuteur à faire emploi des capitaux de
son pupille dans un délai déterminé. Telle est l'origine de l'article 6 : il impose, d'une façon générale,
au tuteur l'obligation de faire emploi, dans un délai
de trois mois, des deniers du mineur : puis il ren-
voie à l'article 455 C. Civ. et « *aux règles pres-*
crites par les articles ci-dessus ». Or, des cinq
premiers articles de la loi du 27 février 1880, un
seul est susceptible de s'appliquer, l'article 5, et le
renvoi de l'article 6 ne se comprend qu'autant qu'il
s'agit de cet article 5. En effet, l'article 4, notam-

ment, qui assimile, dans certains cas, le mineur émancipé au mineur non émancipé, n'a aucun rapport avec l'article 6 (1).

197. — Si, au contraire, nous prenons une émission d'obligations partiellement libérées, c'est-à-dire de titres à versements échelonnés, la solution est bien différente. Ici on ne peut plus accorder au tuteur le droit de procéder à la souscription de pareilles valeurs sans autorisation. A côté de l'emploi des deniers disponibles, il y a engagement d'effectuer les versements complémentaires. Le tuteur devra donc rapporter l'autorisation du conseil de famille (2).

198. — Il peut arriver que le souscripteur soit incapable, à raison d'une incapacité de droit commun. C'est par exemple un mineur, ou une femme mariée qui agit sans l'autorisation de son mari. Cette hypothèse peut d'autant plus facilement se présenter, qu'au moment d'une émission de titres, la société se préoccupe généralement fort peu de la qualité du souscripteur; et elle ne le peut guère, autrement elle risquerait de compromettre le succès de son emprunt en exigeant des souscripteurs de longues et coûteuses justifications. Aux termes de l'article 1125 C. Civ., les mineurs, les femmes mariées, en un mot les différents incapables, peuvent faire annuler les engagements qu'ils ont contractés seuls, comme les mineurs, ou sans autorisation, comme les femmes mariées. Si donc ils font annuler leur souscription, il semble que tous ceux qui tien-

(1) V. la note sous l'arrêt de la cour de Paris (D., 85, 2, 177).
(2) Paris, 13 janvier 1885 (D., 85, 2, 177, 2ᵉ arrêt).

dront leurs titres d'eux pourront être inquiétés, car ils n'ont pu transférer plus de droits qu'ils n'en avaient eux-mêmes, et le contrat, par eux passé, étant annulé, il en sera de même des transmissions successives du titre. Un pareil résultat, au point de vue pratique, serait extrêmement fâcheux ; il exposerait les propriétaires successifs des obligations à une série de recours des uns contre des autres. M. Wahl, dans son récent et très intéressant ouvrage sur les titres au porteur (1), pense que l'on peut empêcher ce résultat : « Ne peut-on pas dire que, « si le contrat n'a pu se former entre l'émettant et « le premier preneur, il a pu se former directement « entre l'émettant et le preneur subséquent? l'offre « ne peut-elle pas être considérée comme maintenue « jusqu'au moment. non pas seulement où elle sera « acceptée, mais où elle sera acceptée d'une manière « valable et définitive? » La solution proposée par M. Wahl est très ingénieuse; et nous ne voyons aucun inconvénient à l'appliquer aux titres nominatifs. Mais pour les titres au porteur, il n'est pas besoin, pensons-nous, d'avoir recours à cette idée. Pourquoi, dans cette hypothèse, ne ferait-on pas intervenir l'article 2279 C. Civ., qui aboutit au même résultat? Et alors nous distinguons entre les titres au porteur et les titres nominatifs. Le titre est-il au porteur? à moins de mauvaise foi constatée de la part de l'acquéreur, ce dernier a entre mains une valeur dont il est bien propriétaire, et qu'il peut céder comme il veut : s'il est de mauvaise foi, la cession qu'il fait de son titre à un sous-acquéreur purge

(1) A. Wahl, *des Titres au porteur*, Paris, 1891, n° 367.

les vices de sa possession, et le nouveau porteur, de
bonne foi, celui-là, se trouve protégé par l'article 2279 C. Civ. Le titre est-il nominatif? On ne
peut plus appliquer la maxime : *En fait de meubles
possession vaut titre*, néanmoins les transmissions
successives du titre ne seront pas annulées, l'offre
faite par la société étant censée maintenue jusqu'au
jour où elle a été acceptée d'une façon valable. Remarquons, en effet, que le titre nominatif a un caractère impersonnel, tout aussi bien que le titre au
porteur, et que l'indication du nom du titulaire
n'implique pas une relation individuelle cherchée
par les parties. Ce que vise la société emprunteuse,
ce n'est pas tel créancier, mais un créancier quelconque. Si donc, comme le dit M. Wahl, le premier
obligataire est incapable de remplir son rôle, et
qu'un second le puisse, on se conformera sûrement
à la volonté de la société en faisant naître la relation
juridique entre les deux dernières personnes.

En pratique, la jurisprudence est muette sur cette
question.

199. — Au moment de la souscription, on ne délivre aux souscripteurs que des certificats, dits *certificats provisoires de souscription*, négociables et
transmissibles comme les valeur qu'ils sont destinés
à remplacer, et portant le numéro de ces valeurs.
Ce n'est que quand le versement intégral du prix
de l'obligation est effectué, que les titres définitifs
sont remis aux prêteurs. Ces titres sont essentiellement cessibles ; étudions leur transmission.

SECTION II

Transmission des obligations.

200. — Le titre est émis, il peut circuler : il se transmettra aux tiers de façons différentes suivant les formes qu'il affecte. Nous ne voulons parler, dans cette section, que des modes de transmission spéciaux aux obligations, car ces valeurs, comme tous les meubles, peuvent passer d'un patrimoine dans un autre par tous les modes de droit commun, succession, donation, aliénation, échange...

201. — Les obligations nominatives se transmettent par les modes généraux ; mais pour que la cession soit parfaite à l'égard de tous, il faut ce que l'on appelle un *transfert*, c'est-à-dire la double inscription du nom du cessionnaire, à la place de celui du cédant, sur les registres de la société et sur le titre lui-même.

202. — Les obligations à ordre sont transférées, comme tous les titres à ordre, par un endossement.

203. — Enfin les obligations au porteur n'exigent pour leur transmission d'autre formalité que la tradition. Le *porteur* du titre en est présumé le propriétaire et on peut dire, que, pour ces valeurs, la possession, ou mieux la détention, équivaut à la propriété. Ce sont les obligations au porteur qui ont trouvé auprès du public la plus grande faveur. La facilité avec laquelle elles circulent est une des causes de leur succès. Et pourtant, à bien des points de vue, les titres nominatifs présentent sur les titres au porteur de réels avantages. Nous avons déjà signalé que les obligations nominatives sont assujetties à un droit fixe de transmission, lequel n'est perçu qu'autant que les titres circulent : au contraire les obligations au porteur sont soumises à une taxe d'abonnement, payée tous les ans par le porteur, au moyen de retenues opérées sur ses coupons d'intérêts, alors même que le titre n'est pas cédé. A un autre point de vue, les titres au porteur sont encore moins favorisés que les titres nominatifs. Pour ces derniers, en effet, le capital n'est versé qu'à celui qui justifie en être propriétaire, c'est-à-dire qui justifie être exactement le même individu que celui dont le nom figure sur les registres de la société ; en fait, les coupons d'intérêts sont toujours payés aux porteurs, même s'il s'agit de titres nominatifs. Pour les titres au porteur qu'il s'agisse du capital ou des intérêts, le paiement en est effectué entre les mains de celui qui se présente aux guichets de la société porteur du titre, sans que cette dernière exige aucune justification. Le détenteur d'une pareille obligation n'a donc, aux termes de l'article 2279 C. Civ., aucune justification à faire de sa propriété. Il n'a aucune preuve à faire de la validité de l'obligation dont il est porteur, si cette obligation ne contient aucune mention de la cause qui lui a donné naissance, laquelle est présumée réelle et licite. Mais le débiteur serait admis à prouver la cause illicite ou l'absence de cause du titre présenté à sa caisse (1). Ce n'est d'ailleurs là que l'application du droit commun.

204. — Il se peut faire que des obligations aient

(1) Paris, 29 mars 1890 ; *Annales de droit commercial,* 1890, 1, 183.

été perdues, détruites ou volées. Qu'arrivera-t-il dans ces différents cas? Nous allons indiquer sommairement les mesures à prendre par les véritables propriétaires pour sauvegarder leurs droits, en spécifiant bien que cette matière est commune à tous les titres de bourse en général.

Toutes les fois que le propriétaire d'une obligation vient à perdre son titre, il ne peut plus toucher ni les intérêts, ni le capital par suite d'amortissement. Il peut craindre, en outre, qu'un tiers se présente avec son titre et soit payé en son lieu et place. Enfin, privé de son titre, l'obligataire ne peut plus le négocier. La difficulté se présente donc et dans les rapports de la société avec les obligataires et dans les rapports de l'obligataire avec les tiers.

205. — Si l'obligation est nominative, le mal n'est pas bien grand. En effet, on ne peut pas autoriser la société à ne rien payer au propriétaire, car elle trouverait ainsi un moyen commode de s'enrichir aux dépens des obligataires. D'ailleurs c'est le titre, et non le droit qui est perdu, et malgré la perte ou le vol, l'obligataire demeure nominativement créancier de la société. Il doit alors faire, avant tout, opposition entre les mains de la société; une fois qu'il aura prouvé son droit, il pourra toucher capital et intérêts; on admet même qu'il pourrait obtenir un duplicata de son titre primitif.

206. — Si l'obligation est au porteur, les formalités sont beaucoup plus longues et plus nombreuses. Avant la loi des 15 juin-5 juillet 1872, les sociétés, faisant une regrettable confusion entre le droit du propriétaire dépouillé et le titre destiné à prouver ce droit, avaient émis la prétention de ne

payer que sur la présentation du titre. Si le propriétaire avait fait opposition entre les mains de la société, celle-ci déposait à la caisse des dépôts et consignations les intérêts et le capital (en cas d'amortissement) des titres perdus ou volés ; intérêts que l'opposant pouvait retirer au bout de cinq ans, capital qui lui était acquis au bout de trente ans, c'est-à-dire après la prescription. Voilà pour les rapports de l'obligataire avec la société. En ce qui concerne les rapports de l'obligataire avec les tiers, la jurisprudence avait fait une application très rigoureuse des articles 2279 et 2280 C. Civ. ; si la dépossession avait sa cause dans un fait autre que la perte ou le vol, le tiers, possesseur de bonne foi du titre, n'avait à craindre aucune revendication de l'ancien propriétaire; au contraire, en cas de perte ou de vol, ce dernier pouvait revendiquer le titre pendant trois ans entre les mains, même d'un possesseur de bonne foi, sauf à lui rembourser le prix d'achat.

207. — Ces solutions étaient extrêmement désavantageuses pour les propriétaires de valeurs au porteur. Pendant la guerre franco-allemande de 1870-1871, un grand nombre de titres furent égarés ou volés. Le législateur établit une réglementation de la matière par la loi des 15 juin-5 juillet 1872, qui fut étendue aux colonies par la loi du 3 avril 1880. Voyons ce qu'elle décide.

Le propriétaire du titre perdu ou volé poursuit deux buts : empêcher un autre de toucher à sa place, et toucher lui-même.

208. — Le premier de ces buts est rempli par une opposition qu'il fait entre les mains de la société. De deux choses l'une, en effet. Ou bien, à un certain moment, un tiers se présentera aux guichets de la société avec le titre, et la société ne paiera rien, mais conservera le titre, sauf à en donner récépissé, ou bien personne ne viendra rien réclamer. C'est alors que l'opposant pourra toucher ses intérêts s'il s'est écoulé un délai d'au moins un an depuis l'opposition, si deux termes d'intérêts sont échus, s'il a obtenu du président du tribunal civil de son domicile l'autorisation d'être payé des intérêts. Il devra en outre fournir une caution ou un nantissement en rentes sur l'Etat; cette caution reste tenue pendant deux ans, à partir du jour de l'autorisation; elle répond des intérêts échus et d'une valeur double de celle du dernier coupon payé, à raison des coupons que l'opposant pourra toucher dans la suite. Les mêmes formalités sont exigées si le propriétaire veut recevoir le capital de son titre amorti; seulement, dans ce cas, la caution reste tenue pendant dix ans. Si enfin l'opposant ne peut fournir ni caution, ni nantissement, les intérêts et le capital sont versés à la caisse des dépôts et consignations, et le propriétaire peut se les faire délivrer à l'expiration du délai d'un an pour les intérêts, et de cinq ans pour le capital.

Au cas où l'on a perdu simplement les coupons détachés d'un titre, le propriétaire faisant opposition en peut toucher la valeur trois ans après.

209. — Enfin pour empêcher la négociation du titre perdu ou volé, le propriétaire véritable fait opposition au syndicat des agents de change. Cette opposition contient réquisition de publier les numéros des titres perdus ou volés au *Bulletin officiel des oppositions*. La publication dans ce journal

doit être faite au plus tard un jour franc après l'opposition. Les agents de change sont responsables
lorsqu'ils négocient des titres frappés ainsi d'opposition en leurs mains ou figurant au bulletin officiel ; ils sont tenus en ce cas, indépendamment de
tous dommages et intérêts, s'il y a lieu, de livrer un
autre titre dans les trois jours au plus tard à partir
de la réclamation (Art. 48 Décret du 7 octobre
1890).

210. — La loi de 1872 permet encore d'obtenir un
duplicata ; il faut pour cela une autorisation du président du tribunal, l'expiration d'un délai de dix
ans depuis cette autorisation, la publication pendant
dix ans de l'opposition dans le bulletin officiel, l'engagement, sous caution, de l'opposant, de faire publier encore pendant dix ans les numéros des titres
perdus ou volés.

211. — Notons enfin, en terminant sur cette question, que si la perte était certaine et prouvée, on
pourrait obtenir un duplicata sans employer toutes
les formalités que nous venons d'énumérer.

212. — Si la transmission des obligations avait
lieu de porteur à porteur, la plupart des difficultés
que fait naître l'aliénation des valeurs de bourse
disparaîtraient. Mais le plus souvent il n'en est pas
ainsi ; les porteurs ne se connaissent pas ; ils sont
obligés d'avoir recours à des intermédiaires qui sont
les agents de change ; de telle sorte que c'est entre
ces derniers que le contrat est passé. Il nous faut en
déterminer la nature. Bien que l'agent de change
ne soit, à proprement parler, ni un commissionnaire,
ni un courtier, on peut dire de lui, d'une façon générale, qu'il est un mandataire. Par conséquent, tou-

tes les fois qu'il agit dans les limites de son mandat,
l'acte passé par lui rejaillit sur son client qui est
censé l'avoir accompli lui-même. Aussi, lorsqu'un
individu donne à son agent de change l'ordre de lui
acheter un certain nombre de titres qu'il désigne,
cet individu devient propriétaire des titres dès le
moment de leur acquisition par l'agent de change,
sans qu'il soit besoin d'une livraison effective du
titre, de l'agent de change au client (1). Le client,
dans cette hypothèse, justifie suffisamment de sa
propriété par l'inscription sur les registres de l'agent
de change d'une mention indiquant, avec les numéros des obligations achetées, que l'opération a
été faite pour son compte. Dans le même ordre d'i-
dées, la Cour de Paris (2) a jugé qu'en cas de faillite de l'agent de change, le client, prévenu de
l'exécution de son ordre d'achat, peut légitimement
revendiquer les titres achetés pour son compte, et
qui sont trouvés dans la caisse de l'agent de change.

Ces solutions sont juridiques, et s'expliquent rationnellement ; il n'est pas besoin, pour les justifier,
de dire, comme on l'a fait, que l'agent de change
qui, en exécution de l'ordre d'achat qu'il a reçu, fait
connaître à son client les numéros des titres qu'il a
acquis pour lui, peut être considéré comme accom-
plissant une livraison fictive qui suffit à transférer
la propriété. Une semblable explication se comprendrait si notre législation avait admis, ainsi que la
législation romaine, le principe de la non-représen-
tation par autrui, et si le consentement ne suffisait

(1) Paris, 6 juillet 1870 (D., 71, 2, 182).
(2) Paris, 6 juillet 1870 (D., 71, 2, 182, 2e espèce).

pas seul à transporter la propriété. Mais les règles du mandat, tel qu'il est organisé par notre Code Civil, suffisent à justifier les solutions que nous avons rapportées. Nous pourrions donner les mêmes motifs pour accepter un arrêt de la Cour d'Aix (1), qui décide qu'après un avis au client de l'exécution de ses ordres, et après avoir porté à sa connaissance les numéros des titres achetés, l'agent de change ne peut pas livrer à ce client, contre son gré, d'autres titres portant d'autres numéros.

213. — Quelquefois un obligataire, ignorant que son titre a été amorti, donne ordre de le vendre, et l'agent de change exécute cet ordre. Quel sera le sort d'une pareille vente? La jurisprudence la considère comme nulle pour erreur sur la substance de la chose vendue (2). Comme conséquence, le vendeur dont le titre est amorti par tirage au sort, avec prime ou avec lot, ne perd pas son droit à la prime ou au lot ; mais il doit à l'acquéreur, outre le remboursement du prix d'achat, des dommages intérêts correspondant à l'intérêt de ce prix et aux chances de gain que son placement devait lui procurer. Nous adoptons cette solution, mais nous la faisons découler d'autres principes. Pour nous, ce n'est pas la vente qui est nulle, mais la livraison ; la vente peut bien être résolue pour défaut de livraison du titre en temps utile, mais l'acquéreur a toujours le droit de demander la livraison d'autres titres. En effet, à moins que le contraire ne résulte expressément de

---

(1) Aix, 9 avril 1870 (D., 71, 2, 58).
(2) Trib. de la Seine, 17 août 1865 (S., 66, 2, 33) ; Aix, 9 avril 1870 (D., 71, 2, 58).

l'intention manifestée des parties, lorsqu'un individu achète des obligations, il désire se rendre acquéreur d'un certain nombre de titres de telle ou telle société, sans spécifier que ces titres devront porter tels ou tels numéros. Tout autre est le cas où les parties ont en vue, l'une de vendre, l'autre d'acheter un objet déterminé, et où cet objet se trouve être différent de celui qu'elles supposaient d'abord. L'acquéreur aura donc, selon nous, le choix ; il pourra faire annuler la vente ou exiger la livraison de nouveaux titres, sans préjudice, bien certainement, des dommages-intérêts qu'il sera en droit de réclamer en outre dans les deux cas. L'article 48 du décret du 7 octobre 1890 confirme cette théorie.

214. — Enfin, s'il s'agit de valeurs à lots, le tribunal de commerce de Nantes a jugé que les titres achetés devaient être livrés de façon à permettre à l'acheteur de profiter de tous les tirages postérieurs à l'achat (1).

Ce sont les règlements particuliers délibérés par les compagnies d'agents de change qui déterminent l'époque à partir de laquelle, avant chaque tirage, les valeurs amortissables par voie de tirage au sort ne sont, sauf convention contraire formellement exprimée, négociées que livrables après tirage (Art. 51 du décret du 7 octobre 1890).

(1) Trib. de com. de Nantes, 30 octobre 1889 ; *Revue des sociétés*, 1890, page 539.

CHAPITRE TROISIÈME

DROITS RESPECTIFS DES EMPRUNTEURS
ET DES OBLIGATAIRES

215. — Nous savons maintenant comment se forme le contrat qui intervient entre la société et les obligataires, recherchons-en les effets.

Ce sont les effets d'un contrat de prêt ordinaire. A chaque droit d'une partie correspond une obligation pour l'autre partie. Plaçons-nous successivement en face de la société emprunteuse et en face des obligataires.

SECTION Ire

Droits des emprunteurs.

216. — Le souscripteur d'une obligation s'engage, envers la société, à deux choses :

1° Verser le montant du prix stipulé dans les prospectus d'émission, au lieu et aux époques fixés dans le contrat ;

2° Ne pas réclamer le remboursement du capital avant l'échéance convenue, ou dans un délai maximum déterminé, tant que l'amortissement n'aura pas frappé son titre.

Reprenons ces effets.

§ 1er

Obligation pour les prêteurs de verser le montant du prix de leurs titres.

217. — C'est la conséquence du prêt consenti; c'est même le prêt proprement dit. Naturellement la société pourrait recourir aux moyens de droit pour forcer les souscripteurs à remplir leurs engagements. Quelquefois, les sociétés insèrent dans les conditions de l'emprunt des clauses pénales en cas de retard dans les versements complémentaires; on y voit notamment figurer cette disposition que si, au moment du tirage au sort des lots, l'obligataire était en retard d'un ou plusieurs versements, il serait déchu de tout droit au lot qu'il aurait pu gagner (1). Ces clauses sont parfaitement licites.

L'article 1846 C. Civ. rend l'associé, tenu d'apporter à la société une somme d'argent, débiteur de plein droit et sans demande des intérêts de cette somme en cas de retard. Cet article ne saurait être étendu aux obligataires. Il consacre en effet une dérogation au droit commun qui est contenu dans les articles 1146 et 1153 C. Civ. et ne peut être appliqué qu'aux personnes dont il parle. Or, cet article 1846 ne parle que des associés et nous savons que les obligataires ne sont que de simples prêteurs.

218. — Entre le moment où le titre est souscrit

_____

(1) Paris, 9 janvier 1890 (D., 90, 2, 204).

etcelui où il est complètement libéré, il a pu circuler ; dans ce cas, contre qui la société recourra-t-elle,
pour obtenir le paiement des versements complémentaires ?

L'article 3 de la loi du 24 juillet 1867 tranche la
question en matière d'actions ; mais la solution qu'il
fournit est inapplicable aux obligations. Pour résoudre la difficulté, nous aurons recours aux principes généraux, et nous distinguerons entre les
obligations nominatives et les obligations au porteur.

Le souscripteur d'un titre nominatif, par son engagement, est tenu de payer à la société le prix intégral
de son obligation ; s'il cède son titre, cette cession ne
le libère pas des versements complémentaires. En
effet, pour qu'il y ait novation par changement
de débiteur, il faut le consentement du créancier.
D'un autre côté, le cessionnaire a reçu le titre qu'il
a acheté, tel qu'il existait, grevé de la charge des versements complémentaires ; il en est également tenu.
Enfin pour les mêmes motifs, les cessionnaires intermédiaires se trouvent aussi obligés.

On pourrait soutenir toutefois que le souscripteur
est déchargé en faisant opérer le transfert : la société
en inscrivant la mention sur ses livres ne donne-
t-elle pas son consentement au changement de
débiteur ? Non : le transfert n'est qu'une mesure
destinée à fournir à l'obligataire le moyen d'affirmer
erga omnes son droit de propriété, mais ce n'est pas
un consentement. Si c'en était un, la société serait
toujours libre de le refuser ; or, tout propriétaire
d'obligations nominatives peut céder ses titres et
exiger de la société le transfert. On aurait encore
pu dire, comme on l'a fait autrefois pour les actions,

que la société pouvait, par anticipation, donner dans les prospectus d'émission son consentement au changement de débiteur. Cette solution, que la jurisprudence avait admise, en s'inspirant surtout de considérations pratiques, ne nous semble pas juridique. En effet, l'article 1275 C. Civ. exige, pour la novation par changement de débiteur, le consentement *exprès* du créancier, et on ne saurait voir un pareil consentement dans les clauses des prospectus déchargeant *par avance* les anciens débiteurs.

Si les obligations sont au porteur, la même solution doit-elle encore être admise? Un fait certain, c'est que l'obligation aux versements est à la charge du souscripteur primitif du titre, qui, par son contrat, s'est engagé à opérer les versements. Mais, même les porteurs ultérieurs, croyons-nous, sont tenus de ces versements. N'ont-ils pas également reconnu qu'ils en était débiteurs en se rendant acquéreurs des titres non libérés? Seulement en fait, ils seront inconnus et le recours de la société contre eux sera illusoire.

Certains auteurs (1) et quelques arrêts (2), reproduisant une théorie allemande connue sous le nom de théorie de la *personnification*, ont soutenu l'opinion contraire, en prétendant que le titre au porteur est par lui-même exclusif de tout engagement personnel et que la souscription, à moins d'un engagement précis et formel, ne suffit pas pour obliger les

(1) Malepeyre et Jourdain, *Sociétés commerciales*, page 201 ; de Chauveron, *des Obligations non libérées*, Paris, 1889, pages 15 et suiv.
(2) Aix, 3 décembre 1888 (S., 89, 2, 25).

souscripteurs personnellement. C'est le titre qui est débiteur, mais non le détenteur de ce titre.

Semblable théorie, qui consacre une exception au droit commun, devrait être admise s'il existait un texte la formulant ; et on a pu, à bon droit déclarer que le titre seul est tenu lorsqu'il s'agit d'actions au porteur, parce que l'article 3 de la loi du 24 juillet 1867 en a ainsi décidé. Mais ce texte, nous le répétons, est inapplicable aux obligations. Dès lors nous rentrons dans le droit commun qui rend chacun responsable des engagements qu'il a contractés. Au surplus, cette idée d'un titre débiteur (ou créancier, car la théorie de la *personnification* a été soutenue dans ces deux hypothèses) semble bien étrange, et l'on conçoit difficilement un créancier ou un débiteur qui n'est autre qu'une chose inanimée telle qu'un morceau de papier (1).

219. — Dans la pratique, les prospectus d'émission prévoient toujours cette question. Le plus souvent les sociétés se réservent le droit, pour le cas où les versements ne seraient pas effectués aux époques réglementaires, de prononcer la déchéance contre les porteurs. Elles gardent, dans cette hypothèse, les sommes déjà versées ; ce qu'elles peuvent faire, une semblable disposition constituant simplement une clause pénale permise aux termes de l'article 1226 C. Civ. Nous avons vu plus haut des sociétés refuser de délivrer les lots gagnés par des obligataires en retard pour effectuer leurs paiements Dans cette hypothèse, comme la clause pénale est stipulée dans l'intérêt de la société, cette dernière peut toujours

_____

(1) Wahl, *op. cit.*, t. I. n⁰ˢ 246 et 247.

y renoncer. Aussi, avec M. Berr (1), nous ne saurions souscrire à un arrêt cité par cet auteur, par lequel la Cour de Paris déclarait un obligataire déchu de son droit au lot parce qu'il avait effectué son versement deux jours après le tirage, alors que la ville de Paris, créancière, avait accepté ce paiement tardif.

220. — Les agents de change ou banquiers qui se sont rendus acquéreurs d'obligations au porteur sont-ils tenus des versements complémentaires? La question ne se pose pas si, en faisant l'opération, ils ont déclaré la faire pour le compte d'un client. Ils ne sont qu'intermédiaires en ce cas et ne peuvent être tenus. Mais s'ils n'ont rien dit, ce qui sera le cas le plus fréquent, surtout pour les maisons de banque qui revêtent la forme de sociétés anonymes (Crédit Lyonnais, Société Générale, etc...), que décider? Avec la Cour de Paris (2), nous pensons que la banque est débitrice des versements complémentaires, à moins qu'elle n'établisse qu'elle a agi pour le compte de tiers. Ce n'est que l'application du principe développé par nous, que le détenteur d'un titre en est présumé propriétaire. D'ailleurs le banquier pourra facilement prouver qu'il n'a joué que le rôle d'un intermédiaire au moyen de ses livres. La solution inverse mettrait la société dans l'impossibilité de prouver qu'en réalité le banquier agissait pour son propre compte.

221. — La durée de l'action en versement est de

trente ans. Le point de départ de ce délai est le jour fixé pour les versements.

222. — N'y a-t-il pas certains événements qui peuvent permettre à l'obligataire de ne pas effectuer ses versements complémentaires ?

La question est nouvelle et intéressante ; elle s'est présentée à propos des obligations émises par la Compagnie de Panama, en exécution de la loi du 3 juin 1888 autorisant cette société à contracter un emprunt de 720 millions, sous forme d'obligations à primes et à lots. Cet emprunt était garanti par un dépôt avec affectation de rentes françaises ou de titres garantis par le Gouvernement français. Le service des lots et des primes était assuré par une Société civile formée par les souscripteurs, et dont le capital était composé au moyen d'une somme de 60 francs, retenue sur chaque obligation. Le 4 février 1889, la Compagnie de Panama était dissoute par jugement du tribunal de la Seine, et mise en liquidation ; un certain nombre d'obligataires avaient, à cette époque, libéré leurs titres ; mais quelle était la situation de ceux qui avaient encore des versements à faire ?

223. — Le même tribunal de la Seine, par jugement du 26 juillet 1889 (1), a décidé que les obligataires ne pouvaient être contraints de payer les sommes encore dues, la société étant tombée en déconfiture.

Le tribunal écarte l'application de l'article 1184 C. Civ., car la compagnie a toujours tenu ses engagements vis-à-vis des obligataires, en déduisant à chaque versement par eux effectué, les intérêts à 4

(1) *Revue des sociétés*, 1889, 508.

pour cent de la somme encaissée. Mais il en est autrement de l'article 1188 C. Civ., qui trouve dans l'espèce son application. La société est, en effet, en état de déconfiture. Or, dit le tribunal de la Seine, si les obligataires étaient astreints à effectuer leurs versements complémentaires aux époques fixées par les statuts, ils seraient en droit de réclamer immédiatement la restitution des sommes ainsi fournies, en se fondant sur l'absence des garanties qui, à l'origine, en assuraient le remboursement, et notamment sur l'insolvabilité de la compagnie. Il est vrai que le liquidateur alléguait que la charge du remboursement incombait, non pas à la compagnie du canal de Panama, mais à la société civile d'amortissement, et que, par la formation de cette dernière société, la compagnie se trouvait déchargée du remboursement des titres émis. Le tribunal a repoussé ce raisonnement, attendu qu'il ne ressort en aucune façon « des travaux préparatoires de la loi du 8 juin 1888, « qui a autorisé l'emprunt, ni des actes qui sont in-« tervenus pour son exécution, que la compagnie « ait été déchargée, par la constitution de la société « civile, du remboursement des titres émis.

« Qu'il ressort, au contraire, des statuts de ladite « société civile (art. 3), qu'au cas où la totalité des « obligations émises ne seraient pas couvertes à « l'ouverture de la souscription, la compagnie du « Canal devrait assurer le service régulier de l'amor-« tissement et des lots, et que, d'une manière géné-« rale, le remboursement du capital et le paiement « des lots seront directement garantis par elle, en « dehors des sécurités offertes par l'organisation de « la société civile. »

Le raisonnement du tribunal est, en résumé, le suivant : A quoi bon forcer les obligataires à compléter le prix de leurs titres, puisqu'en vertu de l'article 1188 C. Civ., ils pourront immédiatement réclamer à la compagnie les sommes qu'ils viendront de lui verser ? Assurément, il importe peu à la compagnie qu'il soit procédé d'une façon ou d'une autre ; mais à côté de la compagnie, il y a les autres créanciers, et ces derniers ont intérêt à voir effectuer les versements complémentaires qui viendront grossir l'actif social. Cet actif social, ainsi formé, servira à l'acquittement de la masse des dettes, toutes également exigibles.

Le prêt consenti par les obligataires était double, nous l'avons dit : d'une part, en effet, il comprenait la somme à verser à la compagnie, et de l'autre, les 60 francs destinés à la société civile. Le liquidateur, invoquait à ce point de vue l'indivisibilité du prêt : ses conclusions ont été encore repoussées sur ce chef par le tribunal qui décida que, malgré la déconfiture de la compagnie, la société civile, créée pour assurer, avec une fraction des capitaux prêtés, le remboursement de ces capitaux et le paiement des lots, conservait son existence distincte, et continuait d'avoir le droit de toucher cette fraction pour accomplir son objet,

Enfin le même jugement reconnaît aux obligataires, malgré la société civile, le droit d'agir individuellement, bien que, par leurs souscriptions mêmes, les obligataires aient adhéré aux statuts de la société civile, et abdiqué leur personnalité juridique entre ses mains, en s'interdisant, par suite, d'agir isolément. Mais, disent les magistrats, cette

17

abdication se limite à la gestion des fonds que les obligataires devaient remettre à la société en vue de l'amortissement et du paiement des lots.

224. — En un mot, le tribunal de la Seine accorde à l'obligataire le droit de ne pas effectuer ses versements complémentaires en cas de déconfiture de la société. Que cette décision ait été dictée par un sentiment d'équité en faveur des obligataires, nous n'en saurions douter ; mais, nous le répétons, l'intérêt de ces derniers n'est pas seul en jeu, et la situation des autres créanciers nous paraît tout aussi favorable, sinon plus. Ces créanciers ont contracté dans la certitude que leur garantie reposait sur le fonds social en entier, et notamment sur le capital-obligations entièrement libéré. Sans doute ils devaient savoir qu'en cas de liquidation ils se trouveraient en concours avec les obligataires, mais si une réduction s'impose pour eux de ce chef, du moins est-il juste que ces derniers aient rempli leurs engagements. L'article 1184 n'est pas applicable, puisque, jusqu'au jour de la liquidation, la société a scrupuleusement respecté le contrat. Reste l'article 1188 : que décide-t-il ? Que le débiteur ne peut réclamer le bénéfice du terme, lorsque, par son fait, il a diminué les sûretés qu'il avait données à son créancier. Autrement dit, l'insolvabilité de la société permet aux obligataires de demander immédiatement le remboursement, sans avoir à attendre l'expiration du délai fixé. Mais, qui dit remboursement suppose bien certainement que la somme à rembourser a été versée, et c'est ce qui n'a pas eu lieu. Nous sommes donc d'avis que, dans cette hypothèse, les obligataires sont tenus de payer le montant intégral de la valeur souscrite ;

mais que, par le fait même de ce paiement, ils acquièrent une créance de la même somme, immédiatement exigible contre la société. Que si l'actif social est insuffisant pour désintéresser tous les créanciers, ils subiront une réduction.

On pourrait peut-être encore objecter que les deux dettes, celle de l'obligataire et celle de la société, sont compensées. Ce serait oublier une des conditions de la compensation, à savoir que les deux dettes doivent être exigibles ; elles ne le sont pas : la dette de l'obligataire est exigible avant celle de la société, puisque ce n'est que le paiement des versements complémentaires qui rend l'obligataire créancier de la société. La compensation ne saurait davantage avoir lieu entre la dette de l'obligataire et sa créance à raison des versements déjà effectués, car si la dette de l'obligataire vis-à-vis de la société et dès maintenant déterminée, il n'en est plus de même de celle de la société vis-à-vis de l'obligataire. Certes, on en connaît le montant, mais par suite de la faillite ou de la déconfiture, l'obligataire sera réduit, et il est impossible de fixer dès lors le dividende qu'il recevra.

225. — M. de Chauveron (1), examinant cette question à un point de vue général, estime que l'obligataire, puise dans l'article 1184 le droit de ne pas effectuer ses versements complémentaires en cas de faillite ou de déconfiture de la société. Le contrat intervenu entre la société et le prêteur est un contrat synallagmatique, et la condition résolutoire, comme dans tous les contrats de ce genre, est sous-entendue

(1) De Chauveron, *op. citat.*, pages 23 et suiv.

en cas d'inexécution par une des parties de son engagement. Cet auteur invoque encore, à l'appui de
l'opinion qu'il défend, un argument d'analogie tiré
de l'article 577 C. Com. qui autorise le vendeur de
marchandises à un commerçant tombé en faillite
depuis la vente, à retenir les marchandises vendues
si elles n'ont pas encore été livrées ni payées.

Ces arguments ne sont pas suffisants pour ébranler notre conviction. L'article 1184 peut, dans certains cas, être invoqué ; si la société n'a pas fait honneur à ses engagements, si, avant la déclaration de
faillite, elle n'a pas payé les coupons d'intérêts, ou
fait fonctionner l'amortissement conformément aux
règles qu'elle s'était imposées ; mais, si, au jour de
la déclaration, elle a accompli toutes ses obligations,
l'article 1184 n'est d'aucun secours aux prêteurs.
Quant à l'argument d'analogie tiré de l'article 577
C. Com., il est sans valeur. Cet article 577 accorde
au créancier et dans certains cas, en matière de faillite, un droit de rétention. Il ne peut être question de
rétention dans l'hypothèse sur laquelle nous discutons ; la dette de la société vis-à-vis de l'obligataire
est à terme, et d'ailleurs, au moment de la faillite,
nous supposons que la société ne doit rien actuellement et qu'elle demeure débitrice à terme.

226. — La sanction de l'engagement pris par
l'obligataire de fournir la somme promise consiste
dans l'exécution de ses biens. Cette sanction ne produit son effet que si le débiteur est connu, c'est-à-
dire si ce débiteur est un obligataire dont le titre est
nominatif, ou un souscripteur primitif de titres au
porteur. Autrement, la société n'a qu'une ressource,
l'exécution du titre.

227. — Un titre est exécuté lorsqu'il est vendu en Bourse, par la société, sur duplicata. Le duplicata est délivré à l'acquéreur et on ne tient plus aucun compte du titre primitif. Il peut arriver, mais le fait est extrêmement rare, que l'exécution ait lieu dans des conditions avantageuses, que le titre soit vendu à un prix supérieur à la somme encore due sur lui. Le reliquat, à moins de clause pénale contraire, doit revenir au porteur du titre primitif. Mais le plus souvent l'obligation est vendue un prix inférieur. C'est alors au porteur dont le titre est exécuté à parfaire la différence. Il devra cette différence, non pas comme obligataire — il ne l'est plus — mais à titre de dommages-intérêts.

228. — Qu'est-ce au juste que cette exécution du titre? Si la société, dans ses prospectus, en a réglé l'exercice, ces prospectus font la loi des parties. Dans le cas contraire, on s'en réfère aux usages de la Bourse. La société porte à la connaissance des intéressés (individuellement s'ils sont connus, par la voie de la presse ou d'affiches s'ils ne le sont pas) l'époque à laquelle doivent être faits les versements, à moins que cette époque n'ait été fixée d'avance dans le contrat de souscription, ce qui est le cas le plus fréquent. Si les versements n'ont pas lieu comme il est convenu, le titre en retard est exécuté suivant les formes indiquées plus haut.

La Cour de Paris (1) semble avoir considéré l'exécution du titre comme une expropriation, une vente forcée. L'obligation est, en effet, saisie et publiquement vendue. On peut faire à cette théorie une

(1) Paris, 15 avril 1885 (D., 86, 2, 89).

objection à laquelle il lui est impossible de répondre. L'article 545 du Code de procédure civile exige, pour toute expropriation, un titre exécutoire, et ce titre n'existe pas. A supposer même qu'il existe, il faudrait en outre un commandement avec notification du titre (article 583 C. Pr. C.) qui fait ici défaut.

Nous préférons adopter un autre système. Pour nous, l'exécution en Bourse est une application pure et simple de l'article 1184 C. Civ. La condition résolutoire est sous-entendue dans les contrats synallagmatiques. De cette façon plus n'est besoin de titre exécutoire. Sans doute l'article 1184 exige un jugement, mais les parties peuvent convenir que la résolution aura lieu sans jugement, après une simple sommation ou même sans sommation (1). Signalons une différence entre la solution que nous admettons et la théorie de l'expropriation. Comme conséquence du système que nous défendons, nous déciderons que l'exécution étant une résolution, détruit même dans le passé la qualité d'obligataire. Les versements antérieurs ne sont conservés qu'à titre de dommages-intérêts ; mais la situation est la même que si les obligations exécutées n'avaient pas encore été souscrites. Pour la Cour de Paris, il n'y a qu'un simple changement de propriétaire, l'expropriation n'agissant pas rétroactivement.

(1) M. Bailly, *à son cours.*

§ 2

*Obligation pour les prêteurs de ne pas réclamer
le remboursement du capital avant les délais
fixés.*

229.— Sur ce deuxième effet, nous avons très peu
à dire. Si le titre est cédé, l'obligation que nous
signalons pèsera sur le nouveau cessionnaire. Nous
devons pourtant attirer l'attention sur une différence qui existe entre le prêt ordinaire, et l'obligation. Dans le prêt orinaire, l'époque du remboursement est généralement fixée d'une façon
ferme dès le moment du contrat. Le créancier prête
pour dix ans, pour vingt ans. Dans l'obligation,
on sait que la durée du prêt ne peut pas dépasser
une certaine période d'années, 70 ans, par exemple,
mais on est incertain de l'époque exacte du remboursement qui dépend ordinairement du sort. C'est
comme si la société disait au souscripteur : je vous
emprunte pour 70 ans, mais il est bien convenu
que je pourrai me libérer envers vous par anticipation : ce sera le sort qui déterminera dans cette
période le moment où vos titres seront amortis.

SECTION II

Droits des obligataires.

230. — Les obligataires, créanciers de la société
ont deux droits :

1° Toucher les intérêts du capital prêté, aux époques fixées ;

2° Recevoir le remboursement de ce capital lorsque le titre est amorti.

Sur *le droit pour les obligataires d'être remboursés*, nous renvoyons aux explications que nous fournirons plus tard, lorsque nous étudierons les modes d'extinction des obligations.

231. — Occupons-nous seulement, pour l'instant, du *paiement des intérêts* et des questions qui s'y rattachent.

Les coupons d'intérêts sont payés au porteur, aux époques déterminées ; en général tous les six mois, quelquefois tous les trois mois. Ce principe s'applique sans difficulté aux titres aux porteurs ; nous avons même mentionné qu'en pratique, les intérêts sont également payés au porteur d'un titre nominatif. Toutefois, la forme du titre a son influence. Le porteur d'une obligation nominative sera forcé d'apporter aux caisses débitrices son titre, de façon à ce que la case afférente à l'intérêt payé soit oblitérée à l'aide du composteur. Le *détenteur* d'une obligation au porteur sera payé sur la simple présentation du *coupon*, et la société émettante ne peut exiger de lui d'autre justification de son droit (1).

Dans certains pays, cependant (en Angleterre notamment), le porteur doit déposer ses coupons quelques jours avant l'échéance, de façon à permettre à la société de vérifier si les coupons ne sont pas falsifiés (2). En fait la société présente toujours à l'obligataire un bordereau qu'elle lui fait signer : ce bordereau n'a pas d'autre utilité que de permettre

---

(1) Trib. de com. Seine, 17 août 1865 (D., 65, 3, 78).
(2) A. Wahl, *op. citat.*, t. I, n° 667.

de retrouver le porteur si les intérêts ont été perçus après l'amortissement du titre (du moins dans la théorie de la jurisprudence) ou en cas de perte ou de vol ; mais il n'est pas obligatoire, et si une clause du prospectus d'émission ne l'impose pas, le porteur des coupons peut se refuser à le signer.

232. — Lorsqu'on présente à la société des coupons en retard, elle doit les acquitter (si cinq ans ne se sont pas écoulés depuis l'échéance) entre les mains des porteurs, sans s'inquiéter du point de savoir si le titre était déjà en leur possession au moment où le paiement est devenu obligatoire, sauf si une opposition a été formée en cas de perte ou de vol. Inversement, si l'obligataire n'a touché sur son coupon qu'une partie de la somme à laquelle il a droit, par exemple si la déduction d'impôts a été trop forte, c'est à lui à justifier ensuite de la présentation du coupon, pour toucher le surplus.

233. — Les coupons que l'obligataire vient ainsi se faire payer représentent, nous le savons, l'intérêt de l'argent prêté par lui à la société. Quel sera le point de départ des intérêts ? Le jour de la délivrance du titre ou du bulletin de souscription ; c'est-à-dire le jour où la créance est née. Dans cet ordre d'idées, la Cour de Cassation a jugé que lorsque le premier coupon n'est payable qu'après le dernier versement, le porteur qui n'a pas effectué ce dernier versement à l'époque convenue ne touche pas son coupon intégralement, mais seulement en proportion des sommes qu'il a effectivement versées (1).

234. — Les coupons, comme tous les intérêts, se

(1) Cass., 18 décembre 1871 (D., 74, 5, 297).

prescrivent par 5 ans. Cette prescription est soumise aux règles ordinaires. Le projet de loi du 15 juin 1872 réduisait à 3 ans la prescription des coupons en matière de valeurs de Bourse, mais sa disposition n'a pas été votée.

235. — Lorsque le coupon est payé, il rentre dans la possession de la société qui l'annule soit en l'oblitérant, soit en le détruisant. Elle a tout intérêt à l'annuler, car si, pour une cause ou une autre, il rentrait en circulation et était de nouveau présenté aux caisses de la société par un porteur de bonne foi, cette dernière devrait à nouveau en acquitter le montant (1).

236. — La société, en somme, ne peut pas se soustraire à son obligation de payer les intérêts. Si elle y manquait, les obligataires non payés, étant créanciers, seraient en droit de la contraindre par les voies légales, de faire saisir les biens sociaux, et si la société est commerciale, de la faire déclarer en faillite ou en liquidation judiciaire (2). Les moyens d'action que nous signalons appartiennent à tout obligataire quel qu'il soit, et, par là, nous entendons tout porteur d'obligations, sans qu'il soit besoin de se préoccuper de l'époque à laquelle il est devenu créancier. La société ne pourrait donc pas lui opposer, par exemple, la dépréciation qui frappait le titre au moment où il en est devenu acquéreur, ni la

---

(1) Trib. de com. de la Seine, 20 septembre 1873 ; *Gaz. des trib.*, 28 septembre; Trib. Seine, 5 juin 1875 ; *Gaz. des trib.* du 25 juillet. Contra : trib. Seine, 5 janvier 1889 ; *Gaz. des trib.* du 16 février.

(2) Cass., 14 juillet 1862 (S., 62, 1, 938).

somme minime qu'il a déboursée pour l'acheter (1).

237. — Nous avons reconnu aux obligataires le droit de se constituer en société civile pour la protection de leurs droits (2). Une semblable société n'enlève pas aux obligataires, pris isolément, le droit d'agir individuellement, et de faire déclarer la société en faillite (3). En effet, qui peut le plus peut le moins, et les prêteurs, qui se sont unis pour la défense de leurs intérêts, n'ont certainement pas entendu abdiquer leur droit individuel de poursuites. Leurs créanciers pourraient, de même, par application de l'article 1166 C. Civ., provoquer la vente des biens sociaux ou la faillite de la société, car il ne s'agit pas là d'actions personnelles.

Les biens de la société étant vendus, les obligataires se présentent concurremment avec les autres créanciers pour s'en partager le prix. Ils sont payés sur ce prix, avant les associés. Si pourtant une garantie réelle leur avait été accordée, ils seraient payés suivant le rang attribué à leur hypothèque. Pour tout dire, les obligataires étant des créanciers, jouissent des droits qui appartiennent à tout créancier.

238. — S'ils étaient obligés de subir une éviction, les biens sociaux ne suffisant pas à les désintéresser, ils pourraient agir en responsabilité contre les administrateurs de la société. A ce sujet, nous devons mentionner une espèce de jurisprudence assez curieuse, qui a été jugée tout récemment (4).

(1) Cass., 28 janvier 1884 (2 arrêts) ; (D., 84, 1, 145).
(2) Cass., 3 décembre 1889 (D., 90, 1, 105 et note).
(3) Paris, 4 février 1875 (S., 75, 2, 289).
(4) Cass., 19 février 1890 (D., 90, 1, 241) ; *Revue des sociétés*, 1890, page 176 et *Id.*, Bulletin, page 484.

Quatre lignes de chemins de fer d'intérêt départemental avaient fusionné avec la Compagnie d'Orléans à Châlons. Au moment de la cession, les actionnaires des quatre compagnies locales furent remboursés par la compagnie cessionnaire. Quant aux obligataires, leur situation ne fut pas changée ; ils continuèrent à toucher leurs coupons d'intérêts, jusqu'au jour où la compagnie cessionnaire tomba en faillite, et où ils se présentèrent au remboursement en concours avec de nouveaux créanciers. Exposés à perdre le montant, ou une grande partie de leurs créances, ils se retournèrent contre leurs administrateurs, pour les rendre responsables de cette perte, leur faisant grief de n'avoir pas, dans le traité de fusion, stipulé de garanties à leur profit, et surtout d'avoir remboursé les actionnaires avant eux. Les obligataires triomphèrent devant le tribunal de commerce et en appel, mais la Cour de Cassation donna gain de cause aux administrateurs, en déclarant que ces derniers s'étaient bornés à rédiger le traité de fusion, lequel avait été soumis aux assemblées générales, approuvé et voté par elles.

239. — Indépendamment des deux droits spéciaux qu'ont les obligataires de toucher des intérêts (droit que nous venons d'étudier), et d'être remboursés (droit que nous examinerons plus tard), ils ont encore d'autres droits généraux qui leur permettent d'aliéner leur titre ou de le donner en gage. L'aliénation se fait suivant les modes indiqués précédemment : la mise en gage, pour les titres nominatifs, s'effectue par un transfert à titre de garantie, pour les titres au porteur, par le dépôt de ces titres, et

pour les titres à ordre par un endossement, dit pignoratif.

240. — Enfin, on peut céder l'usufruit d'une obligation, en se réservant la propriété, et réciproquement. A ce propos, on doit se demander si l'usufruit ainsi cédé est un véritable usufruit, ou un quasi-usufruit? L'intérêt de la question est considérable au point de vue de la chose que l'usufruitier ou son successeur devra rendre au nu-propriétaire à la fin de l'usufruit (1).

Pour les titres nominatifs, la question ne fait doute pour personne ; ils mentionneront le démembrement de la propriété ; et la mention sera également inscrite sur les registres de la société : le seul droit de l'usufruitier sera donc de toucher les coupons. La difficulté apparaît pour les titres au porteur. On a soutenu que, pour ces derniers, il ne pouvait être question que d'un quasi-usufruit, les obligations au porteur étant choses fongibles. Ces obligations, disent les partisans de cette doctrine, peuvent être, à raison même de la facilité avec laquelle elles circulent, assimilées à de l'argent monnayé, ou tout au moins à des billets de banque : les numéros qui les indivi-

(1) Faisons une remarque nécessaire ; nous nous préoccupons pour le moment uniquement de la fin de l'usufruit ou du quasi-usufruit, et non de l'extinction de l'obligation. L'usufruit ou le quasi-usufruit prendra fin, soit par la mort de l'usufruitier, soit par l'expiration du délai fixé ; au contraire, l'obligation ne sera éteinte que par l'amortissement : de telle sorte qu'il pourra arriver que l'obligation se trouve remboursée alors que l'usufruit continue à exister. Cette remarque était indispensable, car nous verrons plus loin qu'en cas d'amortissement de l'obligation, l'usufruit se transforme en quasi-usufruit, mais n'en continue pas moins à profiter à l'usufruitier.

18

dualisent ne sont pas suffisants pour leur attribuer un caractère propre ; d'ailleurs les billets de banque ne portent-ils pas eux-mêmes des numéros qui les distinguent, et cependant tout le monde admet que, malgré ces numéros, ils conservent leur caractère fongible (1).

Nous pensons, au contraire, avec la majorité des auteurs, qu'il s'agit dans l'espèce d'un véritable usufruit. Il est inexact d'assimiler des titres au porteur à de la monnaie ou à des billets de banque. Ces derniers, en effet, sont destinés à remplacer l'or et l'argent ; ils ont cours forcé : de plus, ils sont toujours à échéance, et le porteur n'a qu'à se présenter à la Banque de France pour obtenir, à la place de son billet, sa valeur en numéraire. L'obligation, elle, a pour fonction de constater un prêt : sans doute, à raison de la forme particulière qu'elle revêt, elle circule facilement, mais elle n'est pas toujours à échéance ; enfin, le remboursement n'est pas le même pour toutes les obligations ; il y a à tenir compte des lots, des primes ; dans la circulation même, le cours varie, tandis que celui des billets de banque reste toujours le même (2). Donc, à l'expiration de l'usufruit, l'usufruitier devra rendre les titres qu'il a reçus : si ces titres sont amortis, nous verrons bientôt ce qui se passe dans ce cas.

En pratique on connaîtra les numéros des obligations au moyen de l'inventaire dressé par l'usufruitier, en vertu de l'article 600 C. Civ. Que s'il en

(1) Pagezy, *Titres au porteur*, pages 227 et 228.
(2) Agen, 22 juin 1853 (S., 53, 2, 569) ; Buchère, *Valeurs mobilières*, éd. 1881, n° 506.

avait été dispensé, le nu-propriétaire pourrait faire dresser cet inventaire à ses frais.

241. — Tels sont les droits principaux dont jouissent les obligataires. Ajoutons qu'en outre, pour certaines catégories spéciales de titres, d'autres avantages leur ont été réservés, soit par les statuts, soit par des textes de loi. C'est ainsi que les statuts peuvent accorder des garanties particulières aux prêteurs ; c'est ainsi encore que les obligations des grandes compagnies de chemins de fer sont admises en dépôt pour avances faites par la Banque de France.

CHAPITRE QUATRIÈME

EXTINCTION DES OBLIGATIONS

242. — Jusqu'à présent, nous avons vu comment se forme le contrat de prêt qui intervient entre la société et les obligataires, et quels en sont les effets. Il nous reste à examiner comment il prend fin.

L'extinction normale de ce contrat est l'amortissement ; mais il peut arriver que les obligations soient remboursées avant le terme fixé, soit par suite du mauvais état de la société ; soit, pour les compagnies de chemins de fer, par suite du rachat par l'Etat, des concessions de lignes. Notre quatrième chapitre sera donc divisé en deux sections ; la première sera consacrée à l'amortissement normal ; la deuxième comprendra le remboursement anticipé.

SECTION Ire

Amortissement normal.

243. — L'amortissement est le remboursement du capital prêté aux sociétés, augmenté, s'il y a lieu, des primes ou des lots, et déterminé généralement par la voie du sort, suivant un tableau établi dans les prospectus d'émission. Quand le numéro d'un titre est sorti au tirage, le propriétaire de ce titre se présente aux bureaux de la société et reçoit le capital auquel il a droit. C'est la seconde obligation dont est tenue la société à l'égard des prêteurs, obligation dont nous avions réservé l'étude. Dans l'hypothèse où l'amortissement est garanti par le gouvernement, la société ne peut suspendre les tirages en alléguant que ses revenus sont insuffisants au service des obligataires ; les sommes nécessaires sont alors prises sur le revenu garanti (1).

244. — L'obligataire qui se présente ainsi pour être remboursé doit-il fournir des justifications? Si son titre est nominatif, il doit prouver qu'il est bien l'individu dont le nom figure sur le titre : la société pourrait également exiger la justification des qualités des héritiers du titulaire de l'obligation nominative, si ce dernier était décédé entre l'époque du tirage et celle du remboursement (2). Si le défunt avait disposé par testament de ses obligations, le légataire aurait la charge de prouver l'envoi en possession ou la délivrance du legs.

Il arrive fréquemment que des obligations amorties appartiennent à des incapables. En ce qui concerne le mineur non émancipé et l'interdit, le capital sera versé par la société au père, administrateur légal, ou au tuteur : quant au mineur émancipé, il ne pourra toucher le capital qu'assisté de son curateur. Enfin le mari recevra les sommes dues à sa femme, par suite de remboursement, s'il a l'admi-

---

(1) Trib. Seine, 20 janvier 1869 (D., 69, 3, 53).
(2) Buchère, *op. citat.*, nᵒˢ 503 et suiv.

nistration du patrimoine de cette dernière ; dans le cas contraire, la femme aura seule qualité pour être payée du capital de ses obligations amorties. Rien de plus juste, dès lors, que de permettre à la société d'exiger la production du contrat de mariage des époux. D'une façon générale donc, la société peut demander des justifications à ceux qui présentent leurs titres nominatifs au remboursement : si les justifications lui semblent insuffisantes, elle est en droit de refuser de payer sans une décision judiciaire (1).

Toutes ces difficultés s'évanouissent, s'il s'agit d'une obligation au porteur. Le porteur, étant présumé créancier, il lui suffit d'apporter son titre pour être remboursé. La société, à moins d'opposition en cas de perte ou de vol, ne peut se refuser à le payer ; à plus forte raison, ne pourrait-elle pas, après avoir payé, répéter contre le porteur en alléguant que, depuis le paiement, elle a appris son défaut de qualité (2). Il y a là d'ailleurs une question de mesure. La société qui s'acquitterait entre les mains d'un enfant, ou d'une femme mariée se présentant à ses caisses comme telle, sans faire la preuve qu'elle est mariée sous un des rares régimes qui lui permettent de toucher seule ses créances, serait en faute, et l'article 1382 C. Civ. permettrait de la rendre responsable d'un paiement fait à une personne n'ayant pas qualité pour le recevoir (3).

---

(1) Trib. Seine, 3 janvier 1861 ; journal le Droit du 17 février 1861.
(2) A. Wahl, op. citat., t. I, nos 737-738.
(3) Id., t. I, no 731.

245. — Le titre amorti est rendu à la société : une quittance délivrée par le créancier ne suffirait pas à anéantir le contrat *erga omnes;* elle produirait ses effets ordinaires *inter partes*, mais elle ne serait pas opposable aux tiers. On devrait admettre, pourtant, que la société pourrait se contenter d'oblitérer le titre au moyen d'une mention par laquelle les tiers seraient avertis qu'il n'a plus aucune valeur.

246. — Enfin le droit de demander le remboursement se prescrit par trente ans, à moins que ce délai n'ait été réduit par les parties (1). Le point de départ de cette prescription est le jour du tirage dans lequel le titre a été amorti.

247. — Il nous reste à étudier plusieurs questions pratiques extrêmement délicates.

248. — Il se peut d'abord qu'un obligataire, ignorant l'amortissement de son titre, le cède : nous avons décidé que dans ce cas, il conservait son droit au capital.

249. — Une autre hypothèse, qui se rapproche de cette dernière, s'est présentée assez souvent. Un individu, ignorant que son obligation est sortie, continue à apporter ses coupons à la société qui les lui paie pendant un certain temps. Un jour, s'apercevant que son titre est amorti, l'obligataire demande son remboursement : touchera-t-il le capital intégral, ou bien faudra-t-il en déduire le montant des coupons qu'il a indûment perçus (2)? L'intérêt

(1) Cass., 14 janvier 1890 (D., 90, 1, 326).
(2) V. sur cette question éminemment pratique : Guillard, *Revue critique*, tome IX, année 1860, page 400 ; Montagnon, *Annales de droit commercial*, année 1886, page 75 ; De Folleville, *Titres au porteur*, n° 366 ; Buchère, *op. citat.*, n° 366 ;

est considérable. S'il s'agissait de la restitution d'un ou de deux coupons, le mal ne serait pas grand. Mais l'ignorance de l'obligataire a pu durer long-temps; dix ans, vingt ans, et lorsqu'il se présente pour être remboursé, au lieu de recevoir 500 francs, comme il l'espérait, il ne touche rien du tout; par-fois même il est obligé de verser une certaine somme à la société. Il semble que les sociétés soient en droit de répéter les coupons payés depuis l'amortissement, car quiconque reçoit en paiement une chose qui ne lui est pas due doit la restituer (art. 1376-1377 C. Civ.). Et c'est, en effet, cette solution qui a été admise par la jurisprudence d'une façon à peu près unanime (1). Voyons les arguments sur lesquels cette doctrine repose.

250. — Le seul argument juridique est celui du paiement de l'indu; nous ne le renouvelons pas. Tous les autres s'appuient surtout sur des considé-rations pratiques. Il est impossible, dit-on, pour la société débitrice, du moins s'il s'agit de titres au porteur, de prévenir tous les obligataires indivi-duellement, car ces obligataires, elle ne les connaît pas. Elle n'a qu'un moyen de porter à leur connais-

Demolombe, t. XXXI; Lenfantin, *Thèse*, Paris, 1882, page 95; Berr, *op. citat.*, page 168; Wahl, *op. citat.*, t. I, nᵒˢ 789 et suiv., Vavasseur, *Economiste français*, 16 novembre 1889, page 604.

(1) Cass., 29 juillet 1879 (S., 80, 1, 109); Trib. Seine, 15 mai 1885; *Gaz. des trib.*, 2 juin. Trib. de com. Seine, 26 janvier 1889; *Annales de droit com.*, 1889, page 85; Cass., 13 mai 1889; *Id.*, page 159; Cass., 14 janvier 1890; journal *le Droit*, nᵒ 19. Contra: Seine, 28 septembre 1881; *Gaz. des trib.*, 13 oc-tobre; Seine, 14 avril 1885; *Jurisprud. financ.*, 2 mai; Trib. paix, Paris, 23 août 1886; *Journal des sociétés*, 1889, page 567.

sance les numéros sortis au tirage ; c'est de les faire publier par la voie de la presse. L'obligataire a le devoir de prendre connaissance des listes ainsi publiées, et de rechercher si, parmi les numéros sortis, ne se trouvent pas ceux des titres qu'il a en portefeuille. Que si la société lui paie ses coupons, malgré l'amortissement, elle n'est pas en faute, car elle a pris toutes les mesures pour que les obligataires fussent avertis, et on ne peut pas lui imposer en outre une vérification minutieuse à ses guichets, vérification rendue impossible par la façon même dont les coupons sont payés. Enfin, les tribunaux se fondent encore sur les clauses imprimées des bordereaux que font signer les sociétés au moment du paiement des coupons; souvent il est inséré dans ces bordereaux que les obligataires s'engagent à vérifier les tirages et à restituer les coupons indûment payés.

251. — Malgré ces considérations, l'opinion contraire est admise par la plupart des auteurs. En face des arguments présentés à l'appui du système adverse, on fait valoir d'autres considérations tirées de l'équité, tout aussi valables. Est-ce qu'en achetant une obligation, ou en souscrivant à une émission, le porteur a contracté l'engagement de s'abonner à un journal financier? Est-il pauvre, et n'a-t-il qu'un nombre restreint de titres? il ne peut sacrifier une partie de ses modestes revenus pour payer cet abonnement. Est-il riche, et a-t-il de nombreuses valeurs? outre que rien ne l'oblige encore à s'abonner, s'il l'a fait, qu'y a-t-il d'étonnant à ce que dans la longue liste de numéros qu'il consulte, justement celui-là lui échappe qui l'intéresse. Quant à l'argument tiré de la clause des bordereaux, il n'a aucune valeur. Les sociétés ne peuvent pas imposer aux obligataires, si elles ne l'ont pas fait dans les prospectus d'émission, la charge de vérifier les listes du tirage. Si la clause était insérée dans les prospectus, elle lierait les souscripteurs et leurs cessionnaires; mais écrite dans un bordereau, elle ne saurait avoir aucune valeur (1).

Laissons de côté tous ces raisonnements très probants, peut-être, mais à coup sûr, peu juridiques. Le seul argument sérieux qu'on objecte est celui tiré du paiement de l'indu. En vain dira-t-on que l'obligataire est en faute de n'avoir pas consulté les listes de tirages; on répondra en sens inverse que la société est également en faute, plus même que l'obligataire, que rien n'astreint à vérifier les tirages. On a présenté, à l'appui de cette dernière doctrine, plusieurs arguments que nous devons exposer.

On a tout d'abord assimilé la société débitrice à un mandataire. Or l'article 1996 C. Civ. décide que le mandataire doit les intérêts des sommes qu'il a employées à son usage, à dater de cet emploi : par conséquent les intérêts que l'obligataire a reçus ne lui ont pas été payés indûment, la société ayant employé à son usage le capital dont elle était débitrice à son égard. — S'il était démontré que la société fût mandataire de l'obligataire, il faudrait encore prouver l'emploi fait par elle et pour son propre compte du capital remboursable. Mais nous ne voyons aucun motif suffisant pour justifier cette assimilation. Le mandat se forme par un concours de volontés, et ce concours ne se rencontre pas dans

(1) Vavasseur, *Economiste français*, 1889, page 605.

l'hypothèse sur laquelle nous discutons ; bien plus, ce concours est impossible, car l'obligataire ignore précisément que son titre est amorti.

Un second argument, présenté dans le même sens est le suivant : On comprend la théorie de la répétition de l'indu lorsqu'il s'agit d'un capital ; on ne la comprend plus lorsqu'il s'agit d'intérêts. C'est que le capital est destiné à être placé, les intérêts à être consommés. Si l'on peut admettre, sous certaines conditions, la répétition du capital, il ne saurait en être de même de celle des intérêts. Ces derniers étant dépensés, en imposer le rapport au possesseur de bonne foi, ce serait, le plus souvent, le mettre dans la nécessité de prendre sur son capital. En d'autres termes, la loi autorise, non pas la répétition de la chose indûment payée, mais la répétition du profit retiré. — On ne trouve nulle part dans le Code Civil l'affirmation de ce principe ; on admet même généralement que si la chose indûment payée consiste en intérêts, celui qui les a reçus, même de bonne foi, doit les restituer (1). C'est ce que la jurisprudence a décidé elle-même (2). D'ailleurs ne peut-on pas dire qu'alors les intérêts forment la chose principale soumise à la restitution ?

252. — M. Demolombe (3) a proposé, toujours à l'appui de ce système, autre chose. Pour cet auteur, le possesseur d'un titre amorti devient propriétaire des intérêts perçus depuis l'amortissement, s'il est de bonne foi, parce que la possession des titres remboursables, jointe à la bonne foi, a pour résultat de

(1) Aubry et Rau, t. IV, § 442, n° 4.
(2) Cass., 4 août 1859 (S., 60, 1, 33).
(3) Demolombe, t. XXXI, n° 340.

lui faire acquérir les intérêts de ces titres, qui sont des fruits civils. Il en résulte que l'amortissement a supprimé la créance, car on ne saurait être à la fois créancier et possesseur de bonne foi. — C'est justement, a-t-on répondu (1), parce que la créance est supprimée que le porteur ne peut en être possesseur. On ne possède pas ce qui n'existe plus. Que le possesseur de bonne foi d'un objet acquière les fruits de cet objet, par suite d'une possession dont il ignore les vices, rien de plus naturel ; mais celui qui ne possède rien ne peut rien gagner. Et pourtant, avec M. Wahl (2) on peut dire que l'amortissement n'a pas supprimé la créance ; loin de là, il l'a rendue exigible, et l'argument que l'on a tiré contre la théorie de M. Demolombe tombe par ainsi.

253. — Enfin M. Lyon-Caen, dans une note accompagnant un arrêt de la Cour suprême de Vienne (3), propose un système mixte. Comme il y a faute des deux parties, les conséquences de cette faute doivent rejaillir sur chacune d'elles, de telle sorte que la société ne pourra retenir que la moitié des intérêts payés à tort. — Que les magistrats, usant, comme le dit M. Lyon-Caen, de la liberté de fixer librement le montant des dommages-intérêts, puissent employer un pareil procédé, rien de plus juste, mais le poser en système, alors qu'il ne s'appuie sur rien, c'est soumettre le droit à l'arbitraire du juge.

254. — Il nous faut pourtant prendre parti dans le débat : de quel côté ferons-nous pencher la balance ?

(1) Montagnon, *loc. cit.*
(2) Wahl, *loc. cit.*
(3) *Journal de droit international privé*, 1881, III-IV, page 174, 5.

La théorie de la jurisprudence est désastreuse pour les capitalistes et trop favorable aux sociétés, qui, le plus souvent, auront employé les fonds non réclamés, et leur auront ainsi fait produire intérêt ; la doctrine contraire sacrifie les sociétés. Aussi nous rallions-nous au système proposé tout récemment par M. Wahl (1), qui, donnant la préférence à la théorie de la jurisprudence, aboutit dans ses résultats à ceux consacrés par la partie adverse. Nous laissons de côté toute idée de faute, laquelle, tout bien considéré, existe des deux parts ; nous admettons que les coupons payés depuis le tirage l'ont été indûment, et que, par suite, ils sont sujets à répétition. Jusqu'à présent, nous ne nous écartons pas du système admis par les tribunaux. Où la différence va apparaître, c'est dans la façon dont cette action en répétition sera exercée. Pour la Cour de Cassation, la société débitrice agit par la voie de la compensation, en retenant sur le capital exigible la valeur des coupons payés à tort. C'est oublier que, pour que la compensation puisse avoir lieu, il faut que les deux créances compensées existent entre les mêmes parties. Or, rien ne démontre que le porteur du titre qui se présente au remboursement soit identiquement celui qui a touché les coupons depuis l'amortissement. C'est donc à la société, qui veut opérer la retenue par voie de compensation, à faire cette preuve qui, bien souvent, sera impossible. Qu'on n'objecte pas que la possession actuelle du titre en fait présumer la possession antérieure, et que d'ailleurs, c'est le titre qui est débiteur, et non le por-

(1) Wahl, *op. citat.*, n° 794.

teur, que, par conséquent, cette présomption admise, la charge de la preuve se trouve renversée et incombe au porteur. Nous répondrions à cet argument que le titre a une existence individuelle, distincte de celle des coupons, à tel point que ces derniers peuvent être dans les mains de personnes autres que le propriétaire du titre. C'est le porteur du titre qui est créancier de la société ; ce sont les porteurs des coupons payés depuis l'amortissement, qui sont débiteurs de la société. La différence est grande, car le titre peut se trouver entre les mains d'un nu-propriétaire, et les coupons entre celles d'un usufruitier.

255. — Cette question de l'usufruit des obligations va nous fournir une nouvelle matière à discussion. Tant que l'obligation existe, l'usufruitier n'a qu'un droit : toucher les coupons d'intérêts. Supposons l'obligation remboursée avec prime ou lot. Que va devenir le droit de l'usufruitier ?

Tout le monde est d'accord pour reconnaître qu'à ce moment l'usufruit se transforme en quasi-usufruit (1) : le capital sera donc versé entre les mains de l'usufruitier, à charge par lui d'en rendre l'équivalent à la fin de l'usufruit.

256. — Cependant un auteur (2) distingue suivant qu'il s'agit de primes de remboursement ou de lots. Dans le premier cas, le capital de la prime est payé à l'usufruitier, car la prime de remboursement est formée par la capitalisation des intérêts retenus ;

---

(1) Nous ne nous mettons pas en contradiction avec ce que nous avons dit précédemment (chap. iii, sec. 2), le point de vue auquel nous nous plaçons maintenant étant tout différent.

(2) Buchère, *op. cit.*, n°s 505-506.

dans le second cas, au contraire, le lot est versé entre les mains du nu-propriétaire, et l'usufruitier n'a droit qu'au capital de l'obligation remboursée, car le lot ne peut être assimilé à la prime de remboursement : c'est un bénéfice *sui generis*, analogue au trésor. Il nous est impossible d'admettre cette distinction, d'autant moins qu'au début de notre travail (Chap. I, sect. 2), nous avons établi que les lots, tout comme les primes de remboursement, sont constitués par des retenues opérées sur les intérêts servis aux obligataires. Quant à l'assimilation que l'on propose d'un lot au trésor, nous ne la comprenons pas, le trésor n'existant qu'autant que l'on rencontre un ensemble de conditions qui ne se trouvent pas ici.

Ce système mis de côté, toutes les difficultés ne sont pas aplanies, et nous en rencontrons de fort sérieuses à propos de l'étendue des droits de l'usufruitier sur les primes et les lots. Leur solution dépend du caractère que l'on reconnaît aux primes et aux lots.

257. — Si nous les envisageons comme des intérêts retenus par la société au détriment des obligataires, il semble que nous soyons amené à en faire bénéficier l'usufruitier par le raisonnement suivant : les intérêts sont des fruits civils, lesquels s'acquièrent jour par jour, et appartiennent à l'usufruitier en proportion de la durée de son usufruit. Par conséquent ce dernier recevra sur la prime ou le lot, une somme égale à la retenue opérée sur les intérêts de ses titres pendant tout le temps qu'a duré son usufruit, et cette somme lui sera attribuée en pleine propriété.

On voit combien cette solution, si elle était suivie,

serait peu pratique, et à quelles complications de
calculs il faudrait se livrer pour arriver à déterminer exactement la part qui devrait revenir à l'u-
sufruitier. D'ailleurs, au point de vue des principes,
elle est inexacte. Sans nul doute les primes et les
lots sont composés d'intérêts retenus, mais ce ne
sont pas des fruits pour autant, pas plus que ne
pourraient être considérés comme fruits des arbres
que l'on aurait plantés dans l'intention, non pas
de les mettre en coupes réglées, mais de les laisser
pousser entièrement, pour en retirer ensuite, en
une seule fois, tout le bénéfice qu'ils peuvent procurer. Les fruits ont un caractère de périodicité que
ne revêtent pas les intérêts retenus. Ces intérêts
sont, en effet, *capitalisés :* ils doivent dès lors
s'ajouter par accession au capital.

258. — Donc le capital de la prime ou du lot ap-
partiendra au nu-propriétaire de l'obligation remboursée, mais c'est l'usufruitier qui le touchera pendant la durée de l'usufruit, car il conserve son droit
à percevoir les intérêts de cette somme. Seulement,
lui ou son successeur en devra restituer le montant
à l'expiration de l'usufruit. C'est la solution admise
par la jurisprudence (1).

259. — La même question s'est encore présentée
à propos des valeurs mobilières appartenant à une
femme mariée : elle doit être résolue de la même
manière. Toutes les fois, par conséquent, que l'obligation sera restée propre à la femme, par suite du
régime adopté, la prime ou le lot lui restera égale-

(1) Cass., 14 mars 1877 (S., 78, 1, 1), et note de M. Labbé ;
Paris, 13 avril 1878 (S., 78, 2, 134).

ment propre ; et toutes les fois que l'obligation tombera en communauté, le bénéfice résultant de l'amortissement y tombera également.

SECTION II

Remboursement anticipé.

260 — En principe le remboursement des obligations doit avoir lieu aux termes fixés (1). Cependant
certains événements peuvent avoir pour conséquence
la dissolution de la société : c'est ce qui arrive souvent
à la suite de la déclaration de faillite ou de liquidation judiciaire de la société, ou encore (ce qui se
produit pour les compagnies de chemins de fer)
lorsque l'Etat exerce le rachat des lignes concédées.
Nous distinguerons entre la faillite ou la liquidation,
et le rachat.

§ Ier

Faillite ou Liquidation.

261. — Supposons la société déclarée en faillite.
La faillite n'est pas, par elle-même, une cause de
dissolution de la société, mais il arrive souvent
qu'elle a pour conséquence la dissolution. Dans ce
cas, quel est le sort des obligataires ? Un point certain, c'est que tous les effets de la faillite vont se
produire, et, parmi eux la déchéance du bénéfice du
terme. Par conséquent, toutes les dettes non échues
de la société deviennent immédiatement exigibles,
et, malgré le terme fixé pour l'amortissement, les

(1) Nancy, 10 juillet 1882 (D., 83, 2, 165).

obligataires, créanciers ordinaires, se voient imposer le remboursement de leurs créances. Ils figurent
donc à la faillite comme tous les créanciers à terme (1).

La Cour de Paris, par un arrêt du 13 novembre
1888 (2), confirmant un jugement du Tribunal de
commerce de la Seine du 30 octobre 1888, en adoptant purement et simplement les motifs de ce jugement, a jugé que l'obligataire qui ne produit pas à
la faillite en temps utile ne peut exercer aucune
action contre les syndics dont le mandat a pris fin,
mais que ses droits demeurent entiers sur l'actif
pouvant exister entre les mains du liquidateur.

262. — Si les obligations étaient remboursables
au pair, il n'y aurait aucune difficulté, mais nous
savons que telle n'est pas la situation habituelle, et
que presque toujours les obligations sont remboursables avec primes ou lots. Quel va être alors l'effet
de la faillite à l'égard de semblables obligations (3) ?

Les obligataires figureront-ils au passif de la faillite seulement pour la somme effectivement versée
par eux à la caisse sociale, ou bien pour la valeur

(1) Nous supposons que les obligations ne sont garanties
par aucune sûreté réelle.

(2) *Droit financier*, 1889, 5. La question avait été soulevée
à propos de la faillite de la Compagnie du chemin de fer du
Tréport à Abancourt. Les syndics payèrent toutes les créances
affirmées, et remirent le reliquat de l'actif au liquidateur de
la société. Deux actionnaires assignèrent ce dernier pour qu'il
distribuât aux actionnaires le solde de l'actif, mais un obligataire intervint pour contester cette prétention et demander que
le liquidateur fût tenu de lui rembourser 20 obligations qu'il
n'avait pas produites à la faillite.

(3) Nous ferons la théorie à propos de la faillite, mais elle
serait la même à propos de la liquidation judiciaire d'une société commerciale ou de la déconfiture d'une société civile.

nominale de leur obligation, c'est-à-dire pour la
somme qu'ils auraient été appelés à toucher si leurs
titres avaient été amortis par la voie du sort (1) ?

263. — La question a été portée pour la première
fois devant les tribunaux en 1861, à l'occasion de la
faillite de la Compagnie des chemins de fer de Bé-
ziers à Graissessac. Cette compagnie avait émis à
140 francs des obligations remboursables à 250 fr.,
en 69 ans. Les obligataires se présentèrent à la faillite pour 250 francs ; les syndics au contraire ne
voulaient admettre leurs créances que pour la valeur
de 140 francs. Le tribunal de commerce de la Seine,
par jugement du 30 septembre 1861, donna gain de
cause aux porteurs :

« Attendu, est-il dit dans les considérants, que s'il
« est vrai que les porteurs des obligations dont s'a-
« git aient consenti, en souscrivant auxdites obli-
« gations, un contrat en vertu duquel ils devaient
« être remboursés au taux de 250 francs dans le cours
« de 69 ans, il ressort des termes de la loi, que la
« dette non échue est devenue exigible par l'état
« de faillite : que, ce contrat étant rompu du fait
« de la compagnie, on ne saurait opposer les
« conditions de délai stipulées pour le rembourse-
« ment, aux obligataires qui se présentent porteurs
« de titres souscrits par la compagnie, et rembour-
« sables à 250 francs. Attendu, dès lors, que c'est à
« bon droit que les porteurs d'obligations demandent

---

(1) V. sur cette question : Rataud, *Revue critique*, 1864,
tome XXIV, page 195 ; Buchère, *op. citat.*, n°s 491 et suiv. ;
Lacour, *Revue des sociétés*, 1889, p. 65, en note sous jugement du trib. civ. Seine, du 28 novembre 1888.

« leur admission au passif de la faillite pour le mon-
« tant des titres devenus désormais exigibles. »

Cependant la Cour d'appel de Paris (1), et, après
elle la Cour de Cassation (2), sans pour cela donner
entièrement gain de cause aux syndics, s'écartèrent
de cette jurisprudence.

264. — La Cour de Paris semble voir dans l'émission d'obligations avec primes de remboursement,
deux contrats juxtaposés : un prêt ordinaire d'une
part, et, de l'autre, une convention accessoire de
capitalisation d'intérêts. Partant de là, la faillite sur-
venant rend le prêt immédiatement remboursable,
— le prêt seulement, c'est-à-dire la somme effectivement versée par les obligataires ; — quant à la
convention de capitalisation, elle se trouve anéantie
par le fait du débiteur, et le seul droit des créanciers,
c'est d'intenter à la compagnie une action en dommages-intérêts. Ces dommages-intérêts étaient fixés
par la Cour de Paris à la différence existant entre
les intérêts payés par la compagnie, et le taux légal
de 6 pour cent.

265. — La Cour de Cassation a admis la même
solution, mais elle l'a appuyée sur d'autres bases.
La Cour suprême répudie la dualité de contrats re-
connue par la Cour de Paris : la convention interve-
nue entre la compagnie et les obligataires est com-
plexe, sans doute, mais unique. En réalité les
souscripteurs ne devaient recevoir au remboursement
que le capital déboursé, augmenté de la retenue faite
sur leurs intérêts (c'est la théorie de la Cour de

(1) Paris, 23 mai 1862 (S., 62, 2, 327).
(2) Cass., 10 août 1863 (S., 63, 1, 428, et D., 63, 1, 350).

Paris), mais ils couraient tous la chance d'un bénéfice si le sort appelait leurs titres au remboursement avant le délai maximum fixé. Donc, les porteurs
d'obligations se présenteront au passif de la faillite
pour le montant du capital versé par eux sur leurs
obligations, augmenté de la retenue opérée sur les
coupons, depuis la souscription et en outre d'une
indemnité représentant l'augmentation de valeur
des obligations par suite de la plus value résultant
de l'amortissement qui avait déjà eu lieu.

266. — C'est le principe consacré par cette jurisprudence que nous adoptons ; nous pouvons ajouter
aux arguments fournis plus haut que l'article 445
C. Com. fortifie encore cette solution, en arrêtant le
cours des intérêts à l'égard de la masse. Le système
admis par le Tribunal de Commerce de la Seine,
s'il était suivi, serait désastreux pour les créanciers
de la société, autres que les obligataires ; ces créanciers verraient, en effet, le passif considérablement
augmenté par la masse des obligataires, et leur dividende réduit d'autant. Inversement les obligataires seraient favorisés par le paiement d'un capital
sur lequel ils ne devaient pas légitimement compter,
du moins au moment de la faillite. On a mal répondu, à notre avis, à cette objection, en disant qu'en
réalité les obligataires ne seraient pas favorisés ; que
ce serait pour eux un moyen de perdre moins, car
leur créance étant plus forte, le dividende qu'ils seraient appelés à toucher serait également plus fort,
mais, qu'à tout prendre, il dépasserait rarement leur
apport ; que d'ailleurs les autres créanciers n'ont
pas le droit de se plaindre, car, traitant avec la société, ils devaient savoir qu'ils viendraient en con-

cours avec les obligataires (1). Mais où prend-on ce droit, pour les obligataires, d'être en quelque sorte privilégiés? Où trouve-t-on dans la loi qu'ils doivent être préférés aux créanciers ordinaires? Nulle part, alors ils concourent avec eux et dans les mêmes conditions.

Nous repoussons donc les deux opinions extrêmes, appelant l'obligataire au passif de la faillite, l'une pour la valeur nominale de son titre, l'autre pour la somme par lui versée en réalité à la souscription, et nous nous rangeons au système mixte proposé par la Cour de Cassation, et consacré depuis par une jurisprudence constante (2).

267. — Si l'on est à peu près d'accord aujourd'hui pour reconnaître aux porteurs d'obligations le droit de se présenter à la faillite pour toucher moins que la valeur nominale de leurs obligations, et plus que leur valeur réelle; en d'autres termes, si l'on décide généralement que leur créance se compose du capital par eux fourni pour l'acquisition de leurs titres (nous parlons du capital versé à la société, et non du prix d'achat en Bourse), des coupons d'intérêts échus et non encore payés, et de dommages-intérêts, on discute encore vivement sur la quotité de ces dommages-intérêts (3).

---

(1) Berr, *op. citat.*, page 174.
(2) Paris, 25 mars 1868 (S., 68, 2, 287); Douai, 24 janvier 1873 (S., 73, 2, 244); Paris, 28 janvier 1879 (S., 79, 2, 52); Paris, 15 mai 1878 et Cass., 29 juin 1881 (S., 83, 1, 218); Paris, 21 février 1881 et Cass., 18 avril 1883 (S., 83, 1, 441). Contra : Lyon, 8 août 1873 (S., 74, 2, 105).
(3) Le Courtois, *le Remboursement anticipé des obligations.*

268. — La Cour de Paris, dans son arrêt du 28 janvier 1879, examinant le tableau d'amortissement, recherche à quelle époque les obligataires ont la chance de gagner les primes, et fixe cette époque au moment où le nombre des titres déjà remboursés atteint celui des titres à rembourser. Elle leur attribue donc une somme qui, accrue tous les ans par suite de la capitalisation des intérêts, représente exactement, à l'époque moyenne de l'amortissement, le chiffre de la prime. Cette évaluation semble mathématique, et pourtant, en réalité, elle donne souvent des résultats inexacts, ainsi que le montre M. Labbé (1). Oui, s'il s'agissait de sommes importantes, la capitalisation des intérêts produirait son effet; mais comment les obligataires, à l'aide des quelques francs qu'on leur allouera, pourront-ils reconstituer la prime qui leur était promise?

269. — Nous avouons notre préférence pour le système admis précédemment par la même Cour de Paris (arrêts des 15 mai 1878 et 21 février 1881) et consistant à ajouter au capital fourni par l'obligataire et aux coupons échus non encore payés, une première indemnité représentant ce que les arrêts appellent *la portion acquise de la prime*, c'est-à-dire « la fraction qui se trouve avec la totalité de la « prime dans le même rapport que le temps écoulé « depuis l'émission jusqu'à la mise en liquidation avec la durée complète de l'amortissement », indemnité augmentée en outre d'une somme repré-

---

(1) Labbé, note sous arrêt Cass., 18 avril 1883 (S., 83, 1, 441).

sentative de la plus value résultant des chances de remboursement devenues plus favorables (1).

D'ailleurs, avec M. Lacour (2), nous pensons qu'il y a là une question de fait à résoudre, bien plutôt qu'une question de droit, et les bases du calcul pourront varier suivant les différentes hypothèses qui se présenteront en pratique.

270. — Quant aux obligations à lots, on a proposé un moyen très ingénieux de déterminer la somme pour laquelle les obligataires figureraient à la faillite (3). Ce serait d'effectuer tous les tirages au moment de la faillite, et les premiers numéros sortis seraient remboursés par la somme fixée dans les statuts, sous la déduction de l'escompte à raison de la jouissance immédiate du capital. Une décision judiciaire (4) a même ordonné l'emploi de ce procédé. Nous repoussons entièrement ce système, car les lots étant constitués de la même façon que les primes, on ne peut procéder d'une manière à l'égard des uns, et d'une manière différente à l'égard des autres.

271. — Nous avons complètement laissé de côté une théorie dissidente, entièrement abandonnée aujourd'hui, refusant aux obligataires le droit de figurer à la faillite, sous le prétexte qu'ils ne sont pas de véritables créanciers, mais plutôt des actionnaires privilégiés. Nous avons par avance réfuté cette doctrine lorsque, au début de notre travail,

(1) Note de M. Levillain (D., 80, 2, 25).
(2) Lacour, *op. cit.*
(3) Lenfantin, *op. cit.*, page 111.
(4) Douai, 24 janvier 1873 (S., 73, 2, 444).

nous avons reconnu aux obligataires le caractère de créanciers.

272. — Au cas où il s'agirait, non plus d'une société commerciale, mais d'une société civile en liquidation, les liquidateurs pourraient ne pas comprendre les obligataires dans le passif de la liquidation, pour le chiffre que nous avons établi plus haut, si les retenues effectuées pour le service des primes, jointes aux intérêts payés, dépassaient le taux de 5 pour cent. L'emprunt contracté dans ces conditions devrait être considéré comme usuraire par application de la loi du 3 septembre 1807. Il est vrai, et nous avons eu l'occasion de combattre cette jurisprudence, que les Cours d'appel et la Cour de Cassation, tendent à attribuer à ces emprunts un caractère aléatoire qui les soustrait à l'application de la loi de 1807 (1).

273. — La théorie que nous venons de développer peut, d'après la jurisprudence, recevoir une exception, si, à côté de la société tombée en faillite ou en déconfiture, se trouve une autre société civile chargée d'assurer le service d'amortissement. C'est du moins ce qu'on peut induire d'un jugement du Tribunal civil de la Seine, en date du 25 juin 1890 (2), qui a décidé que, les souscripteurs des obligations émises par la Compagnie du Canal de Panama en 1888 ayant constitué une société civile au moyen d'un prélèvement sur les fonds prêtés, pour assurer le service de l'amortissement, la compagnie n'était obligée que si la société civile ne te-

(1) Cass., 18 avril 1883 (S., 83, 1, 361 et D., 84, 1, 25).
(2) *Revue des sociétés*, 1890, page 427.

nait pas ses engagements. Le tribunal se fonde donc
sur ce que la charge de l'amortissement incombe
principalement à la société civile, et subsidiaire-
ment à la compagnie.

« Attendu que l'obligation directe et principale
« incombait à la Société civile seule, et que la Com-
« pagnie de Panama ne pouvait être recherchée
« qu'à défaut, par la Société civile, de s'exécuter
« régulièrement;

« Que cette disposition, qui ressort manifeste-
« ment de toutes les conventions et de toutes les
« publications auxquelles ont donné lieu les em-
« prunts de mars et de juin 1888, est formellement
« énoncée dans les statuts de la Société civile créée
« à l'occasion du dernier emprunt;

« Que l'article 3, paragraphe 7, desdits statuts
« porte en effet : « Dans le traité à intervenir entre
« la Société civile et la Compagnie de Panama, il
« sera stipulé que le remboursement du capital et
« le paiement des lots, assurés par les capitaux de
« la Société civile, seront en outre directement ga-
« rantis par la Compagnie du Canal de Panama,
« qui restera seule chargée du service des intérêts;
« elle devra s'engager à faire, *à défaut de la So-
« ciété civile*, le service des lots et de l'amortisse-
« ment.

« Attendu que la condition spéciale, dont s'agit,
« a été acceptée par tous les souscripteurs aux deux
« emprunts de mars et de juin 1888, leur adhésion
« aux statuts des Sociétés civiles étant une consé-
« quence de leur souscription;

« Qu'ils ont donc renoncé à agir directement
« contre la Compagnie du Canal de Panama, fût-

« elle en déconfiture, soit pour demander la réso-
« lution du contrat, ou en poursuivre l'exécution
« tant que la Société civile accomplirait ses enga-
« gements ;

« Qu'en d'autres termes, leur droit contre la
« Compagnie ne peut s'ouvrir qu'au jour où la So-
« ciété civile cesserait d'assurer régulièrement le
« service de l'amortissement et des lots..... »

274. — Cette décision nous paraît admissible, à
la condition toutefois de n'en pas exagérer la portée. De ce que les souscripteurs ont adhéré à la société civile, il n'en résulte pas qu'ils *ont renoncé à
agir* contre la compagnie. Le tribunal semble avoir
oublié que l'engagement de la société civile était
cautionné par la compagnie. La caution venant à
tomber en déconfiture, les obligataires auraient le
droit, pensons-nous, d'agir immédiatement contre
la société civile par application de l'article 1188 C.
Civ. et de lui dire : Les garanties que vous nous
aviez accordées n'existent plus ; fournissez-en de
nouvelles, ou remboursez-nous immédiatement. Si
vous ne pouvez le faire, nous demandons alors à
être compris dans la déconfiture de la compagnie,
votre garante.

275 — Ce n'est pas seulement à propos de faillite, de liquidation judiciaire ou de déconfiture, que
les difficultés que nous avons examinées peuvent se
présenter. Elles seraient encore susceptibles d'être
soulevées dans l'hypothèse d'une industrie expro-
priée par l'Etat qui veut garder le monopole de la
fabrication. Nous les retrouvons encore en matière
de rachat.

§ 2
Rachat.

276. — Dans le cahier des charges des grandes compagnies de chemins de fer, l'Etat se réserve le droit, à l'expiration du délai de quinze ans, de racheter les lignes concédées, moyennant une indemnité dont les bases sont établies dans ce cahier des charges. Il en est de même pour les compagnies de chemins de fer d'intérêt local; mais pour les unes comme pour les autres, le rachat ne peut avoir lieu qu'en vertu d'une loi. Quand le rachat est effectué, la compagnie devient créancière de l'Etat : si, à ce moment elle est en faillite et que le passif dépasse l'actif, les obligataires concourent avec les créanciers, et nous retrouvons la même hypothèse que tout à l'heure. Mais supposons la compagnie florissante; sa situation est prospère : alors nous ne rencontrons plus en face les uns des autres les obligataires et les créanciers, mais les obligataires et les actionnaires (1). Les obligataires vont-ils pouvoir demander le remboursement de leurs créances comme s'il y avait faillite ou liquidation judiciaire (2)?

277. — On a prétendu que, malgré le rachat et la liquidation qui le suivra forcément, le contrat intervenu entre la compagnie et les obligataires

(1) Nous laissons de côté le cas, qui ne soulève aucune difficulté, où l'Etat prendrait à sa charge le service des obligations.
(2) V. Paris, 21 février 1881 (D., 84, 1, 25 et S., 83, 1, 441) et note de Labbé; Cass., 18 avril 1883 (S., 83, 1, 361 et 441); Cass., 6 janvier 1885, 2 février 1887 et 10 mai 1887 (D., 88, 1, 57).

doit être entièrement exécuté. La situation est toute différente en matière de faillite; il a bien fallu, dans un intérêt général, réglementer les effets de la faillite et imposer aux créanciers du failli des conditions autres que celles qu'ils lui avaient consenties. Le rachat ne peut, à ce point de vue, être assimilé à la faillite, surtout lorsqu'il n'est pas imposé par l'Etat, mais sollicité par la compagnie ou librement accepté par elle (1). Ce n'est pas davantage un cas de force majeure, ni un fait de prince, puisque, nous le répétons, il n'a pas été imposé ou qu'il a eu lieu avant le délai *minimum* de quinze ans, fixé par le cahier des charges. Par conséquent les obligataires conservent les deux droits que nous leur avons reconnus : 1° de toucher les intérêts de leurs titres; 2° d'être remboursés aux termes des statuts, par voie de tirage au sort, dans un délai déterminé. Du reste, la compagnie ne peut pas alléguer que, par la force même des choses, il lui est impossible de continuer le service des obligations, car qui dit liquidation dit forcément cessation des opérations de la société. Ne sait-on pas qu'une société dissoute subsiste pour les besoins de la liquidation, tant que cette liquidation n'est pas opérée? Ne sait-on pas aussi qu'en matière commerciale notamment, la personnalité de la société dure jusqu'à la fin de la liquidation? Eh bien! une des opérations essentielles de la liquidation, c'est l'extinction du passif, le paiement des dettes sociales. Enfin, ajoute-t-on, adopter une autre solution, c'est permettre à une seule partie, dans un contrat synallagmatique, de se délier librement

(1) Cass., 18 avril 1883, *arrêt précité.*

du contrat, ce qui est impossible, ou c'est déclarer
que le terme de l'amortissement n'est établi qu'en
faveur de la société débitrice, ce qui est inexact, le
terme, en matière de prêt à intérêt, et sauf stipulation contraire, devant être considéré comme établi
en faveur des deux parties.

278. — La jurisprudence, se laissant guider,
comme souvent, par des raisons pratiques, et prenant en considération les difficultés qu'eût entraî-
nées dans la liquidation la continuation de l'amortissement, ne reconnaît pas aux obligataires le droit
d'exiger l'exécution pure et simple du contrat (1).
Elle appuie sa solution sur les arguments suivants :

La société s'est mise en liquidation par suite du
rachat; peu importe que le rachat ait été effectué
avant ou après l'époque où il pouvait être imposé,
il était prévu par les statuts, et les obligataires, qui
ont contracté au vu de ces statuts, doivent en supporter les conséquences. Ces conséquences, quelles
sont-elles? La liquidation, et par suite l'arrêt du
remboursement suivant le tableau d'amortissement.
Or, d'une part, ce tableau ne peut être suivi que si
la société fonctionne régulièrement, — une société
dissoute ne pouvant alimenter le fonds d'amortissement, — et, d'autre part, les liquidateurs ont pour
mission de réaliser l'actif et d'éteindre le passif dans
le plus bref délai. Comme conclusion, la Cour de
Cassation autorise les compagnies à imposer aux
obligataires la résolution de leur contrat; mais elle
sauvegarde les intérêts de ces derniers en leur permettant de demander, outre le prix par eux versé

(1) *Arrêts précités.*

sur leurs titres, des dommages-intérêts représentant le préjudice que le rachat leur cause et le gain qu'ils manquent de réaliser. La détermination de ces dommages-intérêts sera donc faite d'après des bases analogues à celles que nous avons examinées en matière de faillite.

279. — Nous n'adopterons ni l'un ni l'autre de ces systèmes, ou plutôt, nous les adopterons tous les deux. Nous avons dit tout à l'heure qu'en matière de rachat, les intérêts des obligataires se heurtaient à ceux des actionnaires : c'est en partant de cette idée que nous aboutirons à une solution que nous croyons juridique, et tout aussi équitable dans son application, sinon plus, que celle de la Cour de Cassation. A côté des obligataires et des actionnaires, n'oublions pas qu'il y a aussi les créanciers. Si les obligataires se trouvent en conflit avec ces derniers, nous leur imposerons la réduction, conformément à la théorie de la jurisprudence ; si, au contraire, ils viennent avec les actionnaires, ils pourront imposer l'exécution pure et simple du contrat (1). Notre doctrine ainsi exposée, développons-la.

280. — Il nous paraît impossible, pour les raisons indiquées plus haut, de mettre sur la même ligne le rachat et la faillite. En outre, la société débitrice n'a jamais, croyons-nous, le droit de rembourser ses obligations au-dessous du pair. Comment ! j'achète un titre sur lequel est écrit : *Obligation de cinq cents francs, produisant 15 francs d'intérêts,* et, de par le bon plaisir des administrateurs de la société, je vais me voir imposer une réduction de

(1) Ce système est soutenu par M. Le Courtois, *France judiciaire,* 1880, pages 361 et 569.

150 francs et plus? Sans doute, répond la jurisprudence; mais votre prime ne résulte que de la capitalisation des intérêts; ce n'est qu'une créance conditionnelle, s'acquérant jour par jour, et cessant
avec la société, la condition étant défaillie. Oui, la
condition est défaillie, mais pourquoi? Est-ce par
force majeure? mais le rachat est librement consenti; alors c'est vous, débiteur, qui la faites dé-
faillir, et vous ne pouvez pas vous en prévaloir.
Vous dites encore que le rachat rend l'exécution
impossible. Quand cela serait, la faute vous en est
imputable; mais cela n'est pas; votre obligation
consiste à payer 500 francs; vous n'êtes pas en faillite, donc vous devez 500 francs. Il est vrai que la
Cour de Paris (arrêt du 21 février 1881) déclare que
la compagnie a contracté une obligation de faire
consistant en tirages annuels, obligation rendue
impossible par le rachat. Nous avons beau chercher,
nous ne voyons pas, dans la convention passée entre
les souscripteurs et la compagnie, une obligation
de faire à la charge de cette dernière. A quoi donc
s'est obligée la société? à faire des tirages ou à payer
500 francs? Les tirages certainement ne forment
pas l'objet de la convention; ils servent à déterminer
l'ordre dans lequel *l'obligation* de la compagnie
sera exécutée. Alors rien n'empêche la compagnie
de continuer à effectuer le remboursement de ses
dettes, comme par le passé. Cela lui sera facile si le
prix du rachat est payable par annuités qu'elle con-
sacrera au service de l'amortissement. Que si le
prix du rachat était payable en une fois, elle n'aurait qu'à distraire de l'actif une somme suffisante
qui serait mise en réserve pour l'acquittement de la

dette provenant de l'emprunt, l'excédent étant partagé entre les actionnaires. D'ailleurs si, par ce fait, les sûretés garantissant la créance des obligataires étaient diminuées, ceux-ci pourraient invoquer la déchéance du terme et se présenter immédiatement à la liquidation. La compagnie pourrait enfin donner aux obligataires le choix, ou de continuer à toucher leurs coupons et à être remboursés par la voie du sort, comme par le passé, ou d'être immédiatement remboursés au-dessous du pair.

281. — Telle est la solution que nous adopterions si, au moment du rachat, la situation de la société était établie d'une façon bien nette ; mais nous avons fait des réserves, parce que, le plus souvent, en pratique, cette situation n'est pas exactement connue. A quel chiffre montera l'actif ? Quelle somme atteindra le passif ? autant de points d'interrogation qui se posent toujours au début d'une liquidation. Et c'est alors qu'apparaît le concours des obligataires avec les autres créanciers. Vis-à-vis d'eux, les obligataires n'ont droit qu'au capital réduit de leurs titres. C'est ce qu'il nous faut démontrer.

Si nous étions en matière de faillite, il n'y aurait aucune difficulté, l'article 445 C. Com. nous permettant de réduire la prime des obligations, assimilée à une accumulation d'intérêts. Nous croyons qu'en dehors de la faillite, les articles 672 et 765 § 2 C. Pr. Civ. nous permettent de consacrer la même solution. Dans l'article 672, il est question d'une distribution par contribution. Ce texte décide que les intérêts des créances colloquées « cesseront « du jour de la clôture du procès-verbal de distribu- « tion, s'il ne s'élève pas de contestation ; en cas de

« contestation, du jour de la signification du juge-
« ment, » et enfin, en cas d'appel, quinze jours après
la signification de cet appel. En matière d'ordre,
l'article 765, § 2, dispose que « les intérêts et arré-
« rages des créanciers utilement colloqués, cessent
« à l'égard de la partie saisie », du jour où le juge
a clos son procès-verbal et a définitivement arrêté
l'ordre des créances contestées. C'est qu'à partir de
ce moment, le saisi ne doit plus d'intérêts ; c'est
sur l'adjudicataire, s'il n'a pas payé son prix ou
sur la Caisse des dépôts et consignations, si le prix
a été versé, que retombe dorénavant la charge des
intérêts. Le saisi ne doit donc plus rien, sauf la différence entre l'intérêt de 3 pour cent servi par la
Caisse des dépôts et consignations, et l'intérêt de 5
pour cent, légitimement dû au porteur du bordereau
qui a fait toutes les diligences nécessaires pour réclamer son paiement. Cette cessation du cours des
intérêts a été établie, moins, peut-être, en faveur
du débiteur qu'en faveur des créanciers colloqués. Les créanciers qui n'ont pas figuré à l'ordre
ne peuvent pas s'en prévaloir, et le débiteur lui-
même ne le peut pas davantage. Seuls les créanciers
qui concourent avec les obligataires profitent de la
cessation du cours des intérêts, mais dans tous les
cas, les intérêts continuent à courir contre la société
débitrice.

C'est donc à la société à voir si elle a avantage à
rembourser immédiatement tous ses titres au pair,
ou s'il ne vaut pas mieux pour elle continuer le service de l'emprunt.

282. — Il est pourtant un cas où cette continuation devient impossible. C'est lorsque les obligations

sont garanties par des sûretés réelles, et que les immeubles affectés à l'hypothèque sont vendus. L'acquéreur peut alors purger, et ni la société débitrice ni les obligataires ne peuvent éviter le remboursement immédiat de toutes les obligations.

Mais si la compagnie est dans une situation prospère, rien ne l'oblige à vendre les immeubles qui garantissent son emprunt. Si elle est forcée de le faire, c'est qu'elle se trouve probablement dans une situation obérée qui rendra presque toujours la déclaration de faillite inévitable. Les administrateurs auraient toujours le droit, si les obligataires y consentent, de remplacer les immeubles aliénés par de nouvelles sûretés. Enfin s'ils ne l'ont pas fait, ils auraient dû alors ne les vendre qu'à la condition que les adjudicataires ne purgeront pas, ce qui est possible (1), et il n'y a aucune iniquité à faire supporter par la société la charge de la prime.

283. — Concluons. Dans la liquidation, si au premier abord il n'apparaît pas clairement que l'actif est suffisant pour désintéresser tous les créanciers, les obligataires seront réduits comme en matière de faillite. Ce n'est que lorsque toutes les créances ordinaires seront éteintes que l'on emploiera le surplus de l'actif, avant qu'aucun dividende soit attribué aux actionnaires, à compléter aux obligataires leur capital au pair. Si, au contraire, il est évident que les créanciers n'ont rien à redouter, c'est à la société à décider si elle veut continuer le service des obligations, ou si elle préfère dès maintenant les rembourser au pair.

(1) Aubry et Rau, t. III, n° 293 *bis*, page 506, note 31.

284. — Parfois les sociétés sont allées plus loin encore dans la voie que nous venons d'indiquer. En dehors des cas de faillite ou de rachat, elles ont émis la prétention de pouvoir toujours, et comme il leur plairait, rembourser leurs obligataires, sans attendre le terme extrême fixé pour l'amortissement, et sans suivre, par conséquent, l'ordre indiqué dans le tableau. C'est ce qui se présente quand les sociétés sont florissantes et quand, avec les bénéfices réalisés, elles peuvent éteindre les dettes qu'elles ont contractées envers les obligataires. Elles invoquent à l'appui de leur prévention l'article 1187 C. Civ. ainsi conçu : « Le terme est toujours présumé stipulé en « faveur du débiteur, à moins qu'il ne résulte de la « stipulation ou des circonstances, qu'il a été aussi convenu en faveur du créancier. » — Tel est bien le principe posé par le Code, mais à cette règle il y a des exceptions. Nous avons souventes fois répété, au cours de ce travail, que l'obligation n'est pas autre chose qu'un *prêt à intérêt* ; revêtons même ce prêt, si l'on veut, et pour faire la part la plus large à nos adversaires, d'un caractère aléatoire à raison de l'incertitude du tirage au sort ; il n'empêche que cette convention, ainsi définie, forme la loi des parties, et doit être exécutée de bonne foi (Art. 1134 C. Civ.). Dans le prêt à intérêt, le terme est stipulé aussi bien en faveur du créancier qu'en faveur du débiteur. Tout le monde l'admet, et la doctrine est à peu près unanime sur ce point (1). Seul M. Demolombe (2)

---

(1) Aubry et Rau, t. IV, page 90, note 21 ; Toullier, tome VI, page 677 ; Duranton, tome I, page 109 ; Larombière, tome II, art. 1187, n° 5 ; Colmet de Santerre, tome V, n° 110 *bis*.

(2) Demolombe, t. XXV, n° 629.

émet quelques doutes à ce sujet. Par conséquent les sociétés doivent accomplir leurs engagements jusqu'au bout. De même que les obligataires ne peuvent réclamer le remboursement de leur argent avant le terme convenu, de même les compagnies ne peuvent les obliger à recevoir leur remboursement avant ce terme. Et cela est juste, car le créancier, en consentant le prêt, comptait faire un placement qui, dans son esprit, devait durer une certaine période d'années, et il entendait n'être remboursé par anticipation, qu'au cas d'amortissement par la voie du sort.

Que les sociétés ne disent pas qu'elles ne font que suivre l'exemple donné par l'Etat qui effectue des conversions obligatoires. Entendons-nous bien. Si les conversions de rentes sont obligatoires, c'est parce que le Code interdit les engagements perpétuels (Art. 1911 C. Civ.) ; mais les remboursements anticipés d'obligations émises par l'Etat nous sembleraient tout aussi condamnables que ceux de valeurs émises par des sociétés privées.

C'est donc aux sociétés à stipuler, dans le contrat de souscription, qu'elles pourront rembourser leurs titres avant le terme convenu (1).

285. — Notre théorie ainsi formulée, nous devons bien reconnaître que, dans certains cas, son application ne pourra être faite. Tout dépendra souvent des conditions de l'emprunt. S'il s'agit d'obligations émises au pair, nous n'hésitons pas à déclarer que les sociétés doivent respecter scrupuleusement l'engagement qu'elles ont contracté vis-à-vis de leurs

(1) Nancy, 10 juillet 1882 (D., 83, 2, 165).

21

créanciers. Mais la question devient plus délicate s'il s'agit d'obligations à primes. Les tribunaux auraient alors à apprécier si, par suite de la prime, le terme n'est pas censé stipulé en faveur du débiteur seulement. De quel droit un créancier viendrait-il se plaindre de ce qu'il touche dix ou vingt ans plus tôt qu'il ne devait s'y attendre le bénéfice de la prime ?

Et encore, même dans cette hypothèse, éprouverions-nous des doutes s'il était démontré que, malgré la prime, le créancier a intérêt à conserver ses titres. Dalloz (1) décide en effet que le débiteur ne peut contraindre le créancier à recevoir le paiement avant l'échéance, à moins qu'il n'offre en même temps les intérêts jusqu'à l'échéance, et que, *même dans ce cas, le créancier pourrait refuser le paiement si, en raison de certaines circonstances, il était intéressé à ne pas le recevoir.*

(1) D., *jurisp. génér.*, vº obligations, nᵒˢ 1267-1279.

APPENDICE

DES OBLIGATIONS DU CRÉDIT FONCIER

286. — Jusqu'ici nous avons laissé complètement
de côté une catégorie spéciale d'obligations émises
pourtant par une société. Nous voulons parler des
obligations du Crédit Foncier. Il nous a été impossible de les étudier plus tôt, parce que, à l'inverse
des obligations ordinaires, dont elles diffèrent sur
bien des points, elles ont une législation particulière.
Nous ne voulons pas, bien entendu, revenir en détail sur les caractères qu'elles peuvent avoir de
commun avec les obligations en général, nous bor-
nant à renvoyer à ce sujet aux explications précédemment données : notre étude portera uniquement
sur les différences qui font de ces titres une classe
particulière de valeurs.

287. — C'est en Allemagne que sont nées et que
se développèrent les institutions de crédit foncier.
Ces institutions y prirent rapidement une grande
extension. En 1835, M. Wolowski faisait connaître
en France les résultats obtenus par les sociétés alle-

mandes. Ce ne fut qu'en 1848 que des propositions de loi précises furent formulées au sein de l'Assemblée législative ; mais ces propositions ne furent ni discutées ni votées. Les événements de 1851 vinrent hâter la réforme. Presque après le coup d'état, le décret du 28 février 1852 fut promulgué. Ce décret se propose de favoriser les banques de crédit foncier en leur accordant, outre l'hypothèque, des avantages au point de vue de la réalisation du gage et de la purge. Ces avantages sont accordés à toutes les banques autorisées par l'Etat. Ainsi ce système ne crée pas une Banque d'Etat, il se contente de donner quelques encouragements aux banques privées de crédit foncier.

Une grande société fut fondée à Paris, au capital de 25,000,000 de francs ; le décret qui l'autorisa lui donna un monopole de 25 années dans le ressort de la Cour d'appel ; mais l'autorisation était subordonnée à la condition que les statuts seraient approuvés par le Conseil d'Etat. L'établissement ainsi constitué prit le nom de Banque Foncière de Paris.

Le mouvement s'étendit à la province, où plusieurs sociétés se fondèrent, l'une à Marseille, l'autre à Nevers. Les résultats obtenus par cette multiplicité de sociétés ne furent pas très avantageux ; aussi, le Gouvernement jugeant qu'une banque unique était préférable, il se produisit un mouvement de concentration. Ce changement fut consacré par un décret du 10 décembre 1852, étendant le privilège de la banque de Paris à tous les départements, et l'autorisant à s'incorporer les banques de Marseille et de Nevers. La Banque de Paris prit alors le nom de *Crédit Foncier de France :* le décret lui accordait en outre une subvention de 10,000,000 de francs.

Ce système de l'unité réalisa les prévisions. Après quelques débuts difficiles, le Crédit Foncier finit par faire accepter ses valeurs au public. Aujourd'hui, les titres du Crédit Foncier sont considérés comme étant de premier ordre.

Depuis sa fondation, le Crédit Foncier a subi des transformations nombreuses. Le décret de 1852 avait maintenu son fonctionnement dans des limites trop étroites. Le mouvement de la législation tendit à élargir les attributions de la Banque, mais en même temps on investit l'Etat d'une surveillance plus grande. Le Crédit Foncier fut réorganisé par un décret du 6 juillet 1854 : le contrôle de l'Etat est exercé par un gouverneur et deux sous-gouverneurs.

288. — Le but général du Crédit Foncier est de prêter aux propriétaires fonciers sur première hypothèque. Le capital des prêts est obtenu à l'aide d'obligations ou de lettres de gages émises par la société.

Nous suivrons pour l'étude de ces titres un ordre analogue à celui que nous avons adopté dans la première partie de notre travail.

§ 1

Nature et caractères des obligations du Crédit Foncier.

289. — Lorsqu'un propriétaire foncier veut emprunter une certaine somme d'argent au Crédit Foncier, il fait une demande. Après une procédure assez longue, dans les détails de laquelle nous ne pouvons entrer, car elle sort du cadre de notre étude, si la société accueille favorablement la demande qui lui est faite, elle doit se procurer les capitaux nécessaires au prêt sollicité. Dans ce but, elle est autorisée à émettre des obligations pour une valeur nominale équivalente au prêt. Elle livre ces titres à l'emprunteur, ou bien elle les négocie pour son compte et lui remet l'argent de cette négociation (1). Par cette émission la société s'engage à servir aux porteurs de ses titres un intérêt annuel, et à rembourser le capital, par voie de tirage au sort. Jusqu'ici, nous ne voyons pas de différence avec les obligations par nous étudiées déjà. Et pourtant, la dénomination de lettres de gage que l'on donne parfois à ces titres indique suffisamment que nous ne nous trouvons pas en présence d'obligations ordinaires. C'est qu'en effet ces valeurs ont la même garantie que le prêt lui-même ; non pas qu'elles soient à proprement parler « *hypothécaires* », comme on les a parfois appelées à tort, mais elles sont garanties par la masse des prêts.

290. — Le Crédit Foncier est autorisé à prêter aux simples particuliers ; de plus, la loi du 6 juillet 1860 l'a autorisé à prêter aux départements, aux communes, aux associations syndicales, avec ou sans affectation hypothécaire. Enfin la loi du 28 mai 1858 l'a également autorisé à émettre des obligations de *drainage*, destinées à faciliter les travaux de drainage. En fait, le Crédit Foncier n'a pas encore émis d'obligations de cette dernière catégorie. Au point de vue de la garantie, nous distinguerons donc deux

(1) Disons toutefois que depuis sa création, souvent le Crédit Foncier a eu recours à des emprunts par anticipation, en vue de prêts à effectuer plus tard.

sortes d'obligations : les *obligations foncières*, garanties par la masse des prêts consentis aux particuliers et les *obligations communales*, garanties par la masse des prêts consentis aux départements ou aux communes. Et cette garantie est sérieuse, car il doit y avoir corrélation entre le chiffre des prêts et le nombre des obligations émises.

291. — Demandons-nous en quoi consiste au juste cette garantie ?

La créance des obligataires, nous le disons à nouveau, n'est nullement hypothécaire. Pour qu'elle le devînt, il faudrait que des immeubles spécialement déterminés fussent affectés à la sûreté de l'emprunt, ce qui n'a pas lieu. Il s'agit donc d'une simple créance chirographaire, mais présentant néanmoins cette particularité que les créanciers obligataires seront payés, sur le montant des prêts, par préférence aux autres créanciers de la société. Ainsi, supposons le Crédit Foncier en liquidation. Trois sortes de créanciers vont se présenter : les propriétaires d'obligations foncières, les propriétaires d'obligations communales, et enfin les créanciers ordinaires. L'actif à partager se compose des biens de la société, de la réserve statutaire et des créances, et parmi ces dernières, des créances résultant des prêts. Tous les créanciers, obligataires ou non, concourront pour se partager les biens, la réserve et les créances autres que celles résultant d'un prêt. Mais ces dernières seront attribuées exclusivement aux obligataires. Ce n'est donc qu'au cas où elles seraient insuffisantes, au cas où, par conséquent, on aurait violé la disposition interdisant au Crédit Foncier d'émettre des obligations pour une somme supérieure aux

prêts consentis, que les porteurs d'obligations foncières et communales viendraient en concours avec
les autres créanciers. Seulement, qu'on le remarque,
ce privilège des obligataires est restreint par l'article 17 du décret de 1852, empêchant ces derniers
d'agir directement contre les emprunteurs, par application de l'article 1166 C. Civ. : « Les porteurs de
« lettres de gage n'ont d'autre action pour le recou-
« vrement des capitaux et intérêts exigibles que
« celle qu'ils peuvent exercer directement contre
« la société. »

292. — Autrefois le Crédit Foncier avait le monopole des prêts à longs termes. Ce monopole a expiré
en 1877, et aujourd'hui d'autres sociétés pourraient
se constituer dans un but analogue. Mais ces sociétés
pourraient-elles émettre, comme le Crédit Foncier,
des obligations garanties par l'ensemble des prêts
consentis?

293. — La question s'est posée devant les tribunaux en 1880 (1), à propos d'obligations émises concurremment à celles du Crédit Foncier par la Banque
hypothécaire. Le tribunal de commerce de la Seine
a vu dans l'émission d'obligations foncières garanties par l'ensemble des prêts effectués un privilège
exclusivement réservé au Crédit Foncier par le décret de 1852. M. Josseau, dans une consultation (2),
s'est fait le défenseur de cette théorie. Pour la sou-

---

(1) Trib. de com. Seine, 31 mai 1880 (D., 80, 3, 38 et S.,
81, 2, 165) et note de M. Labbé.
(2) *Revue du notariat et de l'enregistrement*, 1880. Consultation de M. Josseau, page 5 ; consultation en réponse ; appen-
dice au cahier de janvier 1880, et réplique de M. Josseau, à
la suite.

tenir, il part de cette idée que les lettres de gage sont des titres hypothécaires. Nous citons cet auteur :

« Qu'a fait le législateur ? Il a créé un intermédiaire
« entre les propriétaires et les capitalistes, et il l'a
« autorisé, sous certaines conditions, à diviser la
« grosse hypothécaire en un nombre considérable
« de titres transmissibles sans frais par la simple
« tradition, afin de permettre à cet intermédiaire
« de se procurer facilement les fonds nécessaires
« pour effectuer des prêts.

« Quelle est la nature de ces titres ? Ils participent
« évidemment de la nature de la grosse hypothé-
« caire elle-même, puisqu'ils n'en sont que des frac-
« tions, et, pour ainsi dire, la monnaie.

« En faut-il davantage pour démontrer leur ca-
« ractère hypothécaire ? Et n'est-il pas évident que
« si le législateur ne leur avait pas attribué ce ca-
« ractère, il n'aurait pas pu espérer, alors surtout
« qu'ils étaient inconnus en France, obtenir pour
« eux la confiance des prêteurs ?

« Assurément l'hypothèque n'est pas spéciale,
» c'est-à-dire reposant sur tel ou tel immeuble : elle
« est collective, c'est-à-dire assise sur l'ensemble
« des immeubles affectés à la garantie des prêts effec-
« tués par la société. »

Ainsi, c'est pour que la société fonctionne régulièrement que le décret de 1852 lui a accordé certains privilèges, parmi lesquels figure celui d'émettre des *obligations hypothécaires*. La loi du 24
juillet 1867 n'a point modifié la législation relative
au Crédit Foncier. Qu'on ne tire pas argument de la
liberté d'émission des obligations, car cette liberté
n'existe qu'autant qu'on ne fait qu'appliquer le droit

commun. Or le droit commun ne permet pas à un créancier hypothécaire de séparer de la grosse qu'il possède le gage qui y est attaché. Il y a là un privilège qui a été accordé au Crédit Foncier, et qui ne saurait exister au profit d'une autre société non autorisée à émettre des obligations hypothécaires. Ce privilège continue à subsister, malgré l'extinction du monopole et il continuera à exister tant que le Crédit Foncier de France vivra.

294. — Nous admettrons une solution plus large, et nous permettrons à toute société créée dans un but analogue à celui poursuivi par le Crédit Foncier d'émettre des lettres de gage. C'est un tort, avons-nous dit déjà, d'appeler ces lettres de gage des obligations hypothécaires. On ne peut soutenir sérieusement, en présence de l'article 17 du décret de 1852, qu'il s'agisse de titres hypothécaires. En réalité, les porteurs d'obligations foncières ne sont que des créanciers de la société : ils n'ont même pas d'action personnelle contre ses débiteurs, ni à plus forte raison de droit réel ni de droit de suite sur les immeubles hypothéqués à son profit. Cela n'empêche pas que les obligations du Crédit Foncier offrent certains avantages, que l'on ne saurait accorder à toutes les obligations, mais la difficulté est justement de savoir s'il faut faire figurer, parmi ces avantages, la garantie dont nous avons parlé. Eh bien ! nous répondons sans hésiter : non. Il s'agit simplement d'une société qui emprunte d'une part, pour prêter de l'autre, en donnant à ses créanciers l'assurance qu'ils profiteront, comme dit M. Labbé (1), de la solvabilité im-

(1) Labbé, note sous jugement précité (S., 81, 2, 166).

mobilière de ses débiteurs, en s'interdisant de faire
aucune autre opération. La garantie des créanciers,
c'est cette interdiction pour la société de faire autre
chose que des prêts hypothécaires : n'est-ce pas du
droit commun cela ? Peut-on comparer ce *privilège*,
puisqu'on l'appelle ainsi, à ceux que nous déniions
à toute société de crédit foncier non autorisée, tels
que le droit de purger les hypothèques antérieures,
de se mettre en possession des immeubles hypothéqués,... etc (1).

295. — Enfin, le Crédit Foncier a encore mis en
circulation des bons au porteur, remboursables avec
lots, mais non productifs d'intérêts, et que nous ne
saurions considérer comme des obligations.

§ 2

Emission des Obligations

296. — Le décret de 1852 et les statuts du Crédit
Foncier ont limité l'émission des obligations de cette
société. Tout d'abord, dans l'intérêt des obligataires,
et pour conserver aux titres la garantie qui leur est
accordée, le montant des obligations ne peut dépasser la valeur des prêts effectués (articles 76 des
statuts, et 14 du décret du 28 février 1852. — La
loi du 6 juillet 1860 a étendu cette règle aux obligations communales). La corrélation entre les prêts
consentis par le Crédit Foncier et les obligations

---

(1) Dans le même ordre d'idées, M. Leroy-Beaulieu a proposé
en cas d'émission successive, pour la construction de plusieurs
lignes de chemins de fer par la même compagnie, d'affecter
les produits de chaque ligne aux obligations qui auraient servi
à la construire.

émises par cet établissement, existe à un double
point de vue; au point de vue de l'émission d'abord;
au point de vue du remboursement ensuite. Nous
ne l'examinerons, pour l'instant, qu'à son premier
point de vue.

297. — Pour assurer l'application de la règle établie par le décret de 1852, il faut un moyen de contrôle. Ce moyen consistait à l'origine dans le visa
du notaire qui avait rédigé l'acte du prêt. Un pareil
procédé, on le conçoit facilement, était peu pratique, surtout quand il s'agissait d'emprunts faits
en grande masse. Aussi le notaire fut-il remplacé
par un fonctionnaire spécial, le Commissaire du
Gouvernement d'abord, puis le Gouverneur du Crédit Foncier.

Que faut-il entendre exactement par ce principe
que la valeur des obligations ne peut pas dépasser
le montant des prêts? Les obligations du Crédit
Foncier sont des titres à primes et à lots. Est-ce la
valeur au pair des obligations qui ne doit pas dépasser le total des prêts, ou la somme réalisée par
l'émission? Il semble que l'on ne devrait considérer
que la valeur au pair. Mais cette interprétation aurait été gênante, le capital versé se trouvant alors
inférieur aux prêts à effectuer; aussi prit-on comme
base de calcul le capital réalisé par l'émission.

298. — En second lieu, il ne peut pas être créé
d'obligations ou de coupures inférieures à 100 francs
(Articles 77 des statuts et 15 du décret de 1882).

299. — En troisième lieu, le chiffre des actions
doit toujours égaler au moins le vingtième des obligations en circulation (Art. 4 des statuts et art. 8
de la loi du 6 juillet 1860).

300. — Enfin au point de vue fiscal, les obligations du Crédit Foncier sont soumises par abonnement au droit de timbre de 0,05 par 1,000 francs
(art. 1ᵉʳ de la loi du 30 mars 1872). Pour les autres impôts, elles sont soumises au droit commun
des obligations.

301. — Ces réserves faites, l'émission des obligations du Crédit Foncier est libre. Elles peuvent
être nominatives ou au porteur, simples ou à primes et à lots. Toutefois l'émission de ces dernières
doit être autorisée par le Gouvernement; mais une
autorisation ministérielle suffit; il n'est pas besoin
d'une loi (Art. 83 des statuts).

§ 3

Droits des Obligataires

302. — Les porteurs d'obligations foncières ou
communales jouissent des mêmes droits que les obligataires ordinaires; c'est-à-dire qu'ils touchent l'intérêt des sommes qu'ils ont fournies à la société, et
qu'ils sont remboursés dans les délais d'amortissement; nous n'avons rien à dire de particulier à ce
sujet : rappelons seulement qu'en cas d'inexécution
par la société des engagements, le droit de poursuite des obligataires est limité par l'article 17 du
décret de 1852, qui enlève à ceux-ci la faculté d'agir
par l'action oblique de l'article 1166 C. Civ. Mais,
à côté de cette petite restriction au droit commun,
les titres du Crédit Foncier offrent bien d'autres
avantages qui leur sont spéciaux. C'est ainsi que
l'article 18 du décret de 1852 les déclare insaisissables, de telle sorte qu'aucune opposition n'est admise

au paiement des coupons ou au remboursement du capital, sauf en cas de perte ou de vol de l'obliga-tion. C'est ainsi encore que ces titres peuvent être déposés à la Banque de France comme garantie des avances faites par cet établissement. C'est ainsi en-fin qu'ils peuvent servir à l'emploi des capitaux des incapables ou des communes.

303. — Un jurisconsulte, dont l'autorité en cette matière est indiscutable, M. Josseau (1), s'appuyant sur les décisions de la jurisprudence et notamment sur un arrêt de la Cour de Dijon (2), estime que les obligations foncières peuvent servir d'emploi pour tous les capitaux qui, par suite de conventions ou de dispositions particulières, doivent être placés hypothécairement. Peut-être, dans certains cas par-ticuliers, dans l'hypothèse notamment, où il est impossible de trouver un placement hypothécaire, les tribunaux pourraient-ils admettre la validité de l'emploi en obligations du Crédit Foncier; et c'est ce que la jurisprudence a décidé. Mais déclarer *a priori* que les placements sur hypothèque peuvent toujours être remplacés par l'achat d'obligations du Crédit Foncier, c'est oublier que ces titres ne cons-tituent pas, le moins du monde, des valeurs hypo-thécaires. Ils présentent de grandes garanties, c'est certain; mais ce n'est pas une raison suffisante pour autoriser le placement en obligations de capitaux destinés à être employés en placements hypothé-

(1) Josseau, *Traité du Crédit Foncier*, tome I, page, 363, n° 259.

(2) Dijon, 16 août 1861 (D., 61, 2, 239); dans le même sens: Limoges, 17 mai 1865 (S., 65, 2, 169); trib. d'Ussel, 13 mai 1865; trib. de Gap, 19 mars 1867.

caires. Est-ce que l'achat de rentes sur l'Etat ne constitue pas un placement aussi sérieux que l'achat d'obligations du Crédit Foncier? Et pourtant il a fallu une loi pour permettre de substituer à un placement sur hypothèque, un achat de rentes françaises, car avant la loi de 1862, les tribunaux déclaraient cette substitution impossible (1).

§4

Extinction des Obligations

304. — Comme toutes les obligations, celles du Crédit Foncier doivent s'éteindre. Pour maintenir la concordance entre les prêts consentis et les obligations émises, il faut que la société amortisse chaque année une somme d'obligations égale au capital de prêts qui lui est remboursé. Au moment de l'émission, la société ne connaît pas la portion de capital qu'elle recevra en remboursement; d'autant moins qu'il peut y avoir des remboursements anticipés. A raison de ces difficultés, le principe qui gouverne l'amortissement des obligations foncières et communales n'est pas indiqué d'une façon complète et uniforme. Pour certaines émissions, le Crédit Foncier n'établit pas de tableau d'amortissement; il fixe simplement un délai maximum à l'expiration duquel toutes les obligations doivent être remboursées (2). Pour d'autres emprunts, le tableau d'amortissement est déterminé à l'avance, mais il est stipulé que, si le Crédit Foncier reçoit des paiements

(1) Buchère, *op. citat.*, nᵒˢ 304 et 305.
(2) Trib. Com. Seine, 9 juin 1856; Josseau, *op. cit.*, tome I, nᵒ 290.

anticipés, il rachètera au pair une somme d'obligations correspondante (1).

D'ailleurs, c'est toujours la voie du sort qui détermine les titres remboursables. Le Crédit Foncier peut encore amortir par anticipation ou racheter ses obligations. Les titres ainsi rachetés sont frappés d'un timbre spécial et ne peuvent être remis en circulation qu'en vertu d'une nouvelle délibération du Conseil d'administration, approuvée par le ministre des finances. Mais dans tous les cas ils continuent à participer aux tirages; le droit aux lots est ainsi réservé aux obligataires.

305. — Indépendamment du remboursement véritable, à la suite duquel les titres sont anéantis, on peut imaginer un remboursement fictif, au cas où l'emprunteur, voulant se libérer par anticipation, remet lui-même des titres à la caisse de la société. De cette façon la concordance existe bien entre le montant des prêts et la somme des obligations émises. Ces titres ainsi rendus sont momentanément retirés de la circulation; ils sont frappés d'un timbre spécial; mais ils peuvent de nouveau être écoulés au fur et à mesure des prêts consentis, après un visa du Gouverneur. Ainsi on évite les frais d'une nouvelle émission et la confection de nouveaux titres.

(1) C'est le procédé qui a été employé pour l'emprunt de 1879.

DEUXIÈME PARTIE

DES OBLIGATIONS ÉMISES PAR L'ÉTAT, LES DÉPARTEMENTS ET LES COMMUNES

306. — Les sociétés, commerciales ou autres, n'ont pas seules, avons-nous dit, le droit exclusif d'émettre des obligations. Bien que le fait ne se soit jamais présenté, on comprendrait qu'un simple particulier eût recours à ce procédé pour contracter un emprunt. Nous avons même cité le cas de la corporation des huissiers de Périgueux, qui, à un certain moment, a créé des obligations. Nous avons ajouté que très souvent l'Etat, les départements et les villes avaient contracté des emprunts par cette voie si commode de l'émission d'obligations.

307. — En général l'Etat, les départements ou les communes soldent leurs dépenses au moyen de leurs recettes. Leur budget est voté un an à l'avance, et, en regard des prévisions des recettes, on place les prévisions des dépenses. Mais il se rencontre que, pour une cause ou pour une autre, à la suite de constructions importantes ou de travaux urgents, les recettes sont insuffisantes pour balancer les dépenses. C'est alors qu'on est obligé de recourir à un emprunt.

22

A toute époque, il y a eu des moments où l'Etat a dû, en dehors des recettes ordinaires, se procurer des ressources supplémentaires. Sous l'ancienne monarchie, les procédés employés par l'Etat ont varié, depuis les altérations des monnaies et les confiscations jusqu'aux créations d'offices nouveaux, de nouveaux impôts. Aujourd'hui c'est à l'emprunt surtout que l'Etat a recours.

Si les dépenses à effectuer sont peu considérables, et peuvent être remboursées à l'expiration d'un délai assez court, les emprunteurs (l'Etat mis à part) s'adressent de préférence au Crédit Foncier. Dans le cas contraire, ils ont intérêt à émettre directement des obligations.

308. — Pour l'étude de ces valeurs nous examinerons successivement l'émission des obligations, les droits respectifs des parties et l'extinction du contrat passé par elles.

CHAPITRE PREMIER

EMISSION DES OBLIGATIONS. — DES DIFFÉRENTES
SORTES D'OBLIGATIONS ÉMISES PAR L'ETAT, LES
DÉPARTEMENTS ET LES COMMUNES.

309. — En principe, l'émission, des obligations
est libre ; c'est aux administrateurs des sociétés à
déterminer le montant des emprunts qu'ils veulent
contracter. C'est également aux autorités administra-
tives à régler les conditions des émissions d'obligations effectuées pour le compte des personnes morales qu'elles représentent. Si pourtant les obligations
étaient accompagnées de lots, il faudrait en outre
l'intervention du législateur.

Distinguons suivant que l'emprunt est fait par
l'Etat, par un département ou par une commune.

SECTION Ire

Obligations émises par l'Etat

310. — Un des procédés par lesquels l'Etat se
procure les fonds dont il a besoin consiste dans l'é-
mission de *rentes*. Les rentes constituent ce que l'on
appelle la *dette consolidée*. On entend par là un

engagement pris par l'Etat de servir aux souscripteurs un intérêt déterminé pour les sommes qui lui
sont fournies, mais sans que le créancier puisse jamais réclamer le remboursement du capital prêté.
Cette dernière condition ne présente aucun inconvénient lorsque l'Etat emprunteur est riche, car le
rentier qui aurait besoin de ses capitaux trouverait facilement à céder à d'autres ses titres de rente.
Mais les rentes ne constituent pas des obligations,
et nous n'en parlerons pas autrement. Cependant
l'Etat Français a émis une certaine catégorie de rentes qui, sous le nom de rente trois pour cent amortissable, sont en réalité de véritables obligations.

§ 1er

Rente 3 0/0 amortissable

311. — Cette rente fut émise en 1878 pour faire
face aux dépenses nécessitées par de grands travaux
publics. Elle fut offerte aux capitalistes sous la forme
d'obligations à primes remboursables en 75 ans à
500 francs, et rapportant un intérêt annuel de 15
francs. Cependant ces titres diffèrent des obligations ordinaires en ce qu'ils peuvent représenter un
capital correspondant à des multiples de 15 francs
de rente, tandis que les obligations ordinaires ont
toujours la même valeur nominale. Nous verrons
également que, sous le rapport de l'amortissement,
il y a encore des différences à noter.

La loi de 1878 avait autorisé l'émission de rente
trois pour cent amortissable, au fur et à mesure des
besoins du Trésor. Aussi les premiers titres furent
vendus directement en Bourse par les agents de

change. Mais on en revint bientôt au système de souscription nationale par l'intermédiaire des Trésoriers-payeurs généraux.

A côté de la rente trois pour cent amortissable, l'Etat a émis de véritables obligations sous le nom de Bons et Obligations du Trésor, Obligations trentenaires, Bons de liquidation, qui constituent la *dette flottante* du pays.

§ 2.

Bons du Trésor

312. — Les recettes de l'Etat sont perçues sous la forme d'impôts. Or, ces impôts peuvent, dans l'ensemble d'un exercice financier, assurer le paiement des dépenses ; mais l'époque de leur perception n'est pas déterminée d'une façon précise, et il est impossible d'établir entre les recettes et les dépenses une concordance telle qu'au moment où une dépense doit être soldée, il rentre dans les caisses de l'Etat une somme égale nécessaire pour en effectuer le paiement. Semblable précision, déjà impossible pour les contributions directes, est encore moins susceptible de se rencontrer en matière de contributions indirectes. En effet, les dépenses de l'Etat sont, en général, payables par douzièmes : au contraire les recettes ne sont pas les mêmes tous les mois. Aussi, si les sommes dues à l'Etat ne lui sont pas versées à des époques régulières, il lui faut néanmoins assurer le paiement des services publics. Ce paiement est effectué au moyen des *Bons du Trésor* (1).

(1) Buchère, *op. cit.*, n°s 207 et suiv.

313. — L'origine des bons du Trésor est très reculée. Sous l'ancienne monarchie, le roi, lorsque les ressources du Trésor étaient insuffisantes, créait de nouveaux offices, ou tirait des billets au comptant sur les fermiers généraux. Pendant la Révolution, la Constituante espéra, au moyen des *assignats*, combler les vides des caisses publiques ; mais on sait combien rapidement ce papier-monnaie fut discrédité. Aux assignats succédèrent des *bons d'arrérages*, *des bons de réquisition* donnés par l'État à ses créanciers en paiement de ce qu'il leur devait. Sous le Consulat, les receveurs généraux furent astreints à souscrire des *obligations* payables à chaque fin de mois, de la valeur totale des contributions qui devaient être encaissées pendant le mois de leur création. Ces obligations pouvaient être facilement réalisées, sous la déduction de l'escompte. Le gouvernement de Louis XVIII préféra recourir, pour se procurer des ressources, à des émissions de rentes. Mais ce procédé avait l'inconvénient d'augmenter toujours la dette publique. Aussi, sous le ministère de Villèle, la loi du 4 août 1824 autorisa, pour la première fois, le ministre des finances à émettre des *bons royaux*, portant un intérêt déterminé et remboursables à échéances fixes et rapprochées. Ces bons existent encore aujourd'hui ; ils s'appellent Bons du Trésor.

314. — Ce sont des obligations à court terme, souscrites par le ministre des finances, et produisant un intérêt fixe. Les bons du Trésor offrent de très sérieux et très avantageux placements aux capitalistes qui, disposant momentanément de sommes d'argent, désirent ne pas les laisser improduc-

tives dans leurs coffres-forts. L'échéance des bons du
Trésor est généralement très rapprochée, et l'intérêt varie suivant la durée du prêt. Ainsi les bons
de deux mois rapportent un intérêt moindre que
ceux de trois mois. Quelquefois l'échéance n'est pas
aussi rapprochée. La loi du 3 mai 1870 a créé notamment des bons du Trésor remboursables en 5 années,
avec arrérages payables de six mois en six mois.

§ 3

Obligations du Trésor ou obligations trentenaires.

315 — Les *obligations du Trésor*, dites *obligations
trentenaires* ou encore *obligations à long terme*,
ont eu pour objet de couvrir les engagements contractés par l'État vis-à-vis des compagnies de chemins de fer. Les premières furent émises en exécution de la loi de 1857, et autorisées par le décret du
22 décembre 1858. Elles rapportaient un intérêt de
20 francs, et étaient remboursables à 500 francs,
dans un délai de trente années, d'où le nom d'obligations trentenaires. Ce fut avec ces titres que l'État
acquitta sa dette vis-à-vis des compagnies créan-
cières.

Deux nouvelles émissions eurent lieu en 1860
et en 1861. En ce qui concerne la dernière, autorisée par le décret du 24 juillet 1861, le prix d'émission était de 440 francs, le prix de remboursement
de 500 francs, et l'intérêt annuel de 20 francs.

Toutes ces obligations trentenaires furent comprises dans la conversion facultative en rente trois
pour cent, décrétée par la loi du 12 février 1862.

En 1870, la délégation de Tours avait contracté

un emprunt de 250 millions sous la forme d'obligations 6 pour cent, remboursables en 34 années. En 1875 le ministre des finances, autorisé par la loi du 31 mai, convertit en rente 3 pour cent ces obligations, et remboursa les porteurs qui n'acceptaient pas la conversion.

Enfin les articles 7 et 9 de la loi de finances du 29 décembre 1876 autorisèrent le ministre des finances à émettre des obligations amortissables, par voie de tirage au sort, dans une période de 30 ans. Le délai fixé devait expirer en 1907, mais la loi de finances du 26 décembre 1890, décidant l'emprunt de 869,488,000 francs, a ordonné le remboursement au pair de ces obligations.

Les dernières obligations du trésor à long terme, qui circulaient encore il y a quelques jours, ont donc vécu. D'une part, en effet, le délai de remboursement est expiré pour celles qui avaient été émises en 1858, 1860 et 1861, et qui n'avaient pas été converties en rente 3 pour cent. D'autre part, celles qui ont été émises en 1877 sont actuellement amorties.

§ 4

Bons de liquidation.

316. — Nous devons encore signaler les *Bons de liquidation*, émis par l'Etat à la suite de la guerre franco-allemande, et destinés à payer les indemnités allouées aux communes et aux particuliers pour faits de guerre. Ces bons furent autorisés par les lois des 15 avril 1873 et 20 mars 1874. Ce sont des obligations de 500 francs, rapportant 25 fr.

d'intérêts, et remboursables, sans prime, en 26 années, à partir du 1er janvier 1875. La loi du 26 décembre 1890 a décidé le remboursement d'un certain nombre de ces bons de liquidation.

§ 5

Bons de l'Exposition.

317. — Enfin, tout récemment, l'Etat mettait en circulation des *Bons* dits *de l'Exposition*, qui, d'après nous, ne présentent pas le caractère d'obligations. Une difficulté peut se produire à propos de ces bons.

318. — On se souvient que, pour couvrir les dépenses nécessitées par l'Exposition Universelle de 1889, l'Etat français a émis des bons de 25 francs, *ne rapportant aucun intérêt*, remboursables au pair en 75 ans, mais accompagnés de lots. Une différence sépare ces bons de ceux dont nous avons fait l'étude dans la première partie de notre travail, car, s'ils ne rapportent aucun intérêt, ils donnaient aux porteurs droit à 25 entrées à l'Exposition. Ce droit aux entrées, représenté par 25 coupons, pouvait être détaché de la partie principale du titre, et être vendu séparément. Ne peut-on voir là un véritable intérêt, à raison surtout de la facilité qu'avaient les porteurs qui ne voulaient pas profiter de leurs entrées de les transformer en argent, et même, en poussant les choses à l'extrême, de les placer pour en toucher annuellement les revenus?

Nous ne croyons pas que la question se soit posée en jurisprudence, ni même en doctrine, et si nous avons cru devoir la soulever, c'est afin d'être com-

plet sur les titres dont nous faisons l'examen. La
réponse, d'ailleurs, ne saurait être douteuse. Il est,
en effet, impossible d'assimiler ce droit à 25 entrées, même avec la faculté pour le titulaire de le
transformer en argent, à un intérêt. Le caractère
principal, essentiel de l'intérêt, c'est d'être pério-
dique. Or il est bien évident que les bons de l'Exposition ne produisent pas d'intérêt. L'exposition
n'était faite que pour un temps limité : les entrées
auxquelles donnaient droit les bons émis par le Gouvernement ne pouvaient avoir de valeur que pendant les six mois qu'elle a duré. Aujourd'hui les
coupons détachés ne signifient plus rien. Ils constituaient uniquement un avantage destiné à faciliter
l'émission des bons, mais il est impossible à tous
égards de les considérer comme un intérêt servi aux
porteurs.

SECTION II
Obligations émises par les départements.

319. — Quand un département veut emprunter,
il faut distinguer suivant que l'emprunt doit être
remboursé dans un délai maximum de 15 années,
sur les ressources ordinaires et extraordinaires, ou
dans un délai plus long.

Dans le premier cas, l'emprunt est voté par le
Conseil général sans aucune autre formalité. Dans
le second cas, la délibération du Conseil doit être
sanctionnée par une loi (Articles 40 et 41 de la loi
du 10 août 1871).

Les conditions d'émission de l'emprunt départemental sont ensuite réglées par un arrêté préfec-
toral.

SECTION III

Obligations émises par les communes.

320. — Les emprunts contractés par les villes
sont soumis, indépendamment de l'autorisation législative s'ils sont faits sous la forme d'une émission
d'obligations à lots, à certaines conditions qui varient suivant l'importance de l'emprunt et la date
du remboursement.

En principe cependant, c'est le Conseil municipal
qui vote l'emprunt.

Le Conseil municipal est souverain pour voter et
régler un emprunt remboursable sur les centimes
extraordinaires, n'excédant pas 5 centimes, votés
dans la limite du *maximum* fixé chaque année par
le Conseil général, ou sur les ressources ordinaires,
quand l'amortissement, en ce dernier cas, ne dépasse pas trente ans (Art. 141 de la loi municipale
du 5 avril 1884).

La décision du Conseil municipal est soumise à
l'approbation du préfet quand l'emprunt est remboursable sur les contributions extraordinaires qui
dépasseraient 5 centimes, sans excéder le *maximum*
fixé par le Conseil général, ou sur les revenus ordinaires, dans un délai excédant, pour ce dernier cas,
trente ans (Art. 142 *id.*).

Tout emprunt remboursable sur la contribution
extraordinaire, dépassant le *maximum* fixé par le
Conseil général, doit être autorisé par décret du Président de la République, et ce décret est rendu en
Conseil d'Etat si l'emprunt excède une durée de
trente années.

Enfin une loi est nécessaire si la somme à emprunter dépasse un million, ou si, réunie aux chiffres d'autres emprunts, non encore remboursés, elle dépasse un million (Art. 143 *id.*).

Il résulte de ces dispositions de la loi municipale de 1884, que l'on doit considérer, pour les communes, comme délai normal de remboursement, celui de trente années, et que ce n'est qu'exceptionnellement que la période d'amortissement peut dépasser cette limite. Toute prorogation d'emprunt ayant pour effet d'étendre la durée d'amortissement au delà du terme fixé par l'acte d'autorisation constitue une émission nouvelle qui exige une autorisation spéciale rendue dans les formes usitées pour l'emprunt lui-même.

321. — Les communes sont autorisées à traiter pour leurs emprunts avec la Caisse des dépôts et consignations, avec le Crédit Foncier de France, avec la caisse des chemins vicinaux, avec la caisse des lycées, collèges et écoles primaires, de gré à gré avec les particuliers, ou enfin par voie de souscription publique avec émission d'obligations (1).

322. — Les obligations émises par les communes sont semblables à celles créées par les sociétés; elles rapportent un intérêt variant entre 3 et 5 pour cent, et elles sont souvent à primes et à lots. Certains titres même, émis par les villes de Roubaix et de Tourcoing, ne rapportent aucun intérêt, mais sont remboursables avec des primes et des lots. Au point de vue de la forme, signalons certaines obligations

(1) Instruct. gén., fin., article 970; loi du 6 juillet 1860; loi du 11 juillet 1868; loi du 1er juin 1878; loi du 3 juillet 1880; règlement fin. du 23 juin 1879.

émises par la ville de Lyon. Ces titres sont au porteur, mais ils sont déposés dans les caisses municipales, contre un récipissé ou certificat nominatif remis au déposant.

Enfin, les communes émettent quelquefois sous le nom de *bons de délégation*, *bons de liquidation*, ou *coupons de rachat*, des titres analogues aux bons du Trésor, et destinés à payer les dettes occasionnées par les travaux municipaux.

323. — En terminant l'énumération des différents titres émis par l'Etat, les départements et les villes, signalons une différence entre eux au point de vue fiscal. Tandis que les premiers sont exempts d'impôts, les deux autres sont soumis aux taxes que nous avons indiquées plus haut.

CHAPITRE DEUXIÈME

DROITS RESPECTIFS DES EMPRUNTEURS CONTRE LES OBLIGATAIRES ET DES OBLIGATAIRES CONTRE LES EMPRUNTEURS.

324. — Ce sont ceux que nous avons étudiés déjà à propos des obligations des sociétés.

En ce qui concerne le paiement des intérêts, notons seulement que pour les Bons du Trésor, les intérêts sont payés en une seule fois, au moment du remboursement du capital (sauf ce que nous avons dit des bons remboursables en cinq années, et dont les arrérages étaient payables tous les six mois). Les intérêts de la rente amortissable sont servis tous les trois mois, comme les coupons de rente ordinaire, tandis que les coupons des obligations du Trésor n'étaient détachés que deux fois par an.

L'article 6 de la loi du 14 avril 1849 permet aux porteurs de semblables valeurs de compenser les intérêts qui leur sont dus avec les contributions directes qu'ils ont à payer.

De même encore que la rente française, les obligations du Trésor sont insaisissables. Les bons du Trésor ne jouissent pas de ce privilège, non plus que les obligations émises par les départements ou les communes.

325. — Néanmoins, les valeurs créées par l'Etat, les départements ou les villes sont investies de certains privilèges.

Nous ne citerons que pour mémoire le décret du 1er mai 1808, permettant d'immobiliser les rentes affectées à un majorat. Depuis la suppression des majorats, cette disposition n'a plus guère lieu d'être appliquée.

La Banque de France est autorisée par le décret du 16 janvier 1808, article 16, à faire des avances sur tous les titres émis par l'Etat, et, par le décret du 28 mars 1852, sur les obligations de la Ville de Paris. Cette dernière faveur a même été étendue aux obligations des villes et des départements, à condition qu'une délibération spéciale ait été prise à leur égard par le Conseil général de la Banque.

Enfin, depuis la loi du 3 juillet 1862, il est permis d'employer en achat de rentes les sommes dont le placement en immeubles est prescrit par la loi. La loi de 1802 visait uniquement les rentes sur l'Etat, mais nous étendons ses dispositions à la rente trois pour cent amortissable : inversement, nous adoptons une solution contraire en ce qui concerne les titres émis par l'Etat, autres que les titres de rente, c'est-à-dire les bons du Trésor, bons de liquidation et obligations du Trésor. La raison qui nous pousse à décider ainsi, c'est qu'en 1862 ces titres ou du moins les bons et les obligations du

Trésor étaient connus et que le silence que garde
la loi à leur égard est significatif. Ajoutons que le
remboursement des bons, étant en général peu éloigné, l'emploi des sommes disponibles en bons du
Trésor, nécessiterait de nouveaux et fréquents em-
plois, et serait une source importante de difficultés.

CHAPITRE TROISIÈME

EXTINCTION DES OBLIGATIONS

326. — Toutes les obligations émises par l'Etat, les départements et les communes, ainsi que les valeurs que nous leur avons assimilées, telles que la rente trois pour cent amortissable, doivent être remboursées dans le délai qui a été fixé. Elles sont amorties par la voie du sort, suivant les modes précédemment indiqués. Quant à la rente trois pour cent amortissable, le remboursement présente une particularité. Au lieu de tirer au sort les numéros des titres, on tire les numéros des séries d'émission, et tous les titres compris dans la même série sont amortis. Le capital de l'emprunt fut divisé en cent soixante-quinze séries remboursables de la façon suivante :

De 1879 à 1907 on amortit 1 série par année ;
— 1908 à 1925 — 2 —
— 1929 à 1936 — 3 —
— 1939 à 1945 — 4 —
— 1946 à 1950 — 5 —
— 1951 à 1953 — 6 —

327. — La jurisprudence tend à considérer que le délai de remboursement est stipulé en faveur de l'Etat, et que, par suite, l'Etat a le droit de se libérer par anticipation. C'est du moins ce que l'on peut induire d'un arrêt de la Cour de Cassation du 29 juillet 1879 (1) adoptant la jurisprudence de la Cour de Bordeaux.

C'est en s'inspirant du même principe, que l'Etat a remboursé dernièrement les obligations du Trésor, émises en exécution de la loi de 1876, et dont le terme d'amortissement n'arrivait à échéance qu'en 1907.

Il nous semble juridiquement préférable d'admettre, ainsi que nous l'avons décidé pour les sociétés, que le terme est stipulé en faveur des deux parties. Il est vrai que, dans l'hypothèse sur laquelle la Cour suprême avait à statuer, les titres étaient émis à quatre cent cinquante francs, et remboursables à cinq cents francs ; de telle sorte que l'on pouvait soutenir que les porteurs d'obligations avaient tout intérêt à obtenir leur remboursement le plus tôt possible à cinq cents francs.

328. — Le même arrêt de la Cour de Cassation décide encore que le département qui a stipulé que les coupons d'intérêts afférents aux obligations cesseraient d'être dus lorsque les obligations sont amorties, est fondé à réclamer la restitution de certains de ces coupons, payés par erreur, et qu'il a le droit d'en imputer le montant sur le capital des obligations devenues exigibles. Ce n'est que l'application

(1) Cass., 29 juillet 1879 (D., 81, 1, 38) ; Bordeaux, 21 août 1877 (D., 80, 1, 39 et S., 80, 1, 109).

aux titres émis par l'Etat, les départements et les villes, de la jurisprudence que nous avons constatée à propos des obligations des sociétés, avec cette différence cependant que la clause en question était opposable aux obligataires, car elle figurait dans le contrat de souscription.

TROISIÈME PARTIE

DES OBLIGATIONS ÉTRANGÈRES

329. — Les titres étrangers ont toujours eu une certaine importance parmi les valeurs cotées à la Bourse ; mais, depuis une trentaine d'années, ils se sont développés dans une énorme proportion, à tel point qu'en 1866, l'opinion publique s'alarma, craignant que les capitaux français ne fussent ainsi détournés de notre industrie nationale, pour aller favoriser les entreprises des pays voisins. Un député, M. de Saint-Paul, réclama l'intervention du Gouvernement pour mettre un terme à cette situation. Sa demande fut repoussée, à la suite d'un discours du Président du Conseil d'Etat qui fit remarquer que l'intérêt de la France était, au contraire, de constituer chez nous un large marché de capitaux.

« La prudence, dit-il, veut qu'on laisse aux va-
« leurs la liberté la plus complète. On peut gêner
« le commerce des céréales par un droit sur les im-
« portations, mais quelles mesures restrictives peu-
« vent être efficaces contre le commerce des valeurs ?
« Le capital a une excellente manière de se défendre :

« il se dérobe et fuit. Si les capitalistes séduits veu-
« lent prendre des valeurs étrangères, on ne peut
« pas les empêcher d'aller les chercher même hors
« de France (1). »

La négociation des valeurs étrangères n'est d'ailleurs pas complètement libre.

Comme précédemment, nous distinguerons entre
les obligations émises par les sociétés étrangères et
celles émises par les Etats étrangers.

(1) Séance du Corps législatif du 14 mars 1866.

CHAPITRE PREMIER

DES OBLIGATIONS ÉMISES PAR LES SOCIÉTÉS ÉTRANGÈRES

330. — A l'origine, les valeurs étrangères n'é-
taient pas cotées à la Bourse : ce ne fut qu'en 1854
et en 1855, alors qu'elles commençaient à être très
répandues, qu'on toléra tacitement leur négociation
en Bourse. Le décret du 22 mai 1858 rendit légale
cette négociation, à la condition qu'elle fût soumise
aux lois et règlements applicables aux valeurs françaises. Mais, bien avant le décret du 22 mai 1858,
les obligations industrielles étrangères ne pouvaient
être créées ou négociées en France que si l'émission
en avait été autorisée par le ministre des finances.

Le décret de 1858 déterminait les justifications à
fournir par les compagnies étrangères, pour obtenir
le droit de négocier chez nous leurs valeurs. Ce décret a été abrogé par celui du 7 février 1880 qui reconnaît aux chambres syndicales des agents de
change le droit d'accorder ou de refuser la négociation. Les sociétés doivent remettre à ces chambres
toutes pièces constatant que les titres ont été émis
conformément aux lois de leurs pays : elles prennent

en outre, l'engagement d'acquitter les impôts auxquels sont assujettis leurs titres ; en garantie de cet
engagement, un représentant responsable de ces
sociétés est agréé par le ministre des finances. Il n'a
pas été dérogé à ces règles par le décret du 7
octobre 1890 (art. 81).

331. — Lorsque des obligations de sociétés étrangères sont émises en France, il faut qu'elles n'ail-
lent point à l'encontre des règles concernant l'ordre
public. Ainsi des obligations à lots ne peuvent pas,
en principe, être émises ni négociées chez nous.
Mais le Gouvernement français est toujours libre
d'en autoriser l'émission ou la négociation, ce qu'il
fera certainement si l'emprunt présente les garanties
d'un placement sérieux, si notamment (d'après une
théorie que nous avons combattue), l'intérêt rapporté,
par les obligations n'est pas moindre de trois pour
cent.

332. — Enfin les titres étrangers sont soumis en
France aux droits de timbre et de transmission, ainsi
qu'à la taxe sur le revenu des valeurs mobilières
quels que soient les modes d'émission ou de négociation employés (1). C'est la loi du 23 juin 1857,
article 9, qui établit cette règle. Jusque-là les obligations étrangères étaient exemptes de tout droit.
Les impôts du timbre et de transmission sont les
mêmes que pour les valeurs françaises. Mais nous
savons que les sociétés françaises ont le choix d'acquitter le montant de ces droits en une seule fois,
au moment de l'émission, ou par voie d'abonnement annuel. Pour les sociétés étrangères, l'abonne-

(1) Cass., 17 janvier 1888 (D., 88, 1, 409).

ment est de rigueur. Remarquons encore que tous les titres des sociétés françaises sont frappés des taxes que nous venons d'indiquer, au lieu que cette taxe ne frappe que les titres étrangers circulant en France. Seulement, comme il est impossible de déterminer exactement le nombre des valeurs étrangères qui se négocient sur notre territoire, c'est le ministre des finances qui en fixe approximativement le chiffre après avis d'une commission composée du Président de la section des finances au Conseil d'Etat, du syndic des agents de change de Paris et de plusieurs fonctionnaires du ministère des finances (Art. 1er du décret du 24 mai 1872).

333. — Des difficultés sont susceptibles de s'élever entre les sociétés étrangères et les obligataires, leurs créanciers, pour l'exécution réciproque de leurs engagements. Les tribunaux peuvent se trouver appelés à trancher le différend. Mais quels tribunaux sont compétents? La question est résolue pour les sociétés belges par la loi du 30 mai 1857 qui leur permet d'ester en France, en se conformant aux lois de l'Etat. Les dispositions de ce texte législatif ont été étendues à différents pays par des décrets survenus depuis (1). Mais que décider pour ceux

(1) Décrets du 7 mai 1859 pour la Turquie et l'Egypte; du 8 septembre 1860 pour la Sardaigne; du 27 février 1861 pour le Portugal et le Grand-Duché de Luxembourg; du 11 mai 1861 pour la Suisse; du 5 août 1861 pour l'Espagne; du 9 novembre 1861 pour la Grèce; du 7 février 1862 pour les Etats Romains; du 22 juillet 1863 pour les Pays-Bas; du 25 février 1865 pour la Russie; du 19 décembre 1866 pour la Prusse; du 23 mai 1868 pour la Saxe; du 20 juin 1868 pour l'Autriche; du 14 juin 1872 pour la Suède et la Norvège; convention du 30 avril 1862 promulguée le 17 mai 1862 pour l'Angleterre.

auxquels les dispositions de la loi de 1857 ne sont pas applicables?

Nous distinguerons suivant que la société étrangère agit comme défenderesse ou comme demanderesse.

334. — On décide généralement que les sociétés étrangères qui ne remplissent pas leurs engagements peuvent être poursuivies devant les tribunaux français. C'est la solution qui est dictée par l'article 14 C. Civ. ainsi conçu : « L'étranger, même « non résidant en France, pourra être cité devant « les tribunaux français pour l'exécution des obli- « gations par lui contractées en France avec un « Français ; il pourra être traduit devant les tribu- « naux de France, pour les obligations par lui con- « tractées en pays étranger, envers des Français. »

Cet article, ne distinguant pas, comprend les personnes morales, tout comme les personnes physiques. La première partie du texte s'applique parfaitement à l'émission en France d'obligations étrangères ; la seconde partie, à la négociation chez nous de valeurs émises à l'étranger.

335. — Cependant, avant la loi du 24 juillet 1867, on avait soutenu que les sociétés anonymes étrangères, non autorisées en France, ne pouvaient ester en justice (1). On invoquait à l'appui de cette théorie deux arguments principaux.

Le premier était tiré de la loi du 30 mai 1857. Du moment, a-t-on dit, que cette loi autorise les sociétés

(1) Orléans, 10 mars 1860; Aix, 17 janvier 1861 (S., 61, 2, 335 et D., 61, 2, 177); Paris, 15 mai 1863 (S., 63, 1, 353 et D., 63, 2, 84); Rennes, 26 juin 1862 (S., 63, 1, 353); dans le même sens : E. Lory, *Thèse*, Dijon, 1889, pages 114 et suiv.

belges à ester en justice en France, c'est que ces
sociétés ne pouvaient le faire auparavant. On ajou-
tait qu'en décidant qu'un décret impérial était nécessaire pour étendre à tous les autres pays le bénéfice
de l'autorisation d'ester en justice, c'était forcément
reconnaître que, sans décret, ces pays ne le pourraient pas. On poussa même la rigueur de ce dernier raisonnement tellement loin, que la Cour de
Rennes refusa à une société anglaise le droit d'ester
en justice en France, malgré la convention passée
entre la France et l'Angleterre, parce que cette convention n'avait pas été suivie d'un décret déclarant
applicable à l'Angleterre les dispositions de la loi
de 1857.

Le second argument se fondait sur la nécessité
pour les sociétés anonymes françaises d'obtenir l'autorisation du Gouvernement. Une société anonyme
française non autorisée n'aurait pu ester en justice;
a fortiori une société anonyme étrangère non autorisée, ne l'eût-elle pu.

336. — M. le Procureur général Dupin a magni-
fiquement réfuté ces différents arguments, en faisant remarquer qu'il serait inique de permettre aux
sociétés étrangères de violer impunément leurs engagements. La jurisprudence reconnaît d'ailleurs
que, si les sociétés anonymes non autorisées ne peuvent pas, à proprement parler, être regardées comme
des sociétés civiles, elles constituent néanmoins des
sociétés de fait, responsables des engagements contractés par leurs administrateurs. C'est dans ce sens
que la Cour de Cassation s'est prononcée (1) en déci-

(1) Cass., 19 mai 1863 (S., 63, 1, 359).

dant qu'en admettant même que la société étrangère défenderesse dût être considérée comme une
société anonyme non autorisée, « elle n'aurait pas
« cessé, comme association de fait, d'être respon-
« sable de ses engagements envers les Français avec
« lesquels elle aurait contracté, et par suite, de res-
« ter nécessairement soumise, quant aux obliga-
« tions résultant de ses engagements, à la juridic-
« tion des tribunaux français ; qu'il n'a été ni
« implicitement ni explicitement dérogé à ces prin-
« cipes par la loi du 30 mai 1857. »

337. — Cette solution s'impose encore aujour-
d'hui non plus s'il s'agit de sociétés anonymes étrangères non autorisées en France, l'autorisation n'existant plus depuis la loi du 24 juillet 1867, mais s'il
s'agit de sociétés anonymes étrangères ne réunis-
sant pas les conditions de constitution exigées par
cette loi (1).

338. — Nous avons supposé la société défenderesse. Au cas où elle voudrait intenter elle-même
une action contre des obligataires français, la solution à adopter serait-elle la même?

Aux termes de l'article 15 C. Civ. : « Un Français
« pourra être traduit devant un tribunal de France
« pour des obligations par lui contractées en pays
« étranger, même avec un Français. » Il semble
qu'en présence de ce texte, on doive reconnaître à
une société étrangère le droit de poursuivre en France
un obligataire français. Telle ne semble pas être

---

(1) A. Weiss, *Traité de droit international privé*, 2ᵐᵉ éd.,
page 726, note 1.

pourtant l'opinion de la jurisprudence (1), du moins lorsque la société qui veut agir est une société anonyme non autorisée. La Cour de Cassation distingue entre les personnes physiques et les personnes morales. Aux premières l'article 15 C. Civ. s'applique; il n'atteint pas les secondes, « attendu que la société « anonyme n'est qu'une fiction de la loi, qu'elle « n'existe que par elle et n'a d'autres droits que « ceux qu'elle lui confère ; que la loi, qui dérive de « la souveraineté, n'a d'empire que dans les limites « du territoire sur lequel cette souveraineté s'exer- « ce ; qu'il suit de là que la société anonyme étran- « gère, quelque régulièrement constituée qu'elle « soit dans le pays dans lequel elle s'est formée, ne « peut avoir d'existence en France que par l'effet de « la loi française et en se soumettant à ses prescrip- « tions. Que vainement on objecterait que le statut « personnel suit l'étranger en France, et, qu'à cet « égard, aucune distinction n'est à faire entre les « lois qui règlent la capacité des individus, et celles « qui règlent l'état et la capacité des êtres moraux...» Puis l'arrêt invoque les considérations précédemment citées déjà, tirées de l'obligation pour les sociétés françaises d'être autorisées, et de la loi du 30 mai 1857.

339. — Chose curieuse ! la Cour suprême avait repoussé la distinction qu'elle propose entre les personnes physiques et morales, quand elle avait eu à statuer sur le cas d'une société défenderesse. Si cette distinction n'existe pas dans la loi lorsque la société

(1) Orléans, 19 mai 1860 (D., 60, 2, 127); Cass., 1er août 1860 (D., 60, 1, 444 et S., 60, 1, 865).

est défenderesse, comment la comprendre lorsque la société est demanderesse? Et pourtant la doctrine sur cette question est du même avis que la jurisprudence.

340. — Quant aux sociétés étrangères autorisées avant 1867, ou constituées depuis, conformément à la loi française, elles peuvent exercer en France leurs droits, soit comme demanderesses, soit comme défenderesses, d'après notre législation, sous l'obligation, cependant, si elles intentent l'action, de fournir la caution *judicatum solvi*.

341. — Avant la loi du 12 janvier 1886 sur la liberté du taux en matière commerciale, on discutait la question de savoir si des obligataires pouvaient réclamer, devant des tribunaux français, à une société étrangère, des intérêts supérieurs à six pour cent, dans le cas particulier où la législation du pays auquel appartenait la société débitrice n'admettait pas de limitation au taux de l'intérêt.

Aujourd'hui la question ne se présente plus guère en matière commerciale, à moins que la société défenderesse n'ait été fondée avant 1886, ou tout au moins, que les émissions d'obligations n'aient été faites avant cette époque, mais elle est encore susceptible d'être débattue en matière civile. Quelle sera la loi applicable à cette hypothèse?

Tout dépend du caractère que l'on attribue à la loi qui fixe le taux de l'intérêt. Cette loi est-elle d'ordre public? elle doit être appliquée en France; ne revêt-elle pas ce caractère? rien n'empêche alors les tribunaux français de ne pas s'en préoccuper et de s'inquiéter de la législation du lieu d'origine de la société. La plupart des auteurs qui ont écrit sur cette matière (1), et la jurisprudence (2), pensent qu'il n'y a pas, dans la limitation du taux de l'intérêt, une règle d'ordre public. Du moment, disent-ils, que notre législation reconnaît le prêt à intérêt, c'est qu'elle considère l'argent comme une marchandise dont le prix varie suivant le lieu où le contrat se forme ou s'exécute. Que représente, en outre, l'intérêt? deux choses : la privation de capital d'abord, ensuite, on pourrait même dire surtout, les risques auxquels il est exposé. Ces risques sont plus ou moins grands ; plus grands à l'étranger, et partant justifient la stipulation d'un intérêt supérieur au taux fixé chez nous.

Avec la minorité (3) nous estimons, au contraire, que la loi limitative du taux de l'intérêt est d'ordre public. Cette limitation est peut-être une mauvaise chose ; le législateur lui-même l'a déjà reconnu en partie, en accordant la liberté en matière commerciale(4). C'est à lui à poursuivre l'œuvre commencée, mais l'interprète ne peut que s'incliner devant ses décisions. Du moment, par conséquent, qu'un taux

(1) Troplong, *Traité du prêt*, n° 359 ; Massé, *Droit commercial dans ses rapports avec le droit des gens et le droit civil*, t. I, n° 616 ; Pont, *Petits Contrats*, t. I, n° 270 ; Delisle, *de l'interprétation juridique*, t. I, pages 199 à 201 ; Berr, *op. cit.*, pages 254 et 255 ; Lyon-Caen, *Sociétés étrangères*, n° 51.

(2) Bastia, 19 mars 1866 (D., 66, 2, 212) ; Grenoble, 12 juillet 1872, *Journal de droit international privé*, 1874, page 128 ; Melun, 18 juin 1874 ; *id.*, 1875, page 153 ; Chambéry, 19 février 1875 ; *ibid.*, 1876, page 181 ; Lyon, 3 août 1876 ; *ibid.*, 1877, p. 356.

(3) Demangeat sur *Félix*, t. I, p. 252 ; Bertrand, *Questions pratiques et doctrinales*, t. I, n°s 48 à 52.

(4) Loi du 19 décembre 1850, articles 2 et 3.

a été fixé en France par la loi, ce taux doit être respecté. Comment! ce ne serait pas une règle d'ordre public, celle que vient sanctionner notre loi pénale (1) en punissant de la peine de la prison le délit d'habitude d'usure? Concluons donc que l'obligataire français ne pourrait pas réclamer, devant nos tribunaux, à une société étrangère, des intérêts supérieurs à cinq pour cent, en matière civile.

(1) Loi du 19 décembre 1850, articles 2 et 3.

CHAPITRE DEUXIÈME

DES OBLIGATIONS ÉMISES PAR LES ÉTATS ÉTRANGERS

342. — Les valeurs mobilières émises par les Gouvernements étrangers peuvent circuler en France; mais les conditions varient suivant qu'elles concernent des emprunts étrangers émis en France, ou la simple négociation de ces titres d'emprunt.

Les emprunts contractés sur notre territoire par un Etat étranger ne peuvent être annoncés et publiés qu'avec l'autorisation du ministre des finances. Mais la négociation des titres émis hors de France n'est pas soumise à cette autorisation. Autrefois, il était interdit aux agents de change de coter ces valeurs à la Bourse; mais cette prohibition avait été la cause de nombreuses réclamations. Aussi, sous le Gouvernement de la Restauration, l'ordonnance royale du 12 novembre 1823 vint lever cette interdiction, en spécifiant toutefois que le Gouvernement, en autorisant la négociation en Bourse des obligations émises par les Etats étrangers, n'entendait aucunement approuver ces emprunts ou intervenir en faveur de nos nationaux qui y placeraient leurs capitaux.

343. — Nous répéterons pour les emprunts étrangers ce que nous avons dit des obligations financières ou industrielles étrangères, à savoir que
l'émission de ces valeurs ne doit pas violer les règles d'ordre public et aller à l'encontre des lois de
police et de sûreté (1). C'est donc à bon droit que
la Cour de Paris (2) a reconnu le caractère de loterie prohibée à une émission, par une ville étrangère, de titres ne produisant aucun intérêt annuel,
mais remboursables à primes par la voie du sort.

344. — Enfin les valeurs étrangères, tout comme
les valeurs françaises, sont soumises à différents
impôts. Ce fut la loi du 13 mai 1863 qui assujettit
au timbre les titres étrangers ; jusque-là ils jouissaient d'une exemption totale de tous droits. Le
droit de timbre, fixé d'abord par la loi de 1863 à
0,50 pour cent de la valeur nominale du titre, fut
élevé par la loi du 8 juin 1864 à un pour cent. La
loi du 25 mai 1872 modifia la quotité de ce droit et
l'établit de la manière suivante :

0,75 0/0 pour chaque titre de 500 fr. et au-dessous,
1,50 0/0   —   500   à 1000 francs
3,00 0/0   —   1000   à 2000

et ainsi de suite, à raison de 1,25 par 1000 francs
ou fraction de 1000 francs. Le droit de timbre est
perçu sur la valeur nominale du titre ; il est payable avant toute négociation en cas d'émission en
France.

Les titres étrangers sont encore soumis à un droit

---

(1) Trib. Seine, 18 juin 1885 (S., 86, 2, 165) ; Nancy, 1er
avril 1886, rapporté dans Baratte, *op. cit.*, page 130.
(2) Paris, 25 mars 1870 (D., 70, 2, 165).

de transmission et à la taxe sur le revenu, à l'exception des titres de rente qui sont exempts des droits de transmission.

345. — A côté de ces droits spéciaux qui frappent les valeurs étrangères, il en est d'autres auxquels elles sont assujetties sans qu'il y ait lieu de distinguer entre les titres émis par les Etats étrangers et ceux créés par les sociétés, nous voulons parler des droits perçus en cas de mutation par décès ou de transmission entre-vifs à titre gratuit. La loi du 18 mai 1850 y soumet les valeurs étrangères dépendant d'une succession régie par la loi française, où transmises entre-vifs à titre gratuit au profit d'un Français. Le capital est déterminé par le cours moyen de la Bourse au jour de la transmission. Cette loi ne parlant pas des obligations émises par les sociétés étrangères, ces dernières en étaient exemptées. La loi du 13 mai 1863 a rétabli la concordance en leur étendant les dispositions de la loi de 1850. Aujourd'hui le droit de mutation est dû toutes les fois que des valeurs étrangères, quelles qu'elles soient, se trouvent dans la succession d'un Français ou dans celle d'un étranger décédé en France lorsque sa succession est régie par la loi française.

Mais en serait-il de même si les valeurs étaient trouvées dans la succession d'un étranger habitant la France, sans être autorisé à y fixer son domicile? La jurisprudence s'était prononcée en faveur de l'étranger par deux arrêts de la Cour de Cassation rendus le même jour (1). Le raisonnement de la Cour

____

(1) Cass., 12 janvier 1869 (S., 69, 1, 139 et D., 69, 1, 294); Trib. de la Seine, 6 janvier 1866 (S., 66, 2, 291.

de Cassation était fort juridique. La succession n'est que la continuation de la personne du défunt, et doit être régie par la loi applicable à ce dernier avant son décès. Un simple domicile de fait, non précédé de l'autorisation légale ne peut conférer à un étranger les prérogatives et les droits d'un domicile autorisé ; en conséquence, la transmission de valeurs étrangères dépendant de la succession d'un étranger domicilié en France, mais non autorisé à y établir sa résidence, ne peut être régie par la loi française, et aucun droit de mutation ne saurait être exigé sur le capital de ces valeurs.

Cette interprétation, on le comprend, privait le Trésor d'une source importante de revenus, car grand est le nombre des étrangers domiciliés en France sans autorisation. C'est pourquoi la loi du 23 août 1871, dans son article 4, décida-t-elle que sont assu-
« jettis aux droits de mutation par décès, les fonds
« publics, actions, obligations, parts d'intérêts,
« créances et généralement toutes les valeurs mo-
« bilières étrangères, de quelque nature qu'elles
« soient, dépendant de la succession d'un étranger
« domicilié en France, *avec ou sans autorisation.*
« Il en sera de même des transmissions entre-vifs,
« à titre gratuit ou à titre onéreux, de ces mêmes
« valeurs, lorsqu'elles s'opéreront en France. »

Il n'y a donc plus aucune distinction à établir sous ce rapport entre les différentes valeurs étrangères et la nationalité du *de cujus*. Toutefois l'article 4 de la loi de 1871 ne serait pas applicable à un étranger qui serait simplement de passage en France. Il faut, pour qu'un droit de mutation puisse être perçu, que l'étranger ait eu en France un véritable domicile, ce qui exclut une résidence actuelle et passagère.

346. — Revenons aux valeurs émises par les Etats étrangers, et demandons-nous, comme nous l'avons fait dans le chapitre précédent, quels tribunaux seront compétents pour statuer sur les difficultés pendantes entre l'Etat étranger et des créanciers ? Cet Etat pourrait-il être actionné, devant les tribunaux français, par les obligataires français, à raison du manquement à ses engagements. Nous ne nous plaçons, bien entendu, qu'en face d'obligations souscrites, mais en faisant remarquer que la solution à adopter devrait être la même, pour n'importe quelle autre valeur étrangère, par exemple pour un titre de rente.

347. — Pour résoudre la question, nous devons exposer auparavant un principe admis par tous les auteurs en matière de droit international. Les nations sont souveraines et indépendantes les unes des autres, d'où il suit qu'un Etat ne peut être cité devant aucune juridiction étrangère, excepté si le procès est relatif à des immeubles situés en France et appartenant à l'Etat étranger. Ces immeubles, en effet, sont régis par la loi du lieu de leur situation, abstraction faite de leurs propriétaires (Art. 5 C. Civ.).

M. Demangeat, dans un très savant article (1), n'admet pas l'application de ce principe d'une façon aussi générale. Cet auteur reconnaît l'indépendance réciproque des Etats, mais il distingue suivant que l'Etat a agi comme Etat ou comme personne privée. Dans le premier cas, il n'y a aucune exception, et les

_____

(1) Demangeat, *Revue pratique*, t. I, 1856, page 394.

actes purement politiques accomplis par lui ne sauraient être déférés à des tribunaux étrangers. Dans
le second cas, l'Etat agissant comme le ferait un
particulier, on peut lui demander compte de ses actes
devant des juridictions étrangères ; il y a lieu de
lui faire application de l'article 14 C. Civ. C'est
notamment ce qui se passe dans l'hypothèse d'un
emprunt contracté par un gouvernement étranger (1).

Ce système vient se heurter à deux objections qui
paraissent graves. En accordant compétence à nos
tribunaux, n'est-ce pas leur imposer une tâche au-
dessus de leurs moyens ? Qui, mieux que les tribunaux de l'Etat débiteur, est à même d'apprécier la
validité des engagements de cet Etat, d'après les
lois et les usages du pays ? Ne peut-on pas soutenir
encore, qu'en souscrivant à l'émission, nos nationaux ont abdiqué leur droit à être jugés par nos tribunaux, pour se soumettre à la juridiction étrangère ?

348. — Nous nous rallions néanmoins volontiers
à la doctine de M. Demangeat. Les deux arguments
qu'on lui oppose semblent sérieux de prime abord,
mais il n'en faut pas exagérer la portée. Le premier
est trop probant. Si l'on peut l'appliquer à l'hypothèse d'obligations d'un Etat étranger, il faut également en faire l'application aux obligations des
sociétés étrangères, et même à tous les contrats
formés entre Français et étrangers ; aucun des engagements ainsi passés ne sera protégé par nos tri-

---

(1) A. Weiss, *op. cit.*, 1re éd., pages 886 et 887, et les autorités citées en note.

bunaux. Mais alors que signifient les articles 14 et 15 C. Civ. qui attribuent à nos tribunaux compétence pour en connaître ? Quant au deuxième argument, il ne peut être admis d'une façon aussi large. Il suppose une renonciation, par le Français, au droit qu'il a d'être jugé en France : mais une renonciation à un droit ne se présume jamais. Si l'on établit que véritablement nos nationaux ont entendu renoncer, en faveur des juridictions étrangères à la compétence de nos tribunaux, l'argument conserve toute sa force : c'est alors à l'Etat étranger à faire la preuve ; s'il ne peut y réussir, nos tribunaux restent compétents.

349. — La Cour de Cassation a été appelée à trancher cette difficulté pour la première fois en 1849. Elle s'est prononcée pour l'incompétence de la juridiction française, infirmant un arrêt de la Cour de Pau (1). Cet arrêt semble avoir fixé la jurisprudence.

(1) Pau, 6 mai 1845 (D., 49, 1, 7); Cass., 22 janvier 1849 (S., 49, 1, 82) et note.

QUATRIÈME PARTIE

LÉGISLATIONS ÉTRANGÈRES ET PROJETS DE RÉFORMES

350. — Nous avons eu déjà, au cours de ce travail, le regret de constater que notre législation ne se préoccupe guère des obligations. A peine trouve-t-on, dans les lois qui autorisent certaines émissions de valeurs à lots, quelques textes qui y sont relatifs. Différentes propositions de loi ont été déposées sur les bureaux de la Chambre des députés et du Sénat dans le but, soit de réglementer les obligations d'une manière générale, soit de fixer législativement certains points discutés. Aucune d'elles n'a abouti jusqu'à ce jour. Avant d'en aborder l'examen, il nous semble utile de jeter un rapide coup d'œil sur les législations étrangères ; peut-être y puiserons-nous de précieux renseignements (1) ?

(1) *Revue des sociétés*, 1889, page 37; Badon-Pascal, *op. cit.*, page 2.

CHAPITRE PREMIER

LÉGISLATIONS ÉTRANGÈRES

351. — La plupart des nations étrangères ont réglementé l'émission et la négociation des obligations.

352. *Belgique.* — C'est la Belgique qui, la première, s'est préoccupée de la situation faite aux obligataires La loi du 18 mai 1873 a consacré à cette matière trois articles que nous reproduisons.

Article 68. — « Les sociétés anonymes ne peuvent « émettre d'obligations remboursables par voie de « tirage au sort à un taux supérieur au prix d'é- « mission, qu'à la condition que les obligations rap- « portent 3 pour cent d'intérêt au moins, que toutes « soient remboursables pour la même somme, et « que le montant de l'annuité, comprenant l'amor- « tissement et les intérêts, soit le même pendant « toute la durée de l'emprunt.

« Il ne peut être émis d'obligations de cette nature « qu'après la constitution de la société.

« Le montant de ces obligations ne pourra, en
« aucun cas, être supérieur au capital social versé.

Article 69. — « En cas de liquidation, ces obli-
« gations ne seront admises au passif que pour une
« somme totale égale au capital qu'on obtiendra en
« ramenant à leur valeur actuelle, au taux de cinq
« pour cent, les annuités d'intérêts et d'amortisse-
« ment qui restent à échoir. Chaque obligation sera
« admise pour une somme égale au quotient de ce
« capital, divisé par le nombre des obligations non
« encore éteintes.

Article 70. — « Les porteurs d'obligations ont le
« droit de prendre connaissance des pièces déposées
« en conformité de l'article 63. Ils peuvent assister
« aux assemblées générales, mais avec voix con-
« sultative seulement »

353. — Ainsi, en Belgique, les obligations à primes de remboursement ne sont permises que si elles
constituent des placements sérieux, si elles rapportent un intérêt *minimum* de 3 pour cent. Nous
comprenons parfaitement que la loi établisse un
minimum; mais nous avons déploré que la jurisprudence française, procédant en quelque sorte par
voie réglementaire, fixât elle-même ce taux *minimum* en l'absence de texte. Pour éviter la création de véritables loteries, la législation belge veut
que tous les titres soient remboursés par une somme
égale (art. 68). La situation est prévue à l'avance
en cas de liquidation volontaire ou forcée de la société; le chiffre pour lequel les obligations à primes
seront comptées est indiqué (art. 69). Enfin les obligataires ont un certain droit de contrôle ou de surveillance dans l'administration de la société; ils ont

entrée aux assemblées générales, mais ne peuvent prendre part aux votes (art. 70) (1).

354. *Italie.* — Le nouveau Code de commerce italien, promulgué le 1ᵉʳ janvier 1883, s'occupe également des obligations.

Article 170. — « Les sociétés ne pourront émet-
« tre des titres d'obligations au porteur ou nomina-
« tives, pour une somme excédant le capital versé,
« et existant actuellement, d'après le dernier bilan
« approuvé.

« Elles pourront cependant émettre des obliga-
« tions même pour une somme supérieure, quand
« l'excédent sera garanti par des titres nominatifs,
« et ce, au profit des provinces ou des communes
« ayant des échéances correspondantes déposées à
« la *Caisse des dépôts et prêts*, pour y demeurer
« jusqu'à l'extinction des obligations émises.

Article 171. — « L'émission des obligations, bien
« que prévue dans l'acte constitutif ou dans les sta-
« tuts, ne pourra avoir lieu sans une délibération
« de l'assemblée générale prise avec la majorité des
« actionnaires représentant les trois quarts du ca-
« pital social, et leur vote favorable, représentant
« la moitié dudit capital.

« Si l'émission doit se faire par souscription pu-
« blique, la même délibération, ensemble le projet
« du manifeste indiqué dans l'article suivant, de-
« vront être déposés près le Tribunal de Commerce,
« conformément aux prescriptions de la loi.

« Dans le cas prévu au premier paragraphe de

(1) *Bulletin de législation comparée*, année 1875, page 153.

« l'article 170, on devra également déposer, avec
« la délibération et le projet du manifeste, le docu-
« ment prouvant le dépôt des titres indiqués dans
« ce paragraphe.

« La délibération de l'assemblée ne pourra avoir
« d'effet, si elle n'a été ensuite transcrite sur le
« registre de la société.

Article 172. — « Les administrateurs, pour pro-
« céder à l'émission d'obligations par souscription
« publique, devront publier un prospectus qui
« énoncera :

« 1° Le nom, l'objet et le siège de la société ;

« 2° Le capital social ;

« 3° Les dates de l'acte constitutif et celles qui
« ont apporté des changements à cet acte ou aux
« statuts, et les dates de leur publication ;

« 4° La situation de la société, d'après le dernier
« bilan approuvé ;

« 5° Le montant nécessaire et individuel, le mode
« de paiement et de remboursement des obligations
« qu'on veut émettre, ou de celles déjà émises, in-
« diquant l'intérêt quelles produiront, et si elles
« sont au porteur ou nominatives ;

« 6° La date de publication de la délibération de
« l'assemblée générale qui approuve l'émission.

Article 173. — « Les souscriptions des obliga-
« tions devront être recueillies à la suite d'un ou
« de plusieurs exemplaires du prospectus d'émis-
« sion.

Article 174. — « Les titres des obligations de-
« vront contenir les énonciations prescrites par le
« prospectus, et le tableau des paiements en capital
« et intérêts. »

355. — Comme la législation belge, le Code de Commerce italien pose en principe que le chiffre de l'emprunt contracté sous la forme d'obligations, ne peut dépasser le capital versé ; de cette façon les obligataires se trouvent garantis par le capital social. Le surplus des dispositions de la loi italienne a pour objet d'éclairer les obligataires sur l'entreprise dans laquelle ils vont engager leurs fonds : la loi impose des mesures de publicité auxquelles les sociétés sérieuses avaient eu déjà recours.

356. *Brésil*. — La loi du 4 novembre 1882, qui réglemente les sociétés anonymes, pose les principes suivants relativement aux obligations.

Article 32. — « Il est permis aux sociétés ano-
« nymes de contracter des emprunts en numéraire
« au moyen d'obligations au porteur.

« I. Le montant de l'emprunt ne pourra jamais
« dépasser celui du capital social.

« II. Les porteurs d'obligations peuvent nommer
« un membre du conseil de surveillance qui exer-
« cera ses fonctions conjointement avec ceux dont
« il est question dans l'article 14, et qui aura les
« mêmes attributions que ceux-ci.

« III. Il est permis aux mêmes porteurs d'assister
« aux assemblées générales et de prendre part aux
« délibérations, sans avoir toutefois le droit de
« vote. »

357. — Notons, dans cette législation, le droit pour les obligataires de participer d'une façon active à la surveillance, en assistant aux assemblées générales, et surtout en nommant un membre du conseil de surveillance.

358. *Angleterre.* — La législation anglaise ne comprend que des textes isolés relatifs aux obligations émises par les compagnies de chemins de fer. De leur ensemble il résulte que les obligations sont de deux sortes :

1° Les obligations consolidées (*debenture stock*), donnant droit à un revenu fixe, mais non remboursables (les concessions de chemins de fer étant perpétuelles);

2° Les obligations simples (*loan debentures*) donnant également droit à un revenu fixe, mais remboursables à des époques déterminées.

359. — Il faut que la valeur totale des obligations émises ne dépasse pas le tiers du capital social et que la moitié de ce capital soit effectivement versée. Pour se soustraire à ces prescriptions, les compagnies ont employé divers moyens. Le plus usité consiste dans l'émission de *Llyod's bonds* (1). La compagnie débitrice, au lieu de contracter un emprunt, passe avec son créancier un contrat par lequel elle s'engage à rembourser sa dette dans un délai déterminé, en payant jusque-là l'intérêt. Sous couleur de contrat licite, on arrive ainsi à une véritable émission d'obligations.

360. *Etats-Unis.* — Aux Etats-Unis, les compagnies de chemin de fer étant propriétaires incommutables des terrains et immeubles bâtis composant la plus grande partie du fonds social, peuvent donner aux obligataires des hypothèques sur ces terrains

(1) *Bulletin de la société de législation comparée*, 1875, page 135.

ou ces immeubles. Dans ces conditions, on ne proportionne pas le montant du capital-obligations au montant du capital-actions, mais à la valeur que représentent les biens hypothéqués. Signalons un mode particulier d'émission des obligations en Amérique. Au lieu d'avoir recours comme chez nous à une souscription publique, la société traite directement avec des *Trustees* ou *Trust Company*. Ces Trust Company prennent hypothèque sur les immeubles sociaux et servent d'intermédiaires entre le public et la société. Ils ont le droit de surveiller les agissements de cette dernière et de s'assurer que les fonds procurés par l'émission sont employés aux usages auxquels ils étaient destinés par les statuts. Leurs pouvoirs sur ce point sont très larges, car ils peuvent conserver les capitaux versés par les obligataires tant qu'ils ne sont pas assurés que les travaux correspondants à la somme fournie ont été effectués.

361. *Autriche.* — La loi du 24 avril 1873 concerne la représentation commune des possesseurs de titres d'obligations au porteur ou à ordre ; elle s'occupe en outre de la manière de rendre publiques les hypothèques conférées par les sociétés en garantie à leurs créanciers. La loi du 19 mai 1874 est spéciale aux compagnies de chemins de fer ; elle leur permet d'accorder des hypothèques à leurs obligataires. Les obligations dites *de priorité* sont garanties par une hypothèque qui prend rang à la date de son inscription sur un registre foncier spécial aux compagnies de chemins de fer.

362. *Hongrie.* — Notons, dans ce pays, l'existence depuis 1868 d'un *Livre des chemins de fer et canaux*, sur lequel sont inscrites les hypothèques créées par les compagnies de chemins de fer et de canaux, au profit de leurs créanciers.

363. *Espagne.* — Le Code de Commerce espagnol du 22 août 1885 consacre la section 9 du titre 1ᵉʳ du Livre II à l'émission des obligations.

364. *Portugal.* — Enfin le nouveau Code de Commerce Portugais, promulgué le 28 juin 1888 et appliqué depuis le 1ᵉʳ janvier 1889, réserve la section 7 de son chapitre III à l'émission des obligations. Nous citons ses dispositions parce que ce sont les plus récentes, bien qu'elles diffèrent peu de celles du Code de Commerce Italien.

Article 195. — « Les sociétés anonymes qui « émettront des obligations devront publier, dans « la première quinzaine de chaque mois, un état de « situation arrêté au dernier jour du mois précé- « dent.

Article 196. — « Les sociétés anonymes peuvent « émettre des obligations, nominatives ou au por- « teur, jusqu'à concurrence du capital déjà réalisé, « et existant d'après le dernier bilan approuvé.

§ unique. — « Seront considérés comme des obli- « gations tous titres quelconques d'obligation géné- « rale, quelle qu'en soit la dénomination.

Article 197. — « L'émission d'obligations, quoi- « que prévue dans le titre constitutif, ne pourra « avoir lieu qu'avec l'autorisation de l'Assemblée « générale.

25

Article 198. — « L'émission et le transfert des
« obligations sont soumis aux règles établies pour
« les actions et aux dispositions suivantes :

« 1° — Le type des obligations devra être iden-
« tique pour chaque émission ; mais elles pourront
« différer quant au taux de l'intérêt et au délai de
« l'amortissement ;

« 2° — On ne peut faire une émission nouvelle
« avant que la précédente n'ait été souscrite et réa-
« lisée, ni une émission avec primes tirées au sort.

§ unique. — « Une société qui a émis des obliga-
« tions ne peut les racheter ou se livrer à des opé-
« rations sur ces titres que dans les conditions pré-
« vues par l'article 169 § 2 (1), ou dans le but
« d'opérer une conversion ou un amortissement. »

La loi portugaise reconnaît d'ailleurs aux obligataires un certain droit à l'administration de la société.

Article 185. — « Si les statuts n'en ont pas disposé
« autrement, les actionnaires qui n'auront pas droit
« de suffrage, et les porteurs d'obligations pourront
« assister aux assemblées générales et discuter les
« questions portées à l'ordre du jour, mais sans
« prendre part au vote. »

365. — Nous devons à la vérité d'ajouter que d'autres législations récentes n'ont aucune disposition
relative aux obligations. C'est ainsi que le Code fé-
déral Suisse de 1882 et la loi Allemande du 28 juillet
1884 ne s'occupent pas de l'émission de ces valeurs.

(1) Article 169 § 2 : « Une société ne pourra acquérir ses pro-
« pres actions et se livrer à des opérations sur lesdites actions
« qu'autant que ses statuts l'y autoriseront expressément ; le
« silence des statuts équivaut à une prohibition absolue. »

CHAPITRE DEUXIÈME

PROJETS DE RÉFORMES

366. — L'attention du législateur a été appelée à plusieurs reprises sur la situation faite aux obligataires par l'absence d'une loi d'ensemble sur les obligations. Le projet de loi sur les *Sociétés*, voté par le Sénat le 29 novembre 1884, et comprenant 112 articles, réglemente ces valeurs. Bien que la Chambre des députés ne se soit pas encore prononcée à son sujet, nous pensons qu'il est utile d'en rapporter les dispositions relatives à la matière que nous avons entrepris de traiter.

Le titre V du projet (1) est intitulé : *Dispositions relatives aux obligations.*

367. — Aux termes de l'article 75, « les sociétés « ne peuvent émettre d'obligations remboursables « par voie de tirage au sort à un taux supérieur au « prix d'émission, qu'à la condition que ces obliga- « tions rapportent 3 pour cent d'intérêt au moins, « et que toutes soient remboursables par la même « somme, à peine de nullité. »

(1) Journal officiel, *Débats parlementaires*, Sénat, n°ˢ des 28, 29 et 30 novembre 1884.

Les obligations à primes sont donc soumises à deux conditions ; il faut, 1° qu'elles rapportent au moins 3 pour cent d'intérêt ; 2° qu'elles soient remboursables toutes par la même somme. M. Tolain avait proposé, par voie d'amendement, une troisième condition : que le capital-actions fût entièrement versé ; mais cet amendement n'a pas été pris en considération.

368. — L'article 76, qui est la reproduction presque mot pour mot de l'article 69 de la loi belge du 18 mai 1873, fixe la somme pour laquelle les obligations à primes doivent figurer au passif de la société en faillite ou en liquidation. « En cas de liqui-
« dation ou de faillite, ces obligations seront admises
« au passif pour une somme totale égale au capital
« qu'on obtiendra en ramenant à leur valeur actuelle
« au taux réel de l'intérêt de l'emprunt, les annuités
« d'intérêt et d'amortissement qui restent à échoir.
« Chaque obligation sera admise pour une somme
« égale au quotient obtenu en divisant ce capital
« par le nombre des obligations non encore éteintes.

« Toutefois, dans le cas où les obligations com-
« prises dans une même série ne sont pas émi-
« ses à des conditions identiques, le taux de
« l'escompte des annuités à échoir est fixé à 5 pour
« cent. »

369. — Dans l'article 77, le législateur se propose, ainsi que nous l'avons vu faire dans le Code de Commerce Italien, de mettre les obligataires, qui désirent placer leurs capitaux dans une société, en situation de s'assurer de la solidité de l'entreprise à laquelle ils sont conviés : « Avant toute émission
« d'obligations, les administrateurs ou les gérants

« doivent publier dans le *Bulletin Officiel* (1) un
« avis énonçant :

« 1° L'objet de la société ;

« 2° La date de l'acte de société et celle de la pu-
« blication au Bulletin officiel, soit de l'extrait de
« cet acte, soit des modifications apportées aux sta-
« tuts ;

« 3° Le montant des obligations déjà émises par
« la société ;

« 4° Le nombre et la valeur nominale des obliga-
« tions à émettre, l'intérêt à payer pour chacune
« d'elles ; l'époque et les conditions du rembourse-
« ment ;

« 5° Le dernier bilan ou la mention qu'il n'en a
« pas été dressé encore.

« Dans le cas, soit d'émission, soit de mise en vente
« publique d'obligations, non ordonnée par justice,
« les affiches, prospectus, insertions dans les jour-
« naux, circulaires, ainsi que les bulletins de sous-
« cription ou d'achat, les titres d'obligations, provi-
« soires ou définitifs doivent contenir les mêmes
« énonciations, à l'exception de celle mentionnée
« sous le numéro 5. »

370. — Avec les articles 78 et suivants, nous arrivons à la partie vraiment originale de la loi. La
principale innovation consiste dans le droit qu'ont
les obligataires de nommer des mandataires.

Article 78. — « Les porteurs d'obligations ont la
« faculté de se réunir en quelque nombre que ce soit,

---

(1) Article 63 : « La publication des actes et délibérations
« des sociétés dont le capital est divisé en actions aura lieu,
« quand elle est obligatoire, dans un bulletin annexe du *Jour-*
« *nal officiel.* »

« et de nommer des mandataires chargés de repré-
« senter ceux qui se sont ainsi réunis ou quelques-
« uns d'entre eux. »

Nous savons, du reste, que la pratique avait déjà
admis cette solution.

Article 79. — « Les porteurs d'obligations formant
« le vingtième au moins du capital représenté par
« chaque série d'obligations, peuvent aussi, dans
« un intérêt commun, charger à leur frais des man-
« dataires, au nombre de trois au plus, de les repré-
« senter en justice, et de soutenir collectivement,
« tant en demandant qu'en défendant, toutes les ac-
« tions qui peuvent les concerner comme créanciers.

Article 80. — « Lorsque la convocation d'une as-
« semblée générale des porteurs d'obligations a été
« une des conditions de l'emprunt, cette assemblée
« est convoquée, à la diligence des administrateurs
« ou gérants de la société, dans le mois qui suit
« soit le commencement de l'émission, soit la clôture
« de la souscription.

« Elle désigne un ou trois commissaires au plus,
« pris parmi les porteurs d'obligations (1). A défaut
« de nomination de commissaires par l'assemblée,
« ou en cas de refus d'un ou de plusieurs des com-
« missaires nommés, il est procédé à leur nomina-
« tion ou à leur remplacement par ordonnance du
« président du tribunal de commerce du siège de
« la société, à la requête de tout intéressé. Les pou-
« voirs des commissaires durent jusqu'à ce qu'ils

(1) Le texte primitif portait, pris *ou non* parmi les porteurs.
C'est sur une observation de M. Brunet que les mots *ou non*
ont été supprimés dans le texte définitif.

« aient été remplacés ou réélus dans une assemblée
« ultérieure.

Article 81. — « Ils peuvent assister à toutes les
« assemblées générales quelconques des actionnai-
« res sans participer ni aux discussions ni aux votes.

« Les mandataires nommés conformément à l'ar-
« ticle 79 auront les mêmes droits.

Article 82. — « Les commissaires peuvent de-
« mander aux administrateurs ou gérants de la so-
« ciété de convoquer l'assemblée des porteurs d'obli-
« gations autant de fois qu'il y aura des assemblées
« générales d'actionnaires, et aux frais de la société.
« Ils peuvent aussi convoquer eux-mêmes les por-
« teurs d'obligations hors des cas ci-dessus prévus,
« mais aux frais de ceux d'entre eux qui composent
« cette assemblée spéciale.

Article 83. — « Au cas spécial où des sûretés
« particulières, comme des privilèges ou hypothè-
« ques, ou d'autres causes légitimes de préférence,
« doivent appartenir aux porteurs d'obligations, les
« commissaires ont qualité pour provoquer et con-
« sentir, au nom de l'assemblée desdits porteurs,
« tous actes relatifs à ces sûretés. Dans ce cas, la
« convocation de l'assemblée des porteurs d'obliga-
« tions par les administrateurs ou gérants est obli-
« gatoire, quand bien même il n'en serait pas fait
« mention dans les conditions de l'emprunt.

Article 84. — « Les commissaires doivent s'as-
« surer que les fonds empruntés reçoivent la desti-
« nation indiquée lors de l'émission des obliga-
« tions. »

371. — L'article 85 a trait aux obligations garanties par des hypothèques.

« Lorsqu'un emprunt à réaliser sous la forme
« d'obligations devra avoir pour sûreté la concession
« d'une hypothèque, la délibération ou l'acte auto-
« risant cette hypothèque sera constaté en la forme
« notariée... »

Ainsi se trouverait tranchée une difficulté sur
laquelle la jurisprudence a eu à statuer.

« ... L'acte notarié, s'il s'agit d'une délibération
« du conseil d'administration, sera signé par les
« administrateurs présents, et, s'il s'agit d'assem-
« blées générales, par le président du bureau et
« deux scrutateurs ; toutes les pièces relatives à la
« convocation et à la constitution de l'assemblée,
« telles que journaux, lettres d'avis, feuilles de pré-
« sence, pouvoirs sous seing privé ou notariés des
« actionnaires qui se font représenter, restent dé-
« posées au siège social pour être communiquées
« à tout requérant, comme le prescrit l'article 19.

« Les administrateurs ou gérants devront requé-
« rir dans les formes ordinaires une inscription
« éventuelle au profit de la masse des futurs por-
« teurs d'obligations.

« L'hypothèque ultérieurement constituée pren-
« dra rang du jour de cette inscription.

« L'inscription devra être rendue définitive à
« peine de péremption, dans le délai de six mois,
« par la mention en marge du nom des commis-
« saires nommés conformément à l'article 83, et de
« la date de l'acte constitutif de l'hypothèque. »

Nous avons vu (art. 83) que l'inscription de l'hypothèque serait prise par les commissaires nommés
conformément à l'article 80.

Article 86. — « L'assemblée des porteurs d'obli-

« gations, quand elle est obligatoire, est précédée
« de deux avis publiés à huit jours d'intervalle dans
« le *Bulletin Officiel*. Ces avis indiquent le lieu,
« la date, le but de la séance et le dernier délai
« pour le dépôt des titres avant l'assemblée.

« Cette assemblée, pour délibérer valablement,
« doit réunir un nombre de porteurs d'obligations
« représentant le quart du montant nominal de
« l'emprunt. Tout porteur d'obligations peut y
« prendre part avec un nombre de voix égal à celui
« des obligations dont il est porteur, comme pro-
« priétaire ou mandataire, sans que ce nombre de
« voix puisse être supérieur à vingt.

« Si une première assemblée ne réunit pas un
« nombre suffisant de porteurs d'obligations, une
« seconde assemblée sera convoquée dans la forme
« prévue au paragraphe 1er. Cette seconde assem-
« blée pourra délibérer valablement, quelle que soit
« la portion du capital de l'emprunt représentée
« par les obligataires présents.

Article 87. — « Les dispositions du présent titre
« ne font pas obstacle à l'exercice des actions indi-
« viduelles appartenant à chaque porteur. »

72. — Telles sont les dispositions de la loi sur
les sociétés relatives aux obligations. Comme il est
facile de s'en rendre compte par la seule lecture des
articles rapportés ci-dessus, ce projet comble une
lacune de notre droit et est plus complet que les
textes analogues des législations étrangères, auxquels d'ailleurs il a beaucoup emprunté.

Le projet de loi voté par le Sénat en 1884 est
soumis depuis cette époque à la consécration de la
Chambre des députés, où il a été déposé à la séance

du 18 janvier 1890 (1), mais il n'est pas encore venu en discussion.

373. — Dans la séance du 28 janvier 1888, M. Thévenet déposait sur le bureau de la Chambre des députés une autre proposition de loi sur les sociétés (2). Dans l'exposé des motifs, M. Thévenet constate que les réglementations spéciales auxquelles ont donné lieu les sociétés ont toutes été inefficaces, depuis la loi de 1838, jusqu'à celle de 1867 : « Sous prétexte d'écarter les chevaliers d'in-« dustrie, on multiplie contre les administrateurs « des sociétés anonymes les responsabilités et les « peines. On n'effraie par là que les administrateurs « sérieux et honorables... » La proposition, très courte d'ailleurs, de M. Thévenet, supprime donc toute réglementation et laisse aux sociétés de commerce toute liberté pour se constituer, et par conséquent pour émettre des obligations.

374. — A côté de ces deux projets d'ensemble, d'autres propositions ont été faites sur des questions spéciales relatives aux obligations. Nous signalerons tout particulièrement une proposition présentée à la Chambre des députés dans la séance du 24 octobre 1890 par M. Royer (de l'Aube), et signée notamment de MM. Leroy et Lévêque (3), députés de la Côte-d'Or. Elle a pour but, ainsi qu'a bien voulu

(1) Journal officiel, 1890, *Annexes*, Chambre, n° 264, page 105.

(2) Journal officiel, 1888, *Annexes*, Chambre, nᵒˢ 2328, p. 162 et 2458, p. 244.

(3) Journal officiel, 1890, *Annexes*, Chambre, n° 946.

nous l'écrire notre honorable député M. Lévêque (1),
« de mettre fin aux abus commis par des maisons
« véreuses, qui trompent journellement le public
« des petits propriétaires et des petits rentiers ».
Nous ne saurions mieux faire, pour indiquer la portée de cette proposition sur les *ventes à tempéraments*, que de citer textuellement le commencement
de l'exposé des motifs.

« Des maisons de banque interlopes envoient,
« principalement dans les campagnes où elles savent
« qu'elles trouveront une clientèle facile à exploi-
« ter, des agents sans scrupule qui offrent spéciale-
« ment aux personnes peu aisées de leur vendre
« des titres ou des fractions de titres à lots ou au-
« tres, à des conditions et à des prix absolument
« onéreux pour l'acheteur.

« Pour obtenir l'adhésion des personnes aux-
« quelles ils s'adressent, ces agents emploient
« toujours les ressources d'une expérience con-
« sommée ; ils font habilement valoir la modicité du
« premier versement, les facilités accordées pour
« le paiement du surplus du prix, les chances pour
« l'acheteur de gagner immédiatement et à l'aide
« d'une faible somme un lot important. Et ils ont
« soin de dissimuler le prix réel de vente des titres,
« et surtout leur cours en Bourse ; puis, profitant
« de l'effet produit sur leurs dupes par leur langage
« artificieux, ils leur font signer, séance tenante,

(1) Nous avons le devoir d'adresser ici tous nos remercie-
ments à M. Lévêque pour la gracieuseté avec laquelle il nous
a fait l'honneur de nous fournir les renseignements que nous
avions pris la liberté de lui demander au sujet de cette proposition.

« un engagement imprimé en caractères très fins,
« dont ils se gardent de donner lecture. Et ce n'est
« qu'après qu'ils sont liés que les acheteurs, le
« plus souvent ignorants des affaires et qui se sont
« renseignés trop tard, apprennent qu'ils ont été
« trompés....»

Cette proposition ne tend pas à interdire les ventes à tempéraments ; elle n'est pas dirigée contre ces
ventes, mais contre les banquiers qui les font. Ce
que ses auteurs réclament, à bon droit d'ailleurs,
c'est la règlementation de ces opérations. Ils veulent
surtout empêcher que les petits capitalistes soient
indignement exploités par des banquiers indélicats,
car, trop souvent, ainsi qu'ils l'exposent, la vente à
crédit de valeurs de Bourse aboutit à l'une des deux
solutions suivantes : Ou bien l'acheteur à crédit ne
peut tenir son engagement de verser les acomptes
encore dus, et alors, renonçant au contrat, il est
exécuté en Bourse et perd la différence entre son
prix d'achat et le prix de revente, en tout cas, les
sommes déjà payées sur le prix. Ou bien il rem-
plit son obligation jusqu'au bout, et quand, le dernier versement effectué, il réclame la livraison de
son titre qui est resté entre les mains du banquier,
ce dernier a disparu ou se trouve en faillite et n'a
jamais eu dans sa caisse de titres pour le compte de
son client.

Au reste, voici le texte de la proposition de loi.

Article 1er. — « Sera déclarée nulle, sur la de-
« mande de l'acheteur, toute cession, sous quelque
« forme qu'elle emprunte, consentie par acte sous
« signatures privées, de valeurs ou de fractions de
« valeurs de Bourse, dans l'un des cas suivants :

« 1° Si l'acte n'a pas été fait en double original ;

« 2° Si l'un des originaux n'a pas été remis im-
« médiatement à l'acheteur ;

« 3° Si chacun des originaux n'indique pas clai-
« rement, en toutes lettres et d'une façon apparente,
« le cours moyen à la Bourse de Paris, dans la hui-
« taine précédant la cession, de chacune des valeurs
« vendues et le prix total de vente de chacune de
« ces valeurs ;

« 4° Si l'acheteur n'a pas écrit en entier de sa
« main, en toutes lettres, au bas de chacun des
« originaux, un *bon* ou *approuvé* indiquant le prix
« d'achat et le cours de Bourse de chacun des titres.

Article 2. — « Le vendeur qui, par lui-même ou
« par ses agents, aura contrevenu aux prescriptions
« de l'article 1ᵉʳ, ou inséré dans l'acte des indica-
« tions inexactes de nature à tromper l'acheteur
« sur la valeur et le prix d'achat du titre, ou les
« conditions de cet achat, sera passible des peines
« édictées par l'article 423 du Code Pénal, indépen-
« damment de l'action en nullité et en dommages-
« intérêts de la part de l'acheteur.

Article 3. — « L'article 463 du Code Pénal sera
« applicable aux délits prévus par la présente loi. »

375. — A la séance du 28 novembre 1889, M. de
Lamartinière a déposé, à la Champre des députés,
une proposition de loi sur le remboursement des valeurs mobilières (1). L'article unique de cette proposition est ainsi conçu :

(1) Journal officiel, 1889, *Annexes*, Chambre, n° 114, page
239.

« Dans le cas où les sociétés et établissements
« financiers ont continué de payer les intérêts ou
« les dividendes des titres remboursables par voie
« de tirage au sort, ils ne peuvent répéter les som-
« mes ainsi payées lorsque le titre est présenté au
« remboursement. »

De cette façon toutes les controverses que nous
avons examinées plus haut à propos des obligations
émises par les sociétés seraient tranchées au profit
des porteurs de ces titres. Mais la proposition de
M. de Lamartinière laisse de côté les obligations de
l'Etat, des départements et des communes.

376. — Citons, en matière d'impôts, une proposition de loi de M. Gauthier de Clagny, tendant à
réduire à cinq ans la prescription à propos de l'impôt sur le revenu des valeurs mobilières (1). Quelques jours après le dépôt de cette proposition, un
projet de loi était présenté par M. Rouvier, dans le
même sens (2).

377. — On a encore proposé l'année dernière, à
la Chambre des députés, de doubler l'impôt sur le
revenu qui frappe les primes de remboursement et
les lots, assimilés par la loi du 21 juin 1875 à un
revenu.

378. — Dans le même ordre d'idées, mais relativement aux valeurs étrangères, mentionnons encore la proposition de MM. Emile Moreau et Mau-
jan, tendant à augmenter cette même taxe sur le

(1) Journal officiel, 1890, *Annexes*, Chambre, n° 469, page 514.
(2) *Ibid.*, n° 508, page 617.

revenu pour les valeurs étrangères (1). Nous ex-
trayons de l'article 1ᵉʳ de cette proposition le passage
suivant : « .... Les actions, obligations, titres d'em-
« prunt, quelle que soit d'ailleurs leur dénomina-
« tion, des sociétés, compagnies, entreprises, cor-
« porations, villes, provinces et Etats étrangers,
« ainsi que de tout autre établissement public
« étranger, sont soumis à une taxe double de celle
« qui est établie par la loi de 1872 sur le revenu
« des valeurs françaises. Les titres étrangers ne
« pourront être cotés, négociés, relevés dans un
« acte quelconque, visés dans un inventaire, ex-
« posés en vente ou émis en France, qu'en se sou-
« mettant à l'acquittement de cette taxe, ainsi que
« des droits de timbre ou de transmission. »

379. — Enfin tout dernièrement M. Lévêque
déposait à la Chambre une proposition de loi sur le
Crédit Foncier. Cette proposition comprend vingt-
cinq articles ; six sont relatifs aux obligations : nous
les transcrivons :

Article 12. — « A l'avenir il ne sera plus émis
« d'obligations foncières ou communales qu'en re-
« présentation de prêts hypothécaires ou commu-
« naux déjà réalisés. Avant l'émission, les prêts
« seront réalisés avec les fonds provenant du capi-
« tal social ou des réserves, lesquels seront rétablis
« à leurs chapitres au fur et à mesure de la percep-
« tion des fonds provenant des émissions d'obliga-
« tions.

Article 13. — « Le capital social, les réserves, les

(1) Officiel, 1890, *Annexes*, Chambre, n° 769, page 1454.

« créances, les provisions provenant des prêts aux
« communes, aux départements, aux établissements
« publics, aux associations syndicales, les créances
« provenant des prêts hypothécaires et les créances
« de toute espèce résultant de prêts sont affectés
« par privilège au paiement des intérêts et de l'a-
« mortissement de l'ensemble des obligations mises
« en circulation; toutefois les porteurs de ces obli-
« gations ne peuvent exercer leur action que con-
« tre le Crédit Foncier.

Article 14. — « Les prêts hypothécaires et com-
« munaux à court terme ou à long terme, faits avec
« le capital social, les réserves et les provisions,
« seront soumis aux mêmes conditions et jouiront
« des mêmes privilèges que les prêts hypothécaires
« et communaux faits avec les fonds provenant des
« obligations.

Article 15. — « Les réserves et les provisions
« diverses du Crédit Foncier devront toujours être
« intégralement représentées, soit par des prêts hy-
« pothécaires ou communaux, soit par des espè-
« ces en caisse, soit par des titres rentrant dans
« ceux que le Crédit Foncier est autorisé à acheter;
« chaque réserve ou provision doit faire l'objet d'un
« compte spécial comprenant les prêts, espèces ou
« titres qui la représentent.

Article 16. — « Chaque bilan ou état de situa-
« tion mensuel devra indiquer : 1° le nombre des
« obligations restant à amortir sur chacun des em-
« prunts; 2° le nombre des obligations en circula-
« tion ; 3° le nombre des obligations comprises au
« portefeuille du Crédit Foncier.

Article 17. — « Seront employés à maintenir l'in-

« térêt des prêts hypothécaires et communaux, au
« taux le plus favorable aux emprunteurs :

« Les intérêts prescrits des obligations foncières
« et communales ;

« Le capital prescrit des mêmes obligations ;

« Les intérêts ou dividendes prescrits des ac-
« tions ;

« Les primes et lots, déduction faite de la valeur
« pour laquelle elles sont entrées en portefeuille,
« des obligations sorties au tirage et appartenant à
« la société ;

« La différence entre le taux de l'intérêt de re-
« tard et l'intérêt du prêt ;

« L'indemnité payée par l'emprunteur pour rem-
« boursement anticipé ;

« Le bénéfice qui peut être réalisé par la société
« sur la négociation des obligations autorisée par
« les statuts. »

CONCLUSION

380. — Nous voici arrivé au terme de notre tâche : quelle conclusion tirer maintenant de l'étude à laquelle nous nous sommes livré ?

Une mauvaise loi porte toujours de mauvais fruits, mais l'absence complète de législation est plus préjudiciable encore, peut-être, aux intérêts communs. Nous avons vu les fluctuations de la doctrine et les variations de la jurisprudence, obligée trop souvent de faire le droit. Aussi, n'hésitons-nous pas à nous prononcer en faveur de la réglementation des obligations. Parmi les réformes proposées, il en est, croyons-nous, d'excellentes. Est-ce à dire qu'elles doivent toutes être acceptées sans contrôle ? Ce serait téméraire de l'affirmer.

381. — Dans l'intérêt même des sociétés, nous estimons qu'il serait utile, tout d'abord d'établir une proportion entre le capital-actions et le capital-obligations, proportion que ce dernier capital ne devrait pas dépasser, ou du moins ne pourrait dépasser qu'à certaines conditions expressément déterminées. Le capital-actions devrait d'ailleurs être entièrement souscrit et sinon complètement (ce

serait aller d'une exagération à l'autre), du moins
en partie versé. Comme on l'a fait très justement observer, une société n'ayant pas de capital-
actions se trouve dans la même situation qu'un
commerçant demandant à un banquier, pour les
besoins de son commerce, un crédit très important,
sans posséder par lui-même la moindre fortune.
Qu'on n'allègue pas qu'il y a des sociétés très prospères, notamment les compagnies de chemins de
fer, dont le capital-obligations dépasse de beaucoup
le capital-actions. Cette situation tient à la nature
même de pareilles compagnies et à la garantie accordée par l'Etat aux obligataires. D'ailleurs la mesure que nous voudrions voir adopter n'est pas absolue, puisque nous pensons que, sous certaines
conditions, qu'il faudrait déterminer, la société serait autorisée à enfreindre la prohibition édictée.
Exiger d'autre part, pour qu'une émission d'obligations fût possible, que toutes les actions fussent libérées entièrement, ce serait aller souvent à l'encontre de l'intérêt bien compris des sociétés. Il se
peut, en effet, qu'à un moment donné, la société
trouve à émettre à bon compte des obligations. La
forcer auparavant à compléter son capital-actions
serait nuisible pour elle qui attendrait quelquefois
longtemps avec ses obligations, pour les placer ensuite dans de mauvaises conditions.

382. — Il faudrait en second lieu faciliter la création d'hypothèques et de sûretés réelles ou personnelles au profit des obligataires. Toutefois il n'y
aurait pas lieu de leur conférer *de plano* un droit
de préférence sur les autres créanciers. Sans doute
les obligataires sont dignes de faveur, mais outre

que les créanciers chirographaires ordinaires peuvent être tout aussi intéressants, c'est aux obligataires qui veulent apporter leurs capitaux à la société à prendre des précautions en stipulant des
garanties spéciales. M. Vavasseur (1) avait proposé
d'établir un droit de *priorité* d'après la date des
émissions d'obligations. Les premiers obligataires
passeraient avant les porteurs de titres émis à une
date postérieure. De semblables obligations de priorité existent notamment en Autriche et en Espagne.
Nous ne pensons pas que le législateur doive intervenir pour créer en cette matière des sûretés légales ;
son rôle doit se borner, selon nous, à faciliter la réalisation des garanties conventionnelles accordées
par les sociétés à leurs créanciers.

383. — Doit-on accorder aux obligataires, pour
la protection de leurs intérêts, certains droits dans
l'administration ou le contrôle de la société ? Deux
systèmes pourraient être employés dans ce but.
L'un consisterait à organiser chez nous quelque
chose d'analogue au *Trust Company* américain.
Les obligataires seraient représentés par un person-
nage officiel qui aurait pour mission de s'assurer si
les conditions de la constitution de la société ont été
remplies, et de surveiller l'emploi des fonds. Ce
système, proposé par M. Griolet (2), aurait, à notre
avis, un grave inconvénient. Le commissaire représentant les obligataires, pour échapper à la responsabilité qui lui incomberait, serait obligé de s'im-

---

(1) *Bulletin de la société de législation comparée*, 1875,
p. 330.
(2) *Ibid.*, n° de mai 1875.

miscer dans la gérance de la société, et il pourrait
se trouver souvent en conflit avec les administrateurs. Il en résulterait des difficultés dans l'administration, de nature à nuire aux intérêts sociaux.
L'autre système, proposé par M. Vavasseur (1), est
celui qui a été suivi dans le projet de loi sur les
sociétés, voté par le Sénat. Les obligataires peuvent
se réunir en assemblées générales et nommer des
commissaires chargés de les représenter. Ces assemblées sont convoquées aussi souvent que les
assemblées d'actionnaires, et, bien que les commissaires ne se puissent immiscer dans l'administration, ils ont droit aux mêmes communications de
pièces que les actionnaires. Nous inclinons en faveur
de ce second système, mais en faisant remarquer
qu'il y a encore, à ce point de vue, un danger à
éviter. Il ne faut pas accorder aux obligataires,
simples créanciers, des droits trop considérables;
ils ne peuvent jamais administrer; les pouvoirs
qu'on leur attribue doivent être limités au contrôle.

384. — Les obligations à primes de remboursement et à lots seront-elles permises? En ce qui
concerne les lots, il serait bon, pensons-nous, de
maintenir la législation actuelle, c'est-à-dire de décider que les émissions d'obligations à lots ne pourront avoir lieu que si elles sont autorisées. Quant
aux primes, nous les avons justifiées au double
point de vue juridique et économique, et nous ne
voulons pas nous déjuger. Mais il appartiendrait au
législateur de mettre une certaine limitation à leur

(1) *Bulletin de la société de législation comparée,* n° de
juin 1875.

valeur, de décider qu'elles seraient toutes remboursables de la même façon pour leur conserver leur
caractère, et de fixer le chiffre pour lequel elles
seraient admises au passif de la société en cas de
faillite ou de liquidation.

385. — Un congrès international des sociétés par
actions a été tenu à Paris du 12 au 17 août 1889 (1).
Terminons en reproduisant les résolutions qu'il a
votées à propos des obligations.

XVIII. — « Il n'y a pas lieu de limiter le droit
« pour les sociétés d'émettre des obligations. Une
« société peut émettre des obligations avant la libé-
« ration des actions.

« Les obligations peuvent être remboursables à
« un taux supérieur à celui de l'émission.

« Les obligations peuvent n'être pas toutes sou-
« mises au même type lorsqu'elles appartiennent
« à des émissions diverses.

XIX. — « La loi ne doit pas organiser des as-
« semblées générales d'obligataires ayant le pou-
« voir de délibérer sur des intérêts communs. Mais
« il y a lieu de donner aux obligataires le droit de
« participer aux assemblées d'actionnaires avec fa-
« culté d'émettre des avis......

XXIX. — « Lorsque des actions ou obligations
« d'une société étrangère sont susceptibles d'amor-
« tissement, elle devra assurer dans le pays la pu-
« blication des tableaux authentiques d'amortisse-
« ment dans ses agences, succursales ou bureaux.

XXX. — « Dans le cas où les sociétés ont con-

(1) *Compte-rendu sténographique*, Paris, 1890, pages 315
et 317.

« tinué à payer les intérêts ou dividendes des
« actions, obligations ou tous autres titres rem-
« boursables par suite d'un tirage au sort, elles ne
« peuvent répéter ces sommes lorsque le titre est
« présenté au remboursement, nonobstant toute
« convention contraire. »

POSITIONS

DROIT ROMAIN

I. — La règle posée dans la loi 35 D., *de regul. juris*, L. 17, n'était pas spéciale à la matière des obligations et rayonnait dans toute l'étendue du droit.

II. — Le *contrarius consensus* n'a jamais été appliqué comme mode unique d'extinction des obligations consensuelles.

III. — Pour que le *contrarius consensus* produise son effet extinctif, il n'est pas nécessaire qu'il soit manifesté expressément : on peut l'induire des faits accomplis par les parties ; par exemple d'une *acceptilatio* ou d'un pacte *de non petendo*.

IV. — La convention qui a pour but la libération d'une seule partie ne vaut jamais comme *contrarius consensus*.

V. — Jusqu'à la fin de l'époque classique la novation par changement d'objet était impossible.

VI. — Dans l'acceptilation il doit y avoir concordance quant à la forme et quant au fond entre la formule employée et celle dont les parties se sont servies dans la stipulation qu'elles veulent anéantir. Il y a encore là une application de la loi 35 D. *de regul. juris.*

VII. — Lorsqu'une éviction dépouillait le créancier de la chose donnée *in solutum*, les Sabiniens et les Proculiens étaient en désaccord sur l'action en recours à attribuer à ce créancier contre son débiteur. Mais quand on finit par admettre que la *datio in solutum* produit effet *ipso jure*, on accorda au créancier l'*actio utilis ex empto.*

VIII. — Une servitude est urbaine ou prédiale suivant la nature du fonds dominant.

DROIT CIVIL

I. — Dans le prêt à intérêt le terme est censé stipulé à la fois en faveur du créancier et du débiteur.

II. — Le mandat de conférer hypothèque doit être donné par acte notarié.

III. — Est civile la société fondée pour l'ouverture d'un canal interocéanique et la perception de droits de péage sur les bâtiments qui passent sur ce canal.

IV. — Le tuteur d'une personne judiciairement in-
terdite a qualité pour intenter au nom de celle-ci
une action en nullité de mariage.

V. — En cas de divorce, le mariage n'est dissous
que du jour de la transcription du jugement ou de
l'arrêt sur les registres de l'état civil.

DROIT COMMERCIAL

I. — La vente à crédit de valeurs à lots n'é t pas,
par elle-même, illicite. Elle n'est contraire à la loi
que lorsqu'elle contient des clauses modifiant les
conditions essentielles de l'emprunt.

II. — L'article 15, 1° de la loi du 24 juillet 1867,
sur les sociétés, ne s'applique pas aux émissions d'o-
bligations.

III. — La souscription, par un tuteur, pour le
compte de son pupille, d'obligations non entièrement
libérées, doit être autorisée par le conseil de famille.

IV. — Les porteurs d'obligations non libérées ne
peuvent, lorsque la société est en liquidation, se dispenser de payer ce qui est encore dû sur leurs titres,
en alléguant que la société devenant leur débitrice
par suite de la déchéance du terme la compensation
doit s'opérer.

V. — En cas de faillite ou de liquidation judiciaire d'une société, les porteurs d'obligations à primes de remboursement ou à lots, figurent au passif pour la somme réellement versée par eux sur leurs titres, augmentée de dommages-intérêts représentant la *portion acquise* de la prime ou du lot, et la plus value résultant du moins grand nombre de titres à amortir.

VI. — En principe une société ne peut rembourser ses obligataires contre leur gré, avant l'expiration du délai fixé pour l'amortissement.

VII. — La requête en liquidation judiciaire présentée après l'expiration du délai de 15 jours prévu par l'article 2 de la loi du 4 mars 1889 doit être repoussée.

VIII. — En cas de liquidation judiciaire, les actions en nullité des articles 446 et suivants du Code de Commerce sont intentées par le liquidateur.

IX. Le juge ne peut, au refus du mari, autoriser la femme à faire le commerce.

DROIT CRIMINEL

I. — L'effraction commise après un vol consommé et pour favoriser la fuite du voleur ne constitue pas une circonstance aggravante et ne transforme pas le délit en crime.

II. — La qualification de parricide s'applique au meurtre d'un père par son fils adultérin lorsque sa filiation est légalement constatée.

Vu et approuvé :

F. DESSERTEAUX.

Vu : Le Doyen,

E. BAILLY.

PERMIS D'IMPRIMER :

Le Recteur de l'Académie de Dijon,

C. CHAPPUIS.

TABLE DES MATIÈRES

DROIT ROMAIN

DU CONTRARIUS CONSENSUS CONSIDÉRÉ COMME MODE D'EXTINCTION DES OBLIGATIONS

DROIT FRANÇAIS

~~~~~~

DES OBLIGATIONS ÉMISES PAR LES SOCIÉTÉS, L'ÉTAT, LES
DÉPARTEMENTS ET LES COMMUNES

27

DIJON. — IMPRIMERIE DARANTIÈRE, RUE CHABOT-CHARNY, 65

www.ingramcontent.com/pod-product-compliance
Lightning Source LLC
Chambersburg PA
CBHW060129200326
41518CB00008B/973